改正法対応 ★図解★

会社法の基本がわかる事典

弁護士 **千葉 博** 監修

平成27年5月施行の改正会社法に完全対応!

設立から役員、株式事務、
計算、事業再編まで、
会社法の常識を
わかりやすくアドバイス
監査等委員会設置会社や
多重代表訴訟など、
改正会社法のポイントもよくわかる

所有と経営の分離／株式会社／機関設計／取締役会設置会社／授権資本制度／法人格否認の法理／親子会社／持分会社／合同会社／外国会社／発起設立／電子定款／変態設立事項／現物出資／執行役／取締役／忠実義務／善管注意義務／監視義務／コンプライアンス／選任／解任／取締役会／代表取締役／監査役／監査役会／会計参与／会計監査人／指名委員会等設置会社／監査等委員会設置会社／社外取締役／社外監査役／内部統制システム／競業避止義務／利益相反取引／役員の責任免除／多重代表訴訟／株式譲渡／自己株式／株主総会／計算書類／粉飾決算／社債／新株発行／新株予約権／M&A／合併／事業譲渡／会社分割／株式売却／解散など

日常学習にもビジネスにも活用できる必携の1冊

三修社

本書に関するお問い合わせについて
本書の内容に関するお問い合わせは、お手数ですが、小社
あてに郵便・ファックス・メールでお願いします。
なお、執筆者多忙により、回答に1週間から10日程度を
要する場合があります。あらかじめご了承ください。

はじめに

　会社をめぐっては、さまざまな法律問題が生じます。会社のオーナーや経営者といった会社内部の者と会社との関係だけでなく、会社の取引先といった会社外部の者と会社との関係も問題になります。

　会社の中には株式会社以外に合同会社、合名会社、合資会社などの持分会社があります。株式会社においても、設立、株式、新株発行、機関設計、会社の計算、組織再編など基本的でかつ重要な事項がたくさんあります。会社法は、このような点を踏まえ、会社の設立、組織、運営、管理などについての定めを置いています。

　中小企業のオーナーや会社役員だけではなく、会社と取引関係にある債権者やこれからベンチャー企業を立ち上げようと考えている人にとって、会社法の中身を理解しておくことはとても重要です。

　現在の会社法は、旧商法の会社関係の規定や有限会社法などを整理・統合し、平成18年5月から施行されていますが、平成26年6月に企業の統治のあり方や親子会社に関する規律を中心に見直しが行われました。監査等委員会設置会社の新設、社外取締役・社外監査役の要件変更、多重代表訴訟制度の創設など、改正項目は多岐にわたっており、施行日は平成27年5月とされています。経営実務にも重要な影響を与える改正といえるでしょう。

　本書は会社法の改正内容を踏まえた上で、役員の権限と責任、取締役会とその他の役員をめぐる法律知識、役員の義務・責任と損害賠償、合併・分割・事業譲渡、商業登記の基礎知識などを1冊にまとめ、図や表を豊富に盛り込んでいます。すべての項目を1ページないし2ページで構成し、複雑な制度についても、できるだけやさしく解説するように心がけました。

　本書をご活用いただき、ビジネスや勉強に役立てていただければ監修者として幸いです。

監修者　弁護士　千葉　博

Contents

はじめに

第1章 会社法の全体像
1 会社法とは ... 10
2 会社とは ... 12
3 株式会社 ... 13
4 株式会社の機関設計 ... 14
5 取締役会を設置する会社 ... 16
6 取締役会を設置しない会社 ... 17
7 公開会社 ... 18
8 非公開会社 ... 19
9 法人格否認の法理 ... 20
10 親会社と子会社の関係 ... 22
11 一人会社 ... 23
12 持分会社 ... 24
13 合名会社・合資会社 ... 25
14 合同会社 ... 26
15 有限責任事業組合 ... 27
16 外国会社 ... 28

第2章 株式会社の設立手続き
1 発起人と会社設立 ... 30
2 預合と見せ金 ... 32
3 発起設立と募集設立 ... 33
4 設立手続きの流れ ... 34
5 定款の記載事項 ... 36
6 定款の作成手続き ... 38
7 電子定款 ... 39
8 変態設立事項 ... 40
9 株式の払込みと手続き ... 42
10 設立時の取締役や監査役の選任 ... 43
11 取締役・監査役の選任 ... 44
12 代表取締役の選定・本店所在地の決定 ... 45
13 現物出資に関する事項 ... 46

| 14 | 会社設立に関わる責任① | 47 |
| 15 | 会社設立に関わる責任② | 48 |

第3章　役員の権限と責任

1	取締役の役割	50
2	コンプライアンス	52
3	取締役と会社の関係	53
4	取締役・補欠役員・執行役員	54
5	取締役に必要な要素	55
6	取締役の報酬	56
7	退職慰労金	58
8	取締役の仕事	60
9	取締役の資格	62
10	取締役の選任①	63
11	取締役の選任②	64
12	役員選任までの流れ	66
13	取締役の辞任	68
14	取締役の解任	70
15	退任の手続き	72

第4章　取締役会とその他の役員をめぐる問題

1	取締役会	74
2	取締役会の招集手続き	76
3	取締役会の権限	78
4	取締役の監視義務	80
5	取締役会の決議と議事録の作成	82
6	代表取締役	84
7	代表取締役の権限と責任	86
8	代表取締役をめぐるその他の問題	88
9	監査役	90
10	監査役の権限・責任	92
11	監査役会	94
12	監査機関による是正	95

13	会計参与	96
14	会計監査人	97
15	指名委員会等設置会社	98
16	執行役や代表執行役の権限・責任	100
17	監査等委員会設置会社①	102
18	監査等委員会設置会社②	104
19	社外取締役・社外監査役	106
20	一時役員と職務代行者	108

第5章　役員の義務・責任と損害賠償

1	取締役の義務	110
2	大会社における内部統制システムの整備	112
3	取締役の責任	114
4	会社に対する責任	116
5	競業避止義務	118
6	利益相反取引	120
7	財源規制	122
8	役員の責任免除	124
9	役員らの第三者に対する責任	126
10	役員の解任と違法行為の差止請求権	128
11	代表訴訟	130
12	多重代表訴訟・旧株主による責任追及訴訟	132
13	取締役に科せられる罰則	134
Column	内部告発と公益通報者保護制度	136

第6章　株式事務と株主総会招集手続き

1	株式と株主の関係	138
2	株式事務	139
3	株主の権利と義務	140
4	株主平等原則と種類株式	142
5	株主名簿	144
6	株式譲渡自由の原則と制限	146
7	株式譲渡	148
8	自己株式の取得	150

9	株式公開買付制度	152
10	株式等売渡請求	154
11	全部取得条項付種類株式の取得手続き	156
12	単元株制度	157
13	株式の併合	158
14	株式の消却・分割・無償割当	159
15	株式買取請求①	160
16	株式買取請求②	162
17	株主総会	163
18	株主総会の開催手続き	164
19	株主総会開催に向けた事前準備	166
20	議題と議案	167
21	株主総会の運営	168
22	議決権の行使	170
23	株主総会の決議	171
24	決議に問題があった場合の訴え	172
25	株主総会を開催したとみなす制度	173
26	計算書類の承認と総会後の事務	174
27	議事録作成の手順	176
28	議事録の備置と閲覧・謄写請求	178

第7章　会社の計算・資金調達

1	資本と債権者保護	180
2	計算書類や配当	181
3	帳簿類や資本金・準備金・剰余金	182
4	損益計算書の構成	184
5	貸借対照表の構成	186
6	その他の計算書類と附属明細書	188
7	粉飾決算	190
8	資金調達法	192
9	社債	193
10	新株発行①	194
11	新株発行②	196

| 12 | 新株予約権① | 198 |
| 13 | 新株予約権② | 200 |

第8章　事業再編

1	企業防衛の基本	202
2	M&A	204
3	組織再編行為	206
4	簡易組織再編と略式組織再編	208
5	合併	210
6	合併の種類	212
7	MBO	213
8	合併手続き	214
9	合併契約	216
10	事業譲渡①	218
11	事業譲渡②	220
12	会社分割①	222
13	会社分割②	224
14	株主・従業員・債権者に対する対策	226
15	株式売却	228
16	株式売却の手順	230
17	株式交換	232
18	株式移転	234
19	定款の変更	236
20	組織変更	238
21	解散	240
22	清算・特別清算	242
23	会社の売却先	244

第9章　商業登記と手続き

1	商業登記	246
2	登記記録の見方	248
3	登記の申請方法	252

索　引　254

第 1 章

会社法の全体像

会社法とは
商事については会社法が民法に優先する

● 会社法とは

会社法は、会社に関するルールを定めた979条にも及ぶ法律です。

会社という1つの団体を取引の主体として扱うのは大変便利です。

しかし、その反面、会社という団体が大きな資金力、大きな力をもつようになることは、社会の多くの人たちに大きな影響を与えるということでもあります。会社の内部の人たちだけでなく、会社の外部の人や他の会社など利害をもつ人たちが大勢でてきます。そこで、会社をとりまく法律関係を規律して、会社内外の人たちの利害を調整する必要がでてきます。

このような観点から、会社法は、会社設立の手続、会社の機関、会社の計算、企業結合の方法、会社形態の変更などについての規定を置いています。

会社法は会社に関するたくさんのルールを定めているのですが、簡単に言うと、①企業の健全な発展と②企業活動の適正化を実現する上で欠かすことのできないルールを定めています。さまざまな規制を行っているのです。979条にも及ぶ会社法の構造は、「第1編　総則」「第2編　株式会社」「第3編　持分会社」「第4編　社債」「第5編　組織変更、合併、会社分割、株式交換及び株式移転」「第6編　外国会社」「第7編　雑則」「第8編　罰則」となっています。特に重要な部分は、第1編と第2編です。

● 平成26年に改正された

会社法が制定されたのは平成17年ですが、制定から約8年を経過し、制定時から積み残しになっていた部分の改正が必要となったこと、国内外を含めた各方面からの企業統治のあり方についての提言・要請に応えるといった理由により平成26年6月に比較的大きな改正が行われました。主な改正事項は監査等委員会設置会社の新設、社外取締役・社外監査役の要件改正といった事項です。改正会社法は平成27年5月から施行されます。

● 商法との関係

商法とは狭い意味でいえば、商法典（商法という名前の法律）のことだけを意味します。商法典は、商人の営業、商行為その他の商事について定めています。商人とは、会社や商店を営む自営業者など、自分の名で商行為を行う者のことです。商行為というのは、企業の活動のことです。

会社も商人の一種ですが、会社をめ

ぐる法律関係については商法典ではなく、主に会社法という法律で規律しています。商法典は主として会社以外の商人を規律する法律です。

● 民法との関係

民法は、企業に限らず広く一般市民の、いわば隣人間の経済的な利害を調節する法律です。これに対して、商法は主に商人の取引について、会社法は会社に関する各経済主体の利益を調整する場合に適用されます。

たとえば、友人が海外旅行をして買ってきた物を売ってもらう場合には、民法が適用されますが、それを商人が買い取る場合には、商法が適用されるのです。このように、商人の取引については商法・会社法が民法に優先して適用されますが、このような関係を「商法・会社法は民法の特別法である」といいます。また、商慣習も民法より優先適用されることになります（商法1条）。結局、商取引においては①商法・会社法、②商慣習、③民法の順で適用していくことになります。

● 民法と商法の関係

民法と商法（企業法）とは、同じく取引などの法律関係を規律するものですが、民法と商法は一般法と特別法の関係に立ち、商事については商法が優先的に適用されることになります。民法は、商法に規定のない事項に適用されます。会社法も企業法の一種ですので、一般法である民法に対して特別法の関係に立ちます。

平成26年改正の趣旨と概要

平成26年改正の趣旨　取締役会の監督機能の強化・親子会社の規律等の見直し

概要1．企業の統治のあり方について

①取締役会の監督機能の強化
- 監査等委員会設置会社制度の創設
- 社外取締役・社外監査役の要件見直し

②会計監査人の選任・解任の決定権

③資金調達に関する規律
- 支配株主の異動を伴う募集株式の発行等
- 仮装払込みによる募集株式の発行等

概要2．親子会社に関する規律について

①親会社の株主の保護等
- 多重代表訴訟制度の創設
- 株式交換等をした場合の株主代表訴訟
- 親会社による子会社の株式等の譲渡に関する規律

②キャッシュ・アウト（少数派株主の追い出し制度）
- 特別支配株主の株式等売渡請求
- 株主総会等の決議取消の訴えの原告適格

2 会社とは
会社は営利追求を目的とした法人である

●法人の種類

個人（自然人）以外で独立の権利義務の主体となる地位を認められているものを**法人**といいます。法人には、会社やNPO法人、一般社団法人などの形態がありますが、会社は「営利を目的とする社団法人である」と位置付けられています。会社は対外的に営利事業を行い、それによって得た利益を構成員に分配することを目的とする団体です。団体自身が事業によって利益を上げることを目的とするだけでなく、その利益を構成員に分配することを目的として初めて営利といえます。この性質を会社の営利性といいます。会社は、営利追求という目的を実現するためのシステムだといえます。

●会社の責任形態

会社に対する出資者のことを法律用語で**社員**といいますが、社員が直接に会社債権者に対して会社の債務を弁済（返済）する責任を負うことを直接責任、会社が負っている債務の範囲内で、社員がその個人財産で限度なしに責任を負うことを無限責任といいます。これに対して、会社に対して出資義務を負うだけで、それ以外は会社債権者に対して何ら責任を負わないことを間接責任、責任の限度が出資額に限られることを有限責任といいます。

会社の形態によって社員の責任の形態は異なってきます。

●会社にも権利能力がある

会社は法人格を与えられているので、個人（自然人）とは別個の権利主体として、取引を行うことができます。

ただし、会社の権利能力（権利をもち、義務を負うことのできる資格のこと）には、①性質上生じる制限、②法律によってなされる制限、③定款に記載されている会社の目的による制限があります。たとえば、会社は生身の人間ではないので、子を監護・養育する親権や身の回りの面倒を看てもらう扶養請求権などはありません（性質上の制限）。また、会社が解散・破産した場合、会社は清算・破産の目的の範囲内でしか権利能力をもつことはできません（法律上の制限）。

さらに、定款に記載された目的以外の行為を行うことはできません（目的による制限）。ただし、定款記載の目的そのものではなくても、その目的を達成するために必要な行為であれば、行うことができます。

3 株式会社
株主は会社の経営にタッチしない

●株式会社とはどんな会社なのか

株式会社は、株主総会と取締役という機関が基本となる会社です。株主総会とは会社の基本的な経営方針を決める機関で、会社に出資した者（株主）が集まって経営方針を決めます。株主総会は、毎年必ず行わなければなりません（定時株主総会）。通常、決算日から3か月以内に行われます。定時株主総会では決算書（貸借対照表など）の承認が中心ですが、役員の変更などもできます。取締役とは株主総会で決まった経営方針を実行する機関のことです。取締役が複数いる場合には、通常、代表取締役を選びます。代表取締役は、取締役が決めた経営方針を実行します。

●所有と経営の分離とは

株式会社の出資者は株主ですから、株主自ら経営を行うというのが本筋ともいえますし、小規模な企業ではそれが通常でしょう。

しかし、企業の規模が大きくなれば話は別です。大企業では、たくさんの資金が必要ですので、それだけ出資者＝株主の数も多くなります。そうなると、株主の関心もさまざまですから、経営に興味はなく、もっぱら利益配当だけにしか興味がない株主もいるでしょう。また、株主に必ずしも経営の能力があるとは限りません。経営は専門家に任せることにした方が、合理的な経営を行うことができ、株主の利益にもなるといえます。そこで、株式会社では、会社の所有者である株主と会社の経営者である取締役らが制度上、分離されてきました。このことを株式会社における**所有と経営の分離**といいます。もっとも、このことは、株主が経営者を兼ねてはいけないということを意味するわけではありません。

●株主は出資義務以外の責任を負わない

株式会社では、出資者は自分が引き受けた株式について出資義務を負うだけで、たとえば会社が債権者に債務を支払わなかったとしても、株主が会社に代わって支払義務を負うことはありません。これを株主の**間接有限責任**といいます。出資者は出資額に応じて株式を取得することができ、会社に対するさまざまな権利を得ることになります。この株式の制度と株主の間接有限責任が株式会社の最大の特徴です。なお、一般用語の社員とは異なり、出資者である株主のことを、株式会社における社員と呼ぶことに注意が必要です。

株式会社の機関設計
機関設計にはさまざまなパターンがある

●機関とは

会社などの法人は、生身の人間のように肉体や意思をもちません。そこで、法人の行為や意思決定を行うための人や組織が必要となります。このように会社の行為や意思決定をする人や組織を会社の**機関**といいます。

会社法上、株式会社の機関として規定が置かれているのは、①株主総会、②取締役（会）、③代表取締役・執行役、④監査役（会）、⑤監査等委員会または指名委員会等、⑥会計監査人、⑦会計参与です。会社法は、これらの機関が調和のとれた活動を行えるようにさまざまな規定を設けています。会社は、権限をさまざまな機関に分割することにより、それぞれの機関がお互いに監視できるシステムを整えています。これにより、健全で、合理的な会社運営を行うことが可能になると考えられています。原則として、いかなる機関を設けるのかは、会社の自由に任せられています。

会社法の機関に関する規定の特徴は、会社の規模や性質（大会社かそれ以外の会社か、公開会社か非公開会社か）に応じて、機関の設置を義務付けるかどうかを決めていることです。取締役、監査役、会計参与は会社法上、役員として扱われます。一般用語の「役員」と会社法の「役員」で意味が異なることもあるので注意しましょう。役員に執行役や会計監査人を加えた人の集まりを「役員等」「役員ら」と言うこともあります。

●株主総会と取締役は必ず置かれる

会社法上、すべての株式会社には、株主総会と取締役を置くことが義務付けられています。その他については、大規模な会社や、公開会社の場合には、設置を強制される機関が増えます。これは大規模な会社や公開会社においては、特に業務の適正を図り、経営に関与していない株主や取引先などを保護する必要性が高いためです。逆に小さな会社で非公開会社の場合であれば、かなり自由な機関設計が可能です。

また、委員会を設置することもできます。委員会を設置した会社は、従来は委員会設置会社と呼ばれていましたが、平成26年改正により指名委員会等設置会社に名称変更されました。指名委員会等設置会社の機関設計は右図の⑨、⑭、⑳、㉓のパターンになります。指名委員会等設置会社とは、業務執行を担う執行役と3つの委員会（指名委員会、監査委員会、報酬委員会）が置

かれる会社です。3つの委員会はまとめて三委員会と呼ばれます。会社の業務執行は執行役が、会社の代表は代表執行役が担当します。

機関設計のパターン

		株主総会	取締役	取締役会	監査役	監査役会	三委員会	監査等委員会	会計監査人	会計参与
非公開会社（大会社除く）	①	○	○							△
	②	○	○		○					△
	③	○	○		○				○	△
	④	○	○	○						○
	⑤	○	○	○	○					△
	⑥	○	○	○	○	○				△
	⑦	○	○	○	○				○	△
	⑧	○	○	○	○	○			○	△
	⑨	○	○	○			○		○	△
	⑩	○	○	○				○	○	△
非公開会社（大会社）	⑪	○	○		○				○	△
	⑫	○	○	○	○				○	△
	⑬	○	○	○	○	○			○	△
	⑭	○	○	○			○		○	△
	⑮	○	○	○				○	○	△
公開会社（大会社除く）	⑯	○	○	○	○					△
	⑰	○	○	○	○	○				△
	⑱	○	○	○	○				○	△
	⑲	○	○	○	○	○			○	△
	⑳	○	○	○			○		○	△
	㉑	○	○	○				○	○	△
公開会社（大会社）	㉒	○	○	○	○	○			○	△
	㉓	○	○	○			○		○	△
	㉔	○	○	○				○	○	△

※表中の○は必ず設置しなければならない機関、△は設置しても設置しなくてもよいという機関。
※それぞれの会社の種類によって機関設計のパターンを複数選択できる。
※会計参与は④のパターンを除いて、いずれの機関においても任意に設置できる。そのため、株式会社の機関設計は、全部で47種類となる。

取締役会を設置する会社

通常はある程度規模の大きい株式会社である

●取締役会設置会社とは

取締役会設置会社とは、取締役会を置いている株式会社のことです。取締役会を置くかどうかは任意ですが、公開会社や、監査役会を設置する会社、監査等委員会設置会社、指名委員会等設置会社では、取締役会の設置が義務付けられています。取締役会設置会社では、原則として業務執行に関する事項を取締役会が決定することになるので、特に重要な機関といえます。

●取締役会設置会社の特徴とは

取締役会設置会社は、ある程度規模の大きい株式会社で会社が効率的に機能するように以下のような規制がなされています。

① 「経営の効率化」に関する規定

取締役会設置会社の場合、株主総会では、会社法や定款(会社の根本ルール)に定める基本的な事項だけを決議し、その他は取締役会で決議することとされています。

② 「経営の適正化」に関する規定

取締役に権限を好き勝手に行使させないよう取締役を監視するために、監査役や会計監査人の設置が義務付けられています。

③ 中間配当の規定

株主の数が多い会社では、事業年度を年に何回にも区切って剰余金を配当するのは面倒であるため、定款で定めれば、一事業年度の途中において1回に限って取締役会の決議で剰余金の配当を行うことができます。

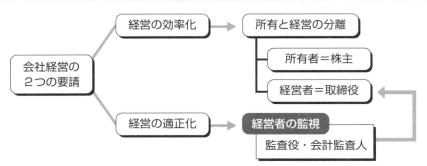

取締役会設置会社の特徴

取締役会を設置しない会社
会社の組織や手続の単純化が図られている

●設置しない会社の特徴とは

取締役会を設置しない会社(取締役会非設置会社)は、通常は小規模会社です。小規模会社では、事業の規模が小さいため、組織を複雑にする必要はありません。組織を複雑にすれば、かえって身動きできなくなるからです。そこで、「経営の効率化」の観点から、取締役会を設置しない会社の場合は、その組織や手続が単純化されています。

つまり、取締役会を設置しない会社は、機関を株主総会と取締役だけにすることが可能です。株主総会で会社に関することを決議し、取締役が、決議されたことを執行すればよいので、小回りがきく経営ができます。

●組織・手続が単純化されている

取締役会を設置した場合には、株主総会は、会社法に規定のある事項や定款で定めた事項しか決議することはできません。それは、取締役会を設置するような大規模会社では、株主の数も多く、組織も複雑になっているため、株主総会では基本的な事項を定め、それ以外の細かいことは取締役会が決めるというように権限を分配するのが効率的だと考えられるからです。

しかし、小規模会社では、株主の数も少なく、組織も単純ですから、そのような必要はありません。権限を分配することは、かえって効率を悪くすることすらあります。

そこで、小規模会社、つまり取締役会を設置しない会社の場合には、会社に関する事項は何でも株主総会で決めることができることにしています。このことを株主総会の万能性といいます。取締役会を設置しない会社では、株主が一定程度会社の経営に関心を持ち、参加する意欲を持つことが前提にされています。

また、会社法は、以下のような場合について、株主総会の決議で決めるものとしています。これらは、取締役会を設置した場合には、取締役会で決すべきものとされている事項です。

① 譲渡制限株式の譲渡承認
② 会社による株式買取人の指定
③ 取得条項付株式の取得日と取得の決定
④ 株式の分割
⑤ 新株予約権の無償割当(株式の申込み・払込みといった手続きによらずに株主に対して割当を行うこと)に関する事項の決定
⑥ 競業取引や利益相反取引の承認

7 公開会社
上場会社との違いに注意する

●公開会社の特徴とは

すべての株式について譲渡制限がないか、または一部の株式についてだけ譲渡制限がある株式会社を**公開会社**といいます。一般的に公開会社とは、上場会社（証券取引所に株式を上場している会社）のことを意味しますが、これとは意味が異なるため注意してください（公開会社は株式譲渡制限のない会社のことをいい、上場会社は証券取引所に上場している会社のことです）。

公開会社には、①株主が入れ替わることを予定している、②大規模会社であることが多い、③誰もが安心して株主になれるように、「経営の適正化」の要請が強いという特徴があります。

●授権資本制度とは何か

会社が発行する予定の株式の総数（発行可能株式総数）を定めておき、その範囲内で、経営者が資金調達の必要に応じて自由に新株を発行することができるという制度のことを**授権資本制度**といいます。

ただ、新株の発行は、既存の株主の持株比率を下げることもありますし、株価の低下をもたらすこともあります。そのため、定款で発行可能株式総数を定め、一定の枠の範囲内で新株の発行を認めることにしています。具体的には、公開会社の場合、会社設立時に発行する株式の総数が、発行可能な株式の総数の4分の1以上でなければならないという歯止めがかけられています。ただし、非公開会社の場合には、4分の1を下ってもかまいません。

授権資本制度

8 非公開会社
株主以外は取締役になれないとする定款の定めもできる

●非公開会社の特徴とは

すべての株式の譲渡につき会社の承認を必要とする株式を発行している株式会社を**非公開会社**（全部株式譲渡制限会社）といいます。親戚や仲間だけで経営を行うような、事業規模の小さい会社は、非公開会社であることが多いといえます。

非公開会社は、株式の譲渡が制限されている会社であることから、以下のような特徴をもちます。

① 見ず知らずの者が経営に口を出すことがないようにできる

② 通常は株主が入れ替わることを予定していない

③ 株主が経営者を兼ねること（所有と経営の一致）が多いので、会社経営の適正化を図る必要性が小さい

非公開会社には、このような特徴があるため、会社法も、「設立時の発行株式の総数について下限を設けない」、「定款で株主以外は取締役になれないと定めることもできる」などの取締役会設置会社とは異なる制度を認めています。

非公開会社の特徴

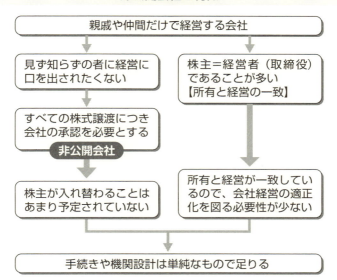

法人格否認の法理

特定の事案について第三者を保護するために、法人格を否定する

●会社の法人格を否定する

法人格は、権利義務の統一的帰属点を創設する法技術です。法人格というベールをかぶせることによって、会社と株主とを分離することができます。

たとえば、個人企業が会社になった場合に、これと取引をする第三者にとっては、その相手方が会社なのか個人事業主なのか判然としない場合があります。また、実態は個人企業にすぎず、無限責任を負うべき場合なのに、法人格を楯に責任を免れようとすることもあります。このような場合に、会社と株主とはあくまでも別個の存在であるとすると、第三者の保護に欠けることになります。

そこで、特定の事案について第三者を保護するために、法人格の機能を否定して、会社と株主（個人）を法律上同一視しようとする理論が提唱されました。これを**法人格否認の法理**といいます。

●法人格の独立性

法人格否認の法理というのは、特定の場合に会社の法人格と個人を同一視するわけですから、逆に言えば、本来会社は、個人とは独立した法人格をもっていることを意味します。ここでいう会社の法人格の独立性には、2つの意味があります。

1つは、会社の対外的活動から生じた権利義務は、法人である会社に帰属するということです。つまり、会社債権者の有する債権は会社に帰属し、会社が債務を負うのであって、株主は債権者に対して債務を負わない、ということです。

もう1つは、会社の機関がした行為の効果は会社に帰属し、株主は会社債権者に債務を負わないが、会社も株主個人がした行為について株主の債権者に対して債務を負わないということです。

法人格否認の法理は、法人と個人を分離するという原則を排除するもので、有限責任を排除するものと考えられます。法人格否認の法理を適用することで、株主の有限責任を排除し、会社債務について株主を無限責任社員と同視することができるようになります。

●法人格否認の法理に関する判例

法人格否認の法理は、会社と個人とを分離するという会社制度の原則を排除して、会社の債務について個人にも責任をとらせようとするものですから、その適用は慎重に行われなければなり

ません。判例も、問題になっているケースを解決する限度でだけ法人格を否認するという風に、この法理を用いる場合を限定しています。

さらに、判例は、法人格否認の法理を適用する要件として、①法人格が法律の適用を回避するために濫用されている場合、または、②法人格がまったくの形骸にすぎない場合の2つを挙げています。特に、法人格の濫用は、法人格否認の法理が適用される代表的な場面です。

具体例としては、法人格を利用して、個人が契約上の義務を不当に回避する場合や、会社債権者の強制執行（裁判所を通じて強制的に債権を回収すること）を免れようと会社を設立して、自分の財産を現物出資する場合が挙げられます。

一方、法人格の形骸化の具体例としては、たとえば実質的な株主が一人である一人会社において、会社と個人の義務や財産が混同しているような場合があります。

ただし、法人格が形骸化した会社が多く存在しているといわれるわが国では、法人格の形骸化を理由として法人格否認の法理を適用することについては、慎重でなければなりません。

特に、日本ではもともと個人企業のような形態の会社も多く、この法理の適用が頻繁に認められてしまっては、株主有限責任の原則をも台無しにしてしまう可能性があります。そのため、法人格否認の法理は、この理論を用いないとどうしても妥当な結論が満たされないという最後の手段として利用されるべきといえるでしょう。

法人格否認の法理が適用されるケース

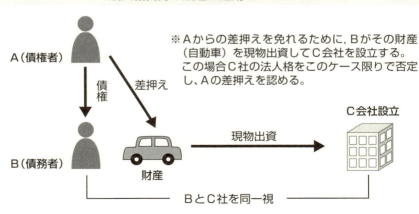

※Aからの差押えを免れるために、Bがその財産（自動車）を現物出資してC会社を設立する。この場合C社の法人格をこのケース限りで否定し、Aの差押えを認める。

10 親会社と子会社の関係
支配・従属関係を考慮した取扱いがなされる

◉支配・従属関係にある

ある株式会社の総株主の議決権の過半数をもつ会社またはある株式会社の経営を支配している会社を**親会社**といい、総株主の議決権の過半数をもたれている株式会社あるいは経営を支配されている会社を**子会社**といいます。ある会社の発行済株式の全部をもつ会社を**完全親会社**といい、発行済株式の全部をもたれている会社を**完全子会社**といいます。

このように親会社と子会社の関係は、支配・従属関係に立ちます。会社法は、このことを念頭に置いた規定を設けています。たとえば、親会社社員は、権利行使に必要があるときは裁判所の許可を得て、子会社の定款の閲覧やその写しの交付を請求することができます。

◉子会社による親会社株式の取得

このような親子会社の支配・従属関係から、子会社がその親会社の株式を取得することは原則として禁止されています。例外的に取得が許容されるケースもあるのですが、その場合であっても、親会社の株式を取得した子会社は、相当な時期に親会社の株式を処分しなければならないとされています。

また、親子会社のように過半数までは株式を取得されてはいないものの、総株主の議決権の4分の1以上を保有されている会社は、それを保有している会社の株式を取得したとしても、議決権を行使することができません。適正な議決権行使が期待できないからです。

◉親会社等、子会社等

平成26年の会社法改正により、「親会社等」「子会社等」という文言が加わりました。簡潔に言えば、会社間の支配・従属関係以外の支配・従属関係にも適用が拡大されました。

「親会社等」には、会社だけでなく法人でない組合や団体さらには自然人（人）が、株式会社を支配している場合も含みます。たとえば、ある株式会社の経営を支配している自然人（人）を、その支配されている会社の社外取締役や社外監査役に選任することはできません。また「子会社等」も「親会社等」との対比で、会社が法人でない組合や団体さらには自然人（人）にその経営を支配されている場合も含みます。さらに「子会社等」には、会社以外の法人が支配されている場合にも適用が拡大されました。

一人会社

構成員（社員）が1人だけの会社である

●社員が1人になっても解散しない

会社は、構成員から独立した団体であり、構成員は団体を通じて結合しています（社団性）。

ただ、会社の構成員（社員）が1人だけになってしまったとしても、会社が解散するわけではありません。構成員が株式・持分を譲渡することによって、いつでも複数の構成員になりえるからです。

●一人会社とは

構成員つまり社員（株式会社の場合は株主）が1人しかいない会社のことを、**一人会社**といいます。株式会社、合名会社、合同会社では、一人会社が認められます。上場企業のような大きな会社もあれば、このような極めて小さな会社もありますが、会社である以上、たとえ株主が一人しかいない会社であろうと、会社法の規定が適用されます。

これに対して、合資会社では、一人会社は認められません。合資会社は無限責任社員と有限責任社員とで構成される会社ですから、それぞれの社員が少なくとも1人以上存在しなくてはならないのです。もっとも、合資会社の社員が1人だけになっても、会社が解散するわけではありません。社員が無限責任社員だけになった合資会社は、合名会社になったものとみなされますし、社員が有限責任社員だけになった合資会社は、合同会社になったものとみなされます。

●一人会社の特徴

一人会社は、社員が1人しかいない会社ですから、通常の会社にはない特徴がみられます。たとえば、株式会社の場合、株主が1人しかいないときは、その株主が了解してさえいれば、株主総会の招集手続は必要なく、いつでもどこでも株主総会を開催することができます。そのため、一人会社の場合は、一人の株主の同意によって取締役の報酬を決めるということも可能になります。

また、譲渡制限株式の譲渡について、取締役会（取締役会設置会社の場合）の承認がなくても、有効とされます。

さらに、取締役会決議が必要な取引を、決議なく行えば、本来その取引は無効になりますが、この場合も一人の株主の同意があれば、有効になる場合があると考えられています。1人しかいない社員が了解していれば、他に不利益を受ける者は存在しないからです。

12 持分会社
合名会社、合資会社、合同会社のことである

●持分会社とは

会社法上、会社とは株式会社、合名会社、合資会社、合同会社を指します。このうち株式会社以外の会社は**持分会社**と呼ばれます。なお、会社法成立以前に存在した有限会社は、会社法の施行によって廃止され、既存の有限会社のみが「特例有限会社」として存続しています。

●持分とは

持分会社の社員は、出資義務を履行すると、その対価として持分を取得します。これは株式会社では株式と呼ばれるものに該当します。しかし、株式会社は株主と、業務執行を行う取締役等が分離していますが、持分会社では、社員以外は業務執行ができません。社員は持分を取得することで、当然に利益配当請求権、業務執行権などの権利をもつことになります。この持分は、定款（会社の根本規則を定めたもの）に特別の定めのない限り自由に譲渡することはできず、他の社員全員の同意が必要になります。この点、株式の譲渡が原則として自由とされる株式会社とは大きく異なっています。

持分会社は、定款を作成し、本店の所在地で登記をすることで設立されます。この点は株式会社と同様ですが、持分会社の定款は、社員（ここでの社員は会社に出資している者のことをいい、いわゆる従業員とは異なります）になろうとする者が全員で作成する必要があります。また、定款には、社員全員の名前を記載します。合資会社の場合は有限社員か無限社員かについても記載する必要があります。

会社の種類

- 株式会社 → 間接有限責任社員のみ
- 持分会社
  - 合名会社 …直接無限責任社員のみ
  - 合資会社 …直接無限責任社員と直接有限責任社員
  - 合同会社 …間接有限責任社員のみ

13 合名会社・合資会社

持分会社では社員自身が経営に関与することが想定されている

◯合名会社・合資会社とは

　合名会社と合資会社は、どちらも、親子・親戚・友人など人的に信頼関係の深い少数の人々が共同して事業を営むときに採用されてきた会社形態です。合名会社は無限責任社員のみ、合資会社は無限責任社員と有限責任社員の両方からなっています。

　無限責任とは、会社が負っている債務について、社員が、その個人財産で限度なしに責任を負うということを意味します。一方、**有限責任**とは、自己の出資価額の限度で会社の債務について責任を負うということを意味します。

　合資会社において、無限責任社員と有限責任社員のどちらか一方だけになった場合は、従来は解散原因とされていましたが、会社法ではそうなってはいません。

　合名・合資会社では、定款によって、社員の出資に関する事項が確定されます。無限責任を負う社員がいることから、会社財産を確保する重要性が少なく、設立段階で出資が履行されていることは求められません。

　また、無限責任社員の場合、金銭による出資の他、労務・信用出資も認められています。会社の経営については、社員全員が業務執行権をもつのが原則ですが、定款で一部の社員だけが業務執行権をもつと定めることもできます。

合名会社と合資会社

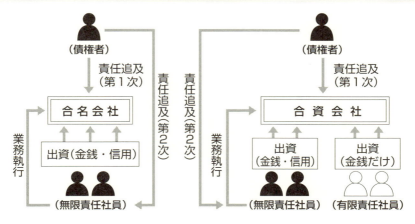

14 合同会社
業務執行に関わらない社員を決めることもできる

● 合同会社とは

共同研究開発事業やベンチャー事業など、社員の個性や能力が重視されるような事業を念頭において制度化された会社形態です。合同会社は、もともとアメリカで認められているLLC（LimitedLiabilityCompany）という会社形態を基にして導入されたため、日本版LLCと呼ばれることもあります。

社員が間接有限責任を負う点は株式会社と同じですが、内部的には、柔軟な制度設計や会社経営が可能です。また、合同会社では、社員は有限責任ではあるものの、社員相互の人的な信頼関係が前提とされているので、その出資履行の手続きは株式会社よりも簡素化されています。なお、退社に際して、持分の払戻しは認められていません。

合同会社の場合、会社に出資した社員は原則として会社の経営に参加します。経営に参加することを業務執行といい、合同会社の場合、全社員が業務を執行する権限を持つのが原則となります。ただ、定款で定めている場合や社員全員の同意がある場合には、一部の社員だけが業務を執行する権限を持ち、他の社員は業務を執行する権限を持たないようにすることもできます。

なお、業務を執行する権限を有する社員のことを業務執行社員といいます。

合同会社の業務執行

● 原 則

社 員

・社員全員が業務執行権をもち、多数決で決める
・ただし、軽微な業務については各社員が単独で行うことができる

● 業務執行社員の選定

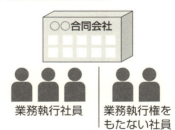

業務執行社員 ／ 業務執行権をもたない社員

・業務の執行は業務執行社員が多数決で決める
・ただし、軽微な業務については業務執行社員が単独で行うことができる

15 有限責任事業組合
各構成員が直接課税されるという特徴がある

●有限責任事業組合とは

　有限責任事業組合は、2005年に施行された有限責任事業組合法によって認められた組織です。有限責任事業組合ももともとは外国で認められていたLLP（Limited Liability Partnership）を基にして導入されたことから日本版LLPとも呼ばれています。

　有限責任事業組合は、株式会社のように株主総会や取締役といった機関を設置する義務を負わないので、柔軟な組織を作ることができます。株式会社とは異なり、所有と経営が完全に一致している組織であるため、運営に関わらない出資だけの組合員は認められません。

　また、共同の事業を営むことを目的とする組合には民法上の組合もあります。民法上の組合員には無限責任が課せられており、場合によっては組合員個人の財産を組合の債務の返済にあてなければならないという大きなリスクがありますが、有限責任事業組合はその名のとおり、有限責任の組織です。したがって、仮に有限責任事業組合が赤字に陥ったとしても負債について組合員が負わなければならない責任は出資額を限度としたものとなります。

●パススルー課税

　有限責任事業組合は、税金の面でも大きなメリットがあります。株式会社の場合には、利益が出た場合には会社に対して法人税が課され、株主への配当には所得税が課されます。一方、損失が生じたとしても出資者である株主はその損失を他の所得と通算することができません。この点において、有限責任事業組合の場合には、パススルー課税（構成員課税ともいいます）という制度がとられています。

　パススルー課税とは、株式会社における法人税とは異なって、税金が有限責任事業組合に対しては課されず、構成員である各組合員に直接課されるしくみです。たとえば有限責任事業組合として利益が生じた場合には、その構成員である各組合員に対して課税されます。また、損失が生じた場合には、各構成員はその損失を他の所得と通算することができます。

　もっとも、このように構成員の所得に課税することから、脱退を繰り返しているような有限責任事業組合の場合、課税の計算が複雑になるというデメリットもあります。

16 外国会社

日本で継続して取引する場合には日本法の規制を受ける

●外国会社に対する規制

日本法に基づいて設立された会社を内国会社といいます。それに対して、外国法に基づいて設立された会社を外国会社といいます。いわゆる、「外資系企業（外国人が株主となって出資している会社）」であっても、日本法に基づいて設立されていれば、それは内国会社です。反対に、日本人が株主となって出資している会社であっても、外国法に基づいて設立されていれば、それは外国会社です。

外国会社は、設立された国の会社法の規定に服するのが原則です。ただし日本で、継続的に取引をする外国会社は、以下のような規制に服します。
① 日本における代表者の選任と登記
② 会社についての登記（「外国会社の登記」というものを行います）

このように、外国会社に対する規制が一本化されていることで、外国会社と取引した場合の法律関係が明確になります。

なお、外国会社にも貸借対照表に相当するものを公告することが義務付けられています。

●登記前の継続取引の禁止

外国会社は、登記をするまでは日本で継続的な取引をすることができません。これに違反して取引をした者は、相手方に対して、会社と連帯して債務を弁済する責任を負います。

●擬似外国会社についての規制

外国法に基づいて設立された会社でありながら、日本に本店（事実上の本店を含む）を設け、または日本において営業をすることを主な目的とする会社を擬似外国会社といいます。

こうした会社の実体は、国内の会社と変わりありません。会社法では、擬似外国会社は日本国内において取引を継続して行うことができず、これに違反して取引を行った者は、その取引について、その擬似外国会社と連帯して責任を負うものとされています。

つまり、擬似外国会社X社が日本において取引をすることが認められないにも関わらず、代表者をYとして、日本国内で取引を行った場合には、相手方は代表者Yに対しても取引に基づく請求が可能となります。

このように、日本法の適用を回避するためだけに外国で設立されたような会社の活動を防ぐために、擬似外国会社は規制されています。

第 2 章

株式会社の設立手続き

発起人と会社設立

設立中の会社で必要なことをおさえる

●ルールを定め、人とお金を集める

　株式会社を設立するためには、人とお金を集め、団体としての会社の実体を作り、登記をすることが必要です。

　団体としての会社の実体は、定款作成、出資者の確定、会社機関の具備、会社財産の形成などによってできあがります。つまり、会社の根本規則（定款）、お金を出す人、会社を運営する人を決めて会社の財産を実際に確保しなければなりません。定款に掲げられた会社設立の目的に賛成した人が出資者となり、その資金を使って、取締役や監査役などの会社の運営者が、その目的達成のために活動するのです。

　そして、最後に設立登記（会社の設立を多くの人に知らせる公示手段）をすることが必要になります。

●発起人の意義

　株式会社を設立するには、設立手続きを実際に行う**発起人**を必要とします。発起人というのは、定款に発起人として署名した者のことです。

　会社をどんな事業目的のために設立するかは、もっぱら発起人の意図しだいです。発起人は、株式会社が営む事業の中心人物であり、設立事務を行います。発起人が一人もいない場合には、株式会社の設立はできません。発起人が設立に必要な行為をする権限を有することは当然ですが、営業行為をする権限はありません。

●会社成立前は設立中の会社

　会社は設立登記によって成立しますから、登記前には会社は存在しません。しかし、会社は登記によって突如出現するのではなく、開業のための準備行為を経て段階的に実体が形成されていくものです。たとえば、会社が成立した後に使用する土地や建物を購入しておくことや、取引相手を確保しておくことなどが挙げられます。そこで、発起人の会社の設立に必要な行為によって取得された権利義務が、成立後の会社へ当然のこととして移転することを説明するために考えられたのが設立中の会社という考え方です。

　会社成立前の会社の実体である設立中の会社（権利能力なき社団）と成立後の会社（権利能力ある社団）は、社団という実体において実質的には同一の存在です。この設立中の会社は、社団という実体が形成されたとき、つまり、定款が作成され、株式が1株以上引き受けられた時期に成立するとされています。

●発起人組合と設立中の会社の関係

発起人が1人の場合は別ですが、発起人が複数いる場合には、発起人間において、会社を設立するという目的をもって形成された**発起人組合**という民法上の組合が形成されると考えられています（民法667条以下）。

発起人組合は、その目的が会社の設立ですから、定款作成とか株式引受人の募集などの、会社設立に必要な行為を行います。会社設立に必要な行為は、設立中の会社にとっては設立行為にあたりますが、発起人組合にとっては、組合契約を履行する行為となります。

また、発起人は設立中の会社の執行機関として行動しますが、それは同時に発起人組合の業務執行でもあります。会社が設立登記されると、発起人組合は目的の到達により解散します。

発起人は、関係者が不測の損害を被った場合には責任を負うことが定められています。

●発起人は1人以上必要である

会社を設立するには、定款の作成から登記まで、さまざまなことを決め、多くの手続きを行う必要があります。この手続きを行うのは当然、会社設立の企画者です。会社設立の企画者は発起人と呼ばれ、設立の手続きを行うと共に、会社に出資し、株式を引き受けます。この際、引き受けられた株式の総額が、原則として資本金になります。発起人は、株式を引き受けることで会社の持ち主（株主）になります。

通常は、発起人が発行されるすべての株式を引き受けますが（発起設立）、発起人以外の者が株式を引き受ける（募集設立）こともあります。

第2章 株式会社の設立手続き

発起人の権限

①設立を直接の目的とする行為
　定款作成など

②設立に必要な行為
　設立事務所の賃借、事務員の雇用など

｝設立に関する行為

③開業準備行為
　原材料や商品の仕入れ、機械の購入など

④営業行為
　商品の販売、サービスの提供など

｝営業に関する行為

2 預合と見せ金
適正な出資による会社財産の確保

●預合とは

　預合とは、簡単に言うと、帳簿上支払ったように見せかける行為のことです。具体的には、払込みの際の金銭出資について、発起人が払込取扱機関から借り入れた上で会社の預金に振り替えて帳簿上払込みを完了させるのですが、この借入金を発起人が返済するまではその払込取扱機関から払込金を引き出さないことを約束する行為のことです。預合がなされると、会社は経営のために会社の預金を自由に使うことができないので、実質的には会社財産が確保できたとはいえません。そこで、会社法では預合に刑罰を科しています（5年以下の懲役または500万円以下の罰金）。預合の効力については従来から無効とする立場が有力ですが、会社法の規定からは有効となるのではないかとする立場もあります。

●見せ金とは

　一方、見せ金とは、発起人が払込取扱金融機関以外から借り入れた金銭を払込みにあて、会社成立後、それを引き出して借入金の返済にあてることをいいます。見せ金による払込みは、預合の脱法行為として行われるようになったもので、預合と同様、実質的な払込みはなされていないので、無効になると解する立場が有力です。預合は帳簿上で行われますが、見せ金は実際に資金が動くという違いがあります。

預合と見せ金

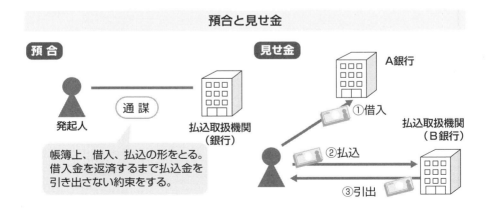

3 発起設立と募集設立
会社の実体形成と法人格の取得が必要となる

● 発起設立と募集設立の違い

株式会社の設立方法には、発起設立と募集設立があり、それぞれ手続が異なります。**発起設立**では、会社設立の企画者である発起人が、設立の際に発行する株式のすべてを引き受け、会社成立後に株主となります。

これに対して**募集設立**では、発起人は設立の際に発行する株式の一部を引き受けるだけで、残りの株式については、外部に対して引受人の募集を行います。そして、この募集に応じた株式引受人が、発起人と共に会社設立時の株主となります。

● 発起設立と募集設立の手続

会社の設立のためには、出資者となる株主の確定、出資による会社財産の形成が必要です。株主の確定として、まず株式の引受けが必要です。

発起設立の場合、発起人が全部の株式を引き受け、出資額全額の払込みをします。このとき、不正行為を防止して払込みが確実に行われるようにするために、金銭の払込みは発起人の間で払込取扱機関として定めた銀行等にしなければならないとされています。発起設立の場合、払込みがなされた後、設立時の役員を選任すれば、会社はほぼ完成します。

一方、募集設立の場合には、発起人が最低1株ずつを引き受けて出資を履行し、他に株主となる人を募集する必要があります。この募集に対する申込みは、確実を期するため、書面（または発起人の承諾のある場合は電子メールなどの電磁的方法）によってなされなければなりません。発起人は、この株式申込人に対して何株引き受けさせるか、あるいは引き受けさせないかを決定することができます（割当自由の原則）。そして株式の引受けが確定すると、株式引受人には払込義務が生じます。金銭の払込みを、発起人が定めた払込取扱機関にしなければならない点は発起設立と同様です。

募集設立の場合にはこのように出資が履行された後、創立総会が招集されます。創立総会は、設立中の会社の議決機関で、発起人を含めた株式引受人から構成されます。これは設立後の会社においては、株主総会にあたるものです。株式引受人は、会社が成立すると同時に株主となります。

もっとも、実務上は、募集設立で会社を設立するケースはそれほど多くはありません。

設立手続きの流れ
会社ができるまでの流れをつかむ

●発起設立の場合の手順

発起設立の方法で会社を設立する場合には、通常、次のような手順を踏みます。

① **起業することを決める**

その際、個人事業者として起業するか、会社として起業するかも決めます。この段階で会社設立後の青写真を作っておくことが大切です。

また、会社を設立する場合、定款に本店所在地を記載する必要があるので、事務所を借りて事業を起こす場合には、事務所を借りておきます。

② **会社の目的、商号（会社の名前）、本店（本社）所在地、資本金の額などを記載した会社の根本ルールである定款の作成**

定款は一般には書面で作成します。書面で作成するといってもパソコンのワープロソフトで作成したものを印刷すればよいでしょう。定款は3部作成することになります（書面で定款を作成する場合）。

定款の作成後は、公証役場に行き、公証人に定款を認証してもらいます。

③ **株式の発行事項（引受数、金額）などを決め、発起人が株式を全部引き受ける**

引き受けたことの証明として株主名簿（引き受けた株式数を記載した帳簿）に記載します。

④ **引き受けた株式に応じて、金銭などを払い込む**

発起人が数名の場合は、発起人の中から代表者を選び、その者の銀行口座に振り込みます。発起人が1人のときは自分の口座に振り込みます。

⑤ **取締役や監査役を選任する**

取締役は1人いればよく、監査役は選任しなくてもかまいません。実務上も、監査役の業務は税理士などが代わりに行うので、監査役は選任されないことも多いようです。1人で会社を設立する場合、自分が取締役になります。定款で取締役を定めていれば取締役を選任する必要はありません。

⑥ **取締役や監査役が会社財産が整っているかどうかチェックする**

払込みがなされているかチェックします。

⑦ **設立の登記をして会社が成立する**

登記とは、会社の情報を登記簿という法務局にある公募に記録するものです。登記は法務局に申請書を提出します。申請書には、会社の商号（会社の名前）、会社の本店所在場所などを記載します。

なお、募集設立の場合には、発起人

以外の者も株式を引き受けたり、創立総会を開催したりするので、手続が若干異なります。

●設立経過の調査をする

発起人が引き受ける株式の払込みがなされているかどうかを調査しなければなりません。この調査をするのは、発起人によって選任された役員です。役員とは取締役や監査役のことを指します。なお、払込みについては、発起人が取締役になるケースがほとんどですので、自分で払込みの有無を確認すればよいでしょう。

●商号の決定と類似商号の調査

会社は設立にあたって会社の名前を決めなければなりません。会社の名前を商号といいます。商号は会社の名前ですから、他の会社の商号と同じか類似した商号（類似商号という）であると混乱が生じます。

そのため、同一住所で同一商号の登記をすることは禁止されています。同一本店所在地に同一の商号の会社があるかどうかについては、法務局に備えられている商号調査簿で調査をする必要があります。

また、まったく同じ商号でないとしても、他社と酷似した商号を用いると、不正競争防止法により、商号使用の差止請求を受ける危険があるので注意しなければなりません。

定款の作成から設立登記まで

定款の作成
↓ 発起人が定款を作成し、公証人の認証をうける

株式の引受・払込み
↓ 発起人は株式を引き受け、引き受けた株式について出資の払込みをする

役員の選任
↓ 発起人が役員（取締役など）を選任する。定款で予め役員を定めていれば、選任手続きは不要

役員による調査
↓ 役員が会社の設立手続に法令違反などがないかをチェックする

設立の登記

定款の記載事項

記載を欠くと定款が無効になる絶対的記載事項がある

●定款の記載事項には3種類ある

株式会社設立の第一歩は発起人による**定款**の作成です。定款には会社の組織や、運営に関する内部事項が記載されます。定款自治といわれるように、会社は比較的自由に定款の内容を定めることができます。発起人とは、会社設立の企画者として定款に署名した人のことです。

定款に記載される事柄には、①記載を欠くと定款全体が無効になる絶対的記載事項、②記載を欠いても定款自体の効力に影響はしないが、記載しないとその事項の効力が認められない相対的記載事項、③定款外で定めても効力をもつ任意的記載事項があります。

相対的記載事項や任意的記載事項が欠けたとしても、定款に影響はありませんが、絶対的記載事項が欠けると定款が無効になります。絶対的記載事項には以下のものがあります。

① **会社の目的**

会社設立の目的は、出資しようと考えている者にとって1つの判断材料となるものです。

なお、目的は将来行う可能性のものも記載してかまいません。後でつけ足すと、手間、費用がかかりますので、予想されるものは予め記載しておくことが望ましいでしょう。

② **会社の商号**

商号とは、○○○○株式会社、株式

会社法・定款に定めるルール

```
         ┌─会社法─┐
    会社のルールが強制される領域
         ┌─定 款─┐
    定款自治が認められる領域
```

・どんな組織を必要とするか
・会社をどのように運営し、管理するか
・株主や会社債権者などの利害をどのように調整するか　など

会社××××のような会社の名前のことです。

③ **本店（本社）の所在地**

どこを本拠地とするかを明らかにするものです。

④ **設立時の出資額またはその最低額**

設立のときに発起人（株主になる者）が払い込む出資額のことです。

⑤ **発起人の氏名（名称）・住所**

設立の企画者として責任を負う発起人の名前や住所を明らかにする必要があります。

⑥ **発行可能株式総数**

将来、会社が発行できる株式数の上限を定めます。絶対的記載事項ではありませんが、定款に記載しておきましょう。

なお、発行可能株式総数の数は、非公開会社の場合、自由に定めることができるので、将来の増資の可能性も考えて定めることが望ましいといえます。

●定款作成後の手続について

定款の作成が終わった後、発起人全員で定款に署名（自筆のこと）または記名押印（氏名をゴム印またはワープロで打ち、その上で印鑑を押すこと）をしなければなりません。なお、定款を電子公証（39ページ）してもらう場合には、紙の定款への署名または記名押印に代えて、電子署名をする必要があります。電子署名については後述しますが、簡単にいえば、パソコンで作成された定款が発起人によって作成されたことを証明するための電子的な署名のことです。

定款を作成し終えると、次は定款を公証人に認証してもらいます。定款の認証を受けた後、会社の登記により会社が設立するまでは、原則として定款を変更することはできません。

認証を受けた定款は、その後の手続で添付書類として使用することがあるので、きちんと保管しておきましょう。

定款の絶対的・相対的・任意的記載事項

記載事項の種類	意味	記載を欠いた場合	具体例
絶対的記載事項	定款に絶対に記載しなければならない事項	定款全体が無効になる	会社の目的、商号、本店の所在地など
相対的記載事項	定款に記載しないと効力が認められない事項	定款自体の効力に影響はない	変態設立事項、株式譲渡制限、公告方法
任意的記載事項	定款外で定めても効力をもつ事項	定款自体の効力に影響はない	株式事務の手続き、株主総会の招集時期、決算期など

定款の作成手続き
認証を受けることが必要になる

●定款の認証とはどんなものか

　株式会社の設立手続きにおいて定款の作成は最も重要な作業です。定款が作成された後に、発起人がそれに署名または記名押印（電子定款の場合は電子署名）をします。これによって定款自体は完成です。

　次に、法務局（登記所）で会社設立の登記をしなければなりませんが、申請の際に定款を添付します。ただ、その定款は後述する公証人の認証を受けていることが前提となっています。

●定款認証のための手続き

　定款の認証は公証人が行いますから、公証役場（公証業務を行う役所のこと）へ行って、認証を依頼しなければなりません。公証人は、定款の認証の他、公正証書を作成したり、確定日付の付与を行う権限をもっています。

　定款認証にあたっては、同じ書類を3通用意します。1通は、そのまま公証役場に保存されます。また、1通は、登記申請の際に、法務局（登記所）に提出します。そして、もう1通は、会社で保存されることになります。定款以外に、発起人全員の印鑑証明書も用意します。代理人によって認証を依頼する場合には、委任状と代理人の印鑑証明書も必要になります。

　認証の依頼を受けた公証人は、定款を審査します。法律の規定に沿って必要事項にもれはないか、発起人の記名・押印がなされているかなどを審査するのです。問題がなければ、公証人は定款に認証文をつけます。

　定款の認証のための公証人の手数料は5万円です。また、定款の原本自体に4万円の収入印紙を貼付することになっています。この4万円の収入印紙は、電子定款を利用した場合には必要ありません。

●本店と支店に備え置く

　会社は定款を本店（本社）と支店に備え置かなければなりません。株主と会社債権者は、営業時間内であればいつでも、定款の閲覧または謄写を請求することができます。

　また、定款が書面で作成されている場合、その謄本（定款の写し）または抄本（定款の一部を抜粋したものの写し）の交付を請求できます。定款が電磁的記録（PDFファイルなどの電子化された書面）によって作成されている場合は、会社が定めた電磁的方法で提供すること、または記録内容を記載した書面を交付することを請求できます。

電子定款
費用を節約できるメリットがある

●電子定款とはどのようなものなのか

　定款の認証は、書面で作成した定款を認証してもらうことが原則です。しかし、書面ではなく電子化された電子定款を認証してもらうこともできます。特に電子定款の場合、書面による定款作成時にかかる収入印紙代４万円がかからないこともあり、会社の設立費用を節約したい起業家などがよく利用しています。

●電子公証制度とは

　公証人の業務には、前述した定款の認証の他に、公正証書の作成、確定日付の付与などの事務を行います。これらの事務を公証業務といいます。

　従来、公証業務の対象となる文書は紙媒体が中心でしたが、最近は電子文書（パソコンに読み込める電子ファイル）の場合も、一定のものについては公証業務の対象となり、利用されるようになってきました。こうした制度を電子公証制度と言います。

　すべての公証人が電子認証制度に対応できるわけではなく、電子公証制度に対応できるのは法務大臣に指定された公証人（指定公証人）だけですが、現在では、かなりの数の公証人が指定公証人となっているので、ほとんどの地域で電子公証を利用することができます。

　電子公証制度の対象となるものは、公証業務のうち、電子文書で作成１された私署証書（契約書など）や定款（電子定款）を公証人が認証する場合や電子文書に確定日付（正確性が保障された日付のこと）を付与する業務ですが、もっとも多く利用されているのは電子定款です。

●電子定款と従来の定款認証との違い

　定款は紙で作成します。具体的には、パソコンのワープロソフトで作成した定款を印刷します。その上で、定款に収入印紙を貼り、公証役場にもっていき公証人の認証を受けます。

　一方、電子定款の場合、パソコンのワープロソフトで作成した定款をＰＤＦにした上で、登記信託オンライン申請システム（インターネットを用いた登記申請のシステム）を利用して認証の嘱託をします。認証は公証人の面前で行う必要があります。

　つまり、紙媒体の定款認証と電子定款の認証の手続的な違いは、定款を法務省オンライン申請システムを利用して公証役場に送信するかどうかの違いしかないといえます。

変態設立事項

現物出資、財産引受、特別の利益・報酬、設立費用の４つ

●変態設立事項とは

定款の記載事項で絶対的記載事項の他にも注意しなければならない事項として、相対的記載事項である**変態設立事項**があります。変態設立事項とは、「危険な約束」ともいわれ、会社財産を危うくする定款記載事項として特別の手続を要するものをいいます。会社に出資された資金は、定款に掲げた目的を達成するために使われるものですから、その目的を達成するために必要な行為以外の行為によって会社財産が減ってしまうことがあってはなりません。しかし、会社設立の企画者である発起人らによって会社財産を危うくする行為が行われる危険性があります。そこで、変態設立事項は、定款に記載しなければ効力が認められないものとされています。また、変態設立事項については、原則として裁判所が選任する**検査役**による調査が必要です。

会社法に列挙されている変態設立事項は、以下の４つです。

① **現物出資**

株式を引き受ける際、通常は金銭を払い込みますが、金銭以外の物をもって金銭の払込みにかえることができます。金銭に換えて土地や建物などを出資する場合です。現物出資をする場合、出資された物が過大に評価されると会社の資本金が実際の資本金より少なくなり、債権者（たとえば、会社に融資を行った銀行など）に迷惑をかけることになるので厳格な扱いが必要とされています。たとえば、50万円の価値しかない自動車が200万円と評価されたような場合です。もっとも、現物出資の財産が500万円を超えない場合など、会社財産に大きな影響がないときは検査役の調査は不要です。

② **財産引受**

発起人が、会社成立後に会社が財産を譲り受けることを約束した契約です。現物出資と同様、目的物の過大評価により会社財産を害する危険があり、また、他の株主との不平等を招く危険があるため厳格な扱いが必要とされています。

③ **特別の利益・報酬**

会社設立のための労務に対して発起人が会社から受け取る報酬や特別の利益です。会社設立の企画者である発起人の労に報いるため、功労金や報酬として過大に金銭などが支払われれば、会社財産を危うくすることになります。

④ **設立費用**

発起人が会社設立のために支出した費用です。設立費用について、発起人

の自由にまかせると、会社が不相当な負担を負うことになる危険があるため、厳格な扱いが必要とされています。この設立費用としては、通信費や交通費などがあります。

●事後設立とは

会社設立の際には、会社財産を現実に確保するための手続が必要とされています。特に、会社財産を危うくする変態設立事項については、厳格な手続が要求されています。そのため、変態設立事項である現物出資や財産引受の厳格な手続による規制を免れようとして、事後設立という方法がとられることがあります。

事後設立とは、たとえば自動車やパソコンなどの高額な財産(会社設立前から存在するもので、継続して会社の営業のために使用しようとするもの)を、会社の成立後2年以内に会社が買い取る契約をいいます。

このような行為は、現物出資や財産引受と同様、会社財産を危うくするおそれがありますから、厳格な規制をする必要があります。そのため、事後設立をする場合には、株主総会の特別決議(株主の議決権の過半数をもつ株主が出席し、出席した株主の議決権の3分の2以上で決議すること)が必要とされています。ただ、事後設立を認める必要性も否定できず、会社成立前から会社が所有する財産や会社成立後に取得するすべての財産について、株式会社の特別決議を要するとなると事後設立を行う者がいなくなることから、取得する財産の価格が、資産額の5分の1以下であれば、特別決議をしなくてもよいとされています。

変態設立事項と必要になる手続き

会社財産を危うくする「危険な約束」
- ①金銭以外の物を出資する「現物出資」
- ②会社成立後に財産を譲り受ける「財産引受」
- ③発起人が受け取る「特別の利益・報酬」
- ④会社の負担となる「設立費用」

厳格な手続き
a 定款に記載しなければ、効力を生じない
b 裁判所が選任する検査役によるチェックを受ける

裁判所には、不当と認めたとき変更の決定をすることが義務付けられている

株式の払込みと手続き
払込金は会社の資本となる

●払込みを証する書面を準備する

公証人に定款を認証してもらった後、発起人は設立時に発行する株式をすべて引き受けます。

この株式の引受けが終わると、発起人は株式の代金を払い込みます。その際、払い込んだことを証明するために、発起人が作成した払込証明書に、払込金が振り込まれた銀行の預金通帳の写しを合綴したものを準備します。払込みが完了し、払込みがあったことを証する書面を、「設立登記申請書」に添付して所轄の登記所に提出します。会社設立登記後、株式の払込みをした株主については、会社は株主名簿を作成し、原則として、本店に備えつけます。

株主名簿とは、会社の株主とその持っている株式数を記載した書面のことです。会社は株主名簿により株主を把握し、株主への配当金の交付などの際に役立てます。株主や債権者から株主名簿の閲覧要請があった場合には、会社はこれに応じる義務があります。

●株式の払込手続き

公証役場で定款の認証を受けたら、今度は会社を代表する発起人の個人の銀行口座にそれぞれの発起人が引き受けた株式数に見合った出資金(資本金)をそれぞれ全額、振り込んでもらいます。

払込手続きに必要な書類は、次の2つです。払込みのあったことを証する書面(登記所に届ける印鑑を押印)、預金通帳のコピーの2つです。通帳の表紙、通帳を開いて1ページ目(口座名義人が判明する部分)、払込みがわかるページのコピーを用意します。

上の2つの書類を合わせてとじて、①で押印した印鑑で契印(各ページの継ぎ目に押印)をします。入金は定款作成日後にします。定款の作成日前の日付の通帳に資本金に相当する残高があっても、登記が受理されません。その場合はいったん資本金に相当する金額を出金し、再度入金します。

なお、入金先は銀行のインターネットバンキングでも可能です。この場合には、①金融機関名、②口座名義人、③払込日時、④入金額が記載されている画面をプリントアウトし、当該書面を、払込みのあったことを証する書面に合綴して作成することになります。

以上の手続きは発起設立を想定しています。募集設立の場合、株式引受人の募集、引受人の決定、引受人の払込みといった手続きが必要です。

10 設立時の取締役や監査役の選任

取締役は必ず1人以上選任しなければならない

●取締役を選任する

　発起人は、株式の引受けがなされた後に、取締役を選任しなければなりません。取締役は1人いればそれで足ります。設立しようとする会社が取締役会を設置する会社である場合は、3人以上の取締役を選任します。

　また、設立しようとする会社が監査役を設置する会社である場合は、監査役も選任します。

　その他、設立しようとする会社の機関構成に応じて、会計参与（取締役と共同で貸借対照表などの計算書類を作成する者）や会計監査人（貸借対照表などの計算書類を監査する者）も選任することができます。

　設立時の取締役や監査役は、会社の法令・定款への違反の有無を調査できます。取締役や監査役は必ずしも発起人から選ばなくてもかまいません。取締役や監査役の選任方法は、発起人が株式引受人として引き受けた株式1株につき1個の議決権を有し、その議決権の過半数によって決定することになっています。発起人が2人以上いる場合は発起人会（発起人による会議）を開催して決定します。発起人が1人の場合、その1人の発起人がすべてを決定することができます。

　ただ、定款に取締役や監査役を記載しておけば、改めて選任手続きをする必要はありません。そのため、定款には取締役や監査役を記載しておくとよいでしょう。

　なお、設立時取締役は、発起人の有する議決権の過半数の賛成により解任することもできます。設立時監査役の解任には、3分の2以上の賛成が必要となります。

●取締役会の設置と代表取締役の選定

　設立しようとする会社が取締役会を設置する会社である場合には、取締役の中から代表取締役を選定しなければなりません。設立時の代表取締役の選定は、取締役の過半数によって決定します。

　代表取締役を選定するための決議は、定款認証後に行います。代表取締役に選定された人が、代表取締役に就任するためには、就任の承諾が必要です。「就任承諾書」については代表取締役が個人の実印を押印します。

　決議終了後は議事録を作成します。議事録には議事の経過の要領とその結果を記載し、出席した取締役（場合によっては監査役）の全員が署名または記名押印します。

取締役・監査役の選任

原則として「就任承諾書」が必要になる

●定款に記載しておくと不要になる

会社設立においては、株式総数の引受けが発起人によって行われた後、発起人が取締役（設立時取締役）と監査役（設立時監査役。監査役の選任は原則として任意です）を選任します。会社設立時に選任される取締役や監査役の資格に関しては、会社の成立後に選任される取締役等と同様の制限があります。選任後、それぞれの役員から「就任承諾書」をもらう必要があります。

一般的には、定款に予め取締役と監査役を記載しておきます。定款の中に取締役と監査役の氏名が記載されていて、さらにそれぞれの者が発起人として定款に記名、押印しているときは、定款の記載が役員就任を承諾した書面となります。この場合、就任承諾書は別途作成する必要はありません。

しかし、間違いやすい部分でもありますので、すべての役員から「就任承諾書」をとっておいた方がよいでしょう。

定款で定めない場合、発起人が2人以上のときは、発起人会（発起人が集まり開く会議）で取締役と監査役を決定することになっています（株式1株について1個の議決権をもち、その過半数で決定）。その場合には、役員の選任にあたっての経緯を「発起人会議事録」に記載しておく必要があります。

発起人が1人の場合、「設立時取締役・設立時監査役選任決定書」で代用できます。なお、定款に記載しておけば、これらの書類は不要になります。

設立手続きを簡単にする意味では、取締役などの役員は定款に記載しておいた方がよいでしょう。

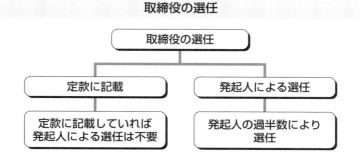

取締役の選任

12 代表取締役の選定・本店所在地の決定
取締役会非設置会社と取締役会設置会社とで異なる

● 決議事項をおさえておく

　設立しようとする会社が取締役会を設置しない会社（取締役会非設置会社）である場合には、取締役3人・監査役1人を選任する必要はありません。取締役1人のみで会社を設立できます。取締役が1人である場合には、代表取締役を選定する必要はありません。1人なので必然的に代表取締役になります。

　取締役会を設置しない会社が取締役を複数置いた場合は、設立時の取締役の中から設立時代表取締役を選定することができます。設立時代表取締役の選定方法は、いくつか考えられますが、ここでは、発起人により設立時代表取締役を選定します。あわせて具体的な本店所在地を決定することもできます（発起人会議事録）。

　本店所在地だけを決定する場合は、本店所在地決議書を作成します。本店所在地の決議書の添付が必要になるのは、会社設立時の原始定款で本店所在地について最小行政区画（東京都新宿区など）までしか定めていない場合です。本店所在地の決議書には、本店の具体的な番地名までを記載することになります。

　設立しようとする会社が取締役会を設置する会社である場合には、取締役の中から代表取締役を選定しなければなりません。設立時の代表取締役の選定は、設立時の取締役の過半数によって決定します。代表取締役に選定された人が代表取締役に就任するためには、就任の承諾が必要です。設立時代表取締役の「就任承諾書」は登記申請時の添付書類ですが、定款の記載で代用できる場合には、設立時代表取締役の就任承諾書の提出は不要になります。

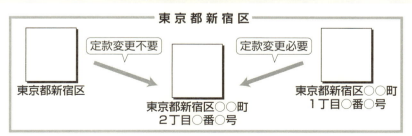

定款変更が必要な場合と不要な場合

13 現物出資に関する事項
定款に現物出資に関する事項の定めがある場合に必要になる

●設立時取締役らが調査をする

設立にあたっては、資本金として現金を出資するのが原則です。ただ、手持ちの現金がない場合には、建物や自動車など現金以外のものを出資することもできます。現金以外のものを出資することを現物出資といいます。現物出資をする場合には、変態設立事項（40ページ）として定款に定めなければなりません。

定款に現物出資の定めをした場合、原則として、発起人の申立てにより裁判所が選任した検査役が、定款に記載された現物出資の評価額が正しいかを調査します。

ただ、以下の場合には検査役の調査は必要ありません。

① 弁護士や税理士などから、定款に記載された現物出資の目的財産について、価額（価格）が相当であるという証明を受けた場合
② 定款に記載された価額の総額が500万円以下の場合
③ 目的財産が市場価格のある有価証券（株のこと）であり、定款に記載した価額が市場価格以下の場合

検査役の調査が不要な場合でも、取締役・監査役（監査役を設置した場合）は、現物出資として出資されたものについての価額の調査をしなければなりません。この調査報告書は登記の添付書類になります。

現物出資の規制

```
┌─────────┐
│ 現物出資 │ ・金銭以外の財産の出資
└─────────┘ ・発起人だけができる
      ↓
┌──────────────────────────────┐
│ 目的物が過大に評価されるおそれがある │
└──────────────────────────────┘
      ↓
┌─────┬──────────────────────┐
│規制①│ 定款の記載（変態設立事項） │
└─────┴──────────────────────┘
      ↓
┌─────┬──────────────────┐
│規制②│ 検査役の調査（原則） │
└─────┴──────────────────┘
```

14 会社設立に関わる責任①
発起人は会社財産を減少させてはならない

●会社設立に関する発起人等の責任

会社の設立手続中に不正な行為が行われれば、関係者は多大な迷惑を被ります。

そのため会社法は、会社設立に関する不正行為について罰則規定を設けてこれを防止する他、発起人や会社設立時の取締役に対して重い責任を課しています。というのも、一部の人が適切に出資しなかったにも関わらず出資額に見合わない不当に高額の株式を得てしまうのでは、株式引受人間の出資の平等を害してしまうからです。また、株式会社において会社債権者の担保となるのは会社の財産だけなのでそれが確実に確保されることも重要です。

設立に関して発起人等に課されている責任とは、出資の履行を仮装したときの責任、不足額填補責任、会社に対する任務懈怠に基づく損害賠償責任、第三者に対する損害賠償責任、会社不成立の場合の責任があります。

●出資の履行を仮装したときの責任

発起人や設立募集株式の引受人が、出資の履行を仮装した場合、その発起人・引受人は仮装した出資金の全額の支払義務を連帯して負います(平成26年会社法改正により新設)。この義務が免除されるためには、総株主の同意を必要とします。

また、仮装に関与した発起人や設立時取締役等は、同様の支払義務を負います。職務執行につき注意を怠っていないことを証明すれば免責されますが、自ら仮装を行った取締役等はこのような免責は認められません。

前述の支払義務が履行されない限り、仮装した引受人は株主の権利を行使することはできません。ただし、募集株式を譲り受けた第三者は、悪意(事実を知っていること)・重過失(重大な不注意・過失があること)の場合を除き、株主としての権利行使が許されます。

●不足額てん補責任

現物出資・財産引受の不足額てん補責任とは、現物出資、財産引受について、目的物の実際の価額が定款に記載された価額に比べて著しく不足する場合に、発起人と設立時の取締役とが連帯して負う、その不足額をてん補(穴埋め)する責任のことです。

この責任は、検査役の調査を受けていた場合には免責されますが、現物出資者、財産引受における財産の譲渡人に該当する場合には、免責されません。

15 会社設立に関わる責任②

設立に関して損害賠償責任を負う場合がある

●任務懈怠責任

　発起人や設立時の取締役は設立中の機関である以上、発起人や設立時の取締役が当然負うべき注意を尽くして設立に関する任務を行う義務があります。したがって、この任務を怠って損害を生じさせた場合には、会社に対して連帯して損害賠償責任を負わなければなりません。ただしこの任務懈怠責任は過失責任なので、無過失の場合は免責されます。また、この損害賠償責任は、総株主の同意がある場合には免除することができます。

●第三者に対する損害賠償責任

　発起人や設立時の取締役が任務懈怠について悪意（任務懈怠の事実を知っている場合）・重過失（重大な不注意があって任務を懈怠した場合）であった場合には、第三者に対しても損害賠償責任を負います。そもそも設立時の発起人等の違法な行為については、民法上の不法行為責任を追及することも可能ですが、これだけでは不十分なので、会社法は、取引先や会社に対して債権を持っている第三者を保護するため、特に発起人に責任を負わせています。この第三者に対する損害賠償責任は、総株主の同意があっても免除することができません。

　また、株式会社が成立しなかったときは、発起人は、支出した費用を負担します。

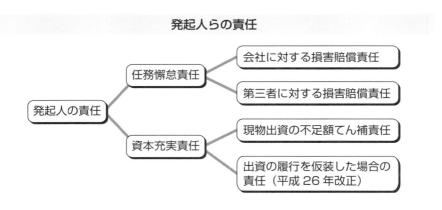

発起人らの責任

第3章

役員の権限と責任

取締役の役割
会社の命運を握る存在

●取締役とはどんな存在なのか

　取締役は、会社経営の方向性を決める役割を担う存在です。株主から会社の業務執行をまかされる立場に立ちますから、経営のプロとして、時代の流れを読み、それにあわせた対応が迫られることになります。企業で行われる取引は、莫大な資金を使ったものなどもあり、大きなやりがいを感じることもあるでしょう。ただ、その反面、重い責任や多くの義務が取締役には課されています。

　会社に複数の取締役がいる場合、経営方針や業務内容を話し合って決めます。トラブルや損害などを未然に防ぐために、それぞれの取締役が適正な業務執行をしているかどうかを互いにチェックし合うことも必要です。

　このように取締役は会社経営の最前線に立つわけですから、会社の命運を握る存在といえます。それに応えていくために、取締役は会社を効率的に動かすノウハウ、従業員のもつ力を引き出す能力、経済的な先見性などはもちろんですが、企業の法律違反が目立つ今日では、会社関連の法律への対応力など、さまざまな能力を兼ね備えなければならない存在だといえます。

　ただ、株式会社では、制度上、会社の所有者と経営者が分離していますから（所有と経営の分離）、取締役は株主の利益に反する行為を行う危険性があります。そのため、取締役が権限を濫用して、会社（＝株主）の利益を害することがないように、是正を図る手段が用意されています（128ページ）。

●株主と取締役の違いは何か

　ところで、会社は誰のものなのでしょうか。日々、出社して会社で働くのは従業員や取締役ですが、彼らは会社の所有者ではありません。会社の所有者は、その会社に資金を出資している株主（オーナー）です。

　本来は所有者である株主が会社の方針から業務事項まですべてを決定できればよいのですが、規模が大きければ、株主は多数存在しますし、その多くは経営自体に興味がない単なる出資者にすぎません。そこで、株主総会で基本事項だけを決定し、日々の業務を任せる取締役を選ぶことになります。つまり、所有は株主、経営は取締役という役割分担をしているのが株式会社の特徴です。

●業務執行取締役とは

　取締役会を設置する会社で業務を執

行するのは、原則として代表取締役ですが、取締役会の決議によって、代表取締役以外の取締役に業務執行権限を与えることもできます。このように代表取締役以外の取締役で業務執行権限を与えられた者のことを**業務執行取締役**といいます。

●執行役員と取締役との違い

一部の企業では「執行役員」と呼ばれる者が選任されています。取締役会の規模を縮小すると共に、個々の業務執行を執行役員に任せています。

執行役員は、取締役会または代表取締役から業務執行権限を与えられた者ですが、取締役ではありません。また、名称は似ていますが、指名委員会等設置会社に置かれる「執行役」とも違います。特定の部署の最高責任者として、従業員の中から選任されることが多いようです。

●取締役の資格の限定

会社法は、「株式会社は、取締役が株主でなければならない旨を定款で定めることができない」と規定しています（会社法331条）。会社経営という専門的知識を持った者を取締役として迎え入れるべきですから、株主以外の人材にもその地位を開放し、幅広く人材を募ることが重要だからです。

なお、定款で取締役の資格を制限することはできますが、よほど合理的な理由がなければその規定は無効となります。ただ、判例には、外国資本から経営権を守るという理由から「取締役は日本国籍を有する者に限る」とする定款を認めたものもあります。

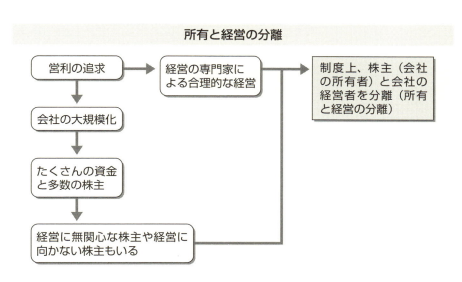

所有と経営の分離

2 コンプライアンス
会社の発展にとって不可欠である

●コンプライアンスとは

コンプライアンスとは、会社経営における法令遵守のことです。

個人であっても会社であっても、法律を守って行動しなければならないのは当然です。ところが、粉飾決算や贈収賄、総会屋への利益供与など、会社の不祥事が後を絶ちません。

法令を遵守しない不健全な会社は、社会的信頼を得ることができず、利益をあげることも難しくなります。株主や会社債権者など、会社を取り巻く多くの人たちに大きな損害を与えかねません。また、違法行為を行った取締役らは、刑事上または民事上の重い責任を負わされることになります。平成26年の会社法改正により、社外取締役の活用が強調されましたが、監査の観点から法令遵守を意識しています。

さらに、最近では国際的な取引もさかんになっています。会社が法令を遵守することは国際的な信頼を得るという点でも重要ですから、コンプライアンスは国際競争力を維持・強化する上でも重要といえます。

●コンプライアンスに関わる規定

コンプライアンスの具体化と見られる定めは、会社法の随所に見られます。たとえば、大会社における内部統制システムの構築が義務化され、取締役会で業務の適正を確保するための体制についての基本方針を作成することが求められている点がその例です。

また、登記の制度や書類の備置など、ディスクロージャー（情報開示）によって円滑な取引と適正な経営を可能にしています。また、役員に対する損害賠償責任の追及や罰則の適用などを通じて、権限濫用を抑制しようとしています。

●コンプライアンスを実践するには

会社が守るべき法律は、数多くあります。会社法をはじめ、独占禁止法、不正競争防止法、金融商品取引法、労働基準法、消費者契約法、著作権法など数えあげればきりがありません。

重要なことは、このような法律をただ知っているというだけではなく、それを遵守する体制を作り、情報を開示し、従業員などに周知徹底させるということです。日本経済団体連合会も「企業行動憲章」で、コンプライアンスの実践に必要な10の項目を揚げています。

3 取締役と会社の関係
取締役と会社は委任の関係にある

●会社と取締役の関係は本来対等

　従業員と会社は雇用契約で結ばれています。雇用契約は、「雇う側」（会社）と「雇われる側」（従業員）という主従関係が強く反映しています。雇用者（会社）は使用人（従業員）にさまざまな指示を出し、使用人はその指示に従わなければなりません。立場上、弱い立場にある従業員が会社に不当な労働条件で働かされては問題がでてきます。そこで、従業員には労働基準法などによって労働条件を交渉できる権利や最低賃金などによる保護が与えられています。

　このように従業員と会社は雇用契約で結ばれているのに対して、取締役と会社は**委任契約**によって結ばれています。

　委任契約においては、委任者（会社）と受任者（取締役）の関係は、会社と従業員の関係とは違い、ほぼ対等だといえます。

　受任者には独立性があり、また委任された分野について自由に行動できる裁量の幅が広く与えられ、自らの判断で委任者からの指示を拒否できることもあります。その分、善管注意義務などを負うことになりますし、報酬も株主総会の承認で決定されます。また、善管注意義務と合わせて、取締役は、会社のために忠実に職務を行わなければならない義務を負うと規定されています。この義務は、特に忠実義務と呼ばれています。委任者と受任者との間に労働基準法などの規制は及びません。

●取締役の仕事は会社の業務執行

　取締役の仕事は会社の業務執行を担当することです（取締役会設置会社では、原則として代表取締役が業務執行を行います）。**業務執行**とは、会社経営のために必要な行為のすべてを意味します。

　材料を仕入れることや、製品を製造すること、商品を販売すること、必要な設備を整えること、銀行から資金を借り入れることなど、会社経営に必要なことはすべて業務執行であり、これが取締役の仕事ということになります。

　業務執行の決定を行うのが取締役会ですが、その決定に基づき、業務を誰が行うのかについては、会社法で、①代表取締役、②代表取締役以外で取締役会の決議によって業務を執行する取締役と指名された者（業務執行取締役）と規定されています（会社法363条）。取締役の行為を他の取締役は監視・監督していくことになります。

取締役・補欠役員・執行役員
株式会社の経営を担うスペシャリストである

●一時的な措置をとる

役員（取締役・監査役・会計参与）や代表取締役、監査等委員会設置会社における監査等委員である取締役、指名委員会等設置会社における各委員会の委員に欠員が生じた場合、任期満了や辞任によって退任した役員らは、新しく役員らが就任するまで、引き続き役員としての権利義務をもつことになります。

もっとも、これらの場合、必要があると認めるとき、裁判所は、在任する取締役など利害関係人の申立てに基づいて一時役員（代表取締役、委員）の職務を行う者を選任することができます。

また、会計監査人に欠員が生じた場合で、すぐに会計監査人が選任されないときは、監査役（監査役会、監査等委員会、監査委員会）は、一時会計監査人の職務を行う者を選任しなければなりません。

●補欠役員とは

役員が、任期の途中で病気になったり死亡したりしたために、欠員が生じた場合、前述したように一時的な役員を選任して対応することもできますが、欠員に備えて予め補欠の役員を選任しておくこともできます。このようにして選任された役員を補欠役員といいます。特に取締役は、会社の経営について迅速な判断が要求されるので、取締役が欠けてしまうと会社の運営が滞ってしまう可能性があります。そのため、補欠取締役は会社にとって有用であるといえます。

なお、補欠監査役については、定款で任期前に退任した監査役の残りの任期を補欠監査役の任期とすることを定めることができます（たとえば、4年の任期の監査役が選任から2年後に死亡した場合、補欠監査役の任期は、残りの2年ということになります）。

●執行役員とは

会社法に規定されているわけではありませんが、執行役員というものがあります（指名委員会等設置会社で選任される執行役とは違います）。

執行役員は、会社の業務執行を担いますが、取締役とは違い、取締役会に出席し、会社の意思決定に関わることはできません。執行役員については、会社法に規定がないことから、その会社が自社に見合う規定を作ることが可能です。執行役員制度は、取締役会の規模を小さくして、迅速な意思決定を可能にしています。

5 取締役に必要な要素

人に「あの人ならば…」と思わせるくらいの能力が必要

◎精神的に強いこと

取締役に必要な素養のひとつは、精神的に強いことです。取締役は委任された仕事に全面的な責任を負います。

そのため、取締役は、ストレスを回避することはできません。しかし、優れた取締役はストレスを上手にコントロールする方法を知っているものです。どの程度のストレスであれば、自分が仕事を遂行する上でむしろプラスに作用するのかを理解していることが取締役には必要だといえます。

◎存在感があり人脈をもっていること

歴史に残る戦国武将が有能な参謀に支えられ、その参謀の存在が敵から恐れられたという例は数多くあります。取締役も同じです。優秀な取締役は「会社の顔」としての役割も担うことにもなります。しかも、社内においては、管理職のマネージメントをする役割も担うわけですから、取締役は「社内の顔」でもあるわけです。以上のことから、取締役には「顔」になるだけの存在感も必要になります。

存在感があるということは、究極的には、社内外を問わず、人に信頼されるということです。「あの人ならば…」と他人に言われるような品格、能力、度量を総合したものがその人の存在感につながります。

◎コミュニケーション能力があること

取締役には、人を動かす能力がなければなりません。そのためには、聞き上手になることが大切です。人の話をよく聞き、わかりやすく説明できる能力、つまり、コミュニケーション能力が不可欠です。

◎自社への愛着や関心が高いこと

取締役には、従業員とは比べ物にならないくらい、会社に対する大きな責任があります。その責任感を持続させる裏には、自社への愛着や、関心の高さがあります。責任感を持続させるためにも、優秀な取締役には自社への愛着や関心の高さが必要です。

◎決算書など会社の数字に強いこと

会社の業務のシステムがうまく動いているかどうかを判断するには、会社の業績をはじめ数字をよく知っておく必要があります。取締役はそのシステムの運営に責任を持つ立場ですから、常日頃から会社に関係するあらゆる数字に精通しておく必要があります。

第3章 役員の権限と責任

6 取締役の報酬
定款または株主総会で決定される

◉報酬とは

報酬とは、職務執行の対価として会社から支給される財産上の利益のことです。金銭に限らず、現物報酬も含まれます。賞与も職務執行の対価といえますから、報酬と同じ規定に服すことになります。取締役は、会社と委任関係にあります。委任契約は、民法の原則によると無償です。しかし、経営の専門家として会社に従事し、重い責任を負わされる取締役には原則として報酬請求権があると考えられています。

では、その報酬の決定は誰が行うのでしょうか。取締役の報酬を、業務執行機関である取締役会や代表取締役が決定できるとしてしまうと、取締役や代表取締役は自分の好きなように報酬を定めることができることになってしまいます(いわゆる「お手盛り」)。

そこで、このような「お手盛り」の弊害を防止するため、取締役の報酬は定款または株主総会で決定することとされています。定款に定めがあればそれに従いますが、定款に定めがない場合、次の事項を株主総会で定めます。
① 報酬などのうち額が確定しているものについては、その額を定める
② 報酬などのうち額が確定していないものについては、その算定方法を定める
③ 報酬などのうち金銭でないものについては、その具体的な内容を定める

なお、具体的に確定した取締役の報酬は、特約・慣行などがない限り、原則として株主総会・取締役会で減額することはできません。取締役の報酬が具体的に株主総会で決められた場合には、取締役と会社との間で報酬について契約がかわされたといえるので、取締役の同意がない限り、株主総会や取締役会の決議によって、減額したり不支給とすることはできません。

なお、会社の使用人が取締役を兼務しているケースでは、取締役分の報酬と使用人分の給与を区別して取り扱う必要があります。

◉監査役の報酬と取締役の報酬

監査役の報酬もその総額を株主総会で決議しなければなりません。しかし、それを取締役の報酬と一緒に決議することはできません。それぞれ総額を定めて株主総会の決議を得なければなりません。

監査役は取締役の業務執行を監視・監督する機関ですから、取締役とは一線を画した立場に立たなければなりません。もし両者の報酬を一緒にしてし

まい、取締役会で監査役の報酬配分も決定できるとしてしまっては、監査役が取締役を客観的に監督できなくなってしまいます。そこで、監査役の報酬はその総額を株主総会で決議してもらい、その上で配分は監査役会などで決定しなければならないとされています。

●三委員会・監査等委員会設置会社

指名委員会等設置会社の取締役や執行役の報酬は報酬委員会で決められます。報酬委員会は、過半数を社外取締役で構成しなければなりません。報酬委員会は、不確定金額の業績連動型の報酬や金銭以外の報酬の導入など報酬一般について決定する権限をもっています。

また、監査等委員会設置会社では、監査等委員である取締役とそれ以外の取締役とを区別して報酬を定めなければなりません。

●ストックオプションという制度

最近、取締役に限らず、従業員に対して予め格安で自社の株式を購入できる権利を与えるストックオプションという制度を採り入れる会社が多くなっています。会社の業績が上がり、株価が高くなった場合は、利益を得ることができます。取締役や従業員がそれをはげみに日々の業務に意欲的に取り組むことを期待しているものです。

ストックオプションを導入をする場合には、新株予約権（198ページ）はいつまで有効であるのか、取得した株式は退職後どうすればよいのか、などの決まりを作っておく必要があります。

報酬の決定

● 指名委員会等設置会社以外

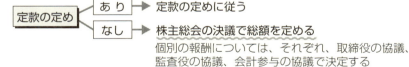

監査等委員会設置会社の場合、監査等委員である取締役の報酬とそれ以外の取締役の報酬とを区別して定める

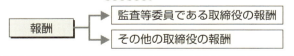

● 指名委員会等設置会社

取締役、執行役、会計参与の個別報酬について、報酬委員会が決定する

7 退職慰労金
株主総会で具体的な金額までは決める必要はない

●退職慰労金は株主総会で決める

退職慰労金は、退職の際、取締役などに支払われる金銭で、これまでの職務への慰労の意味をもちます。退職慰労金は社会一般の用語では報酬ではありません。したがって、取締役の退職慰労金を決める際に株主総会での決議までは必要ないとする考え方もあるでしょう。

しかし、取締役会でこれを決定できるとすると、取締役らが不当に高額な退職金を給付してしまうおそれもあります。したがって、退職慰労金も報酬に含めて考えて、株主総会の決議が必要とされます。

取締役の報酬はその総額を株主総会の決議で決めればよいということになっています。しかし、退職慰労金の場合、「総額」といってみたところで、受け取る対象者が何人もいるわけではありませんから、具体的金額が明らかになってしまうこともあります。

取締役にもプライバシーはありますから、ここまではっきりと示すことを避けるために、実際の株主総会では、「退任した取締役に、当社の役員退職慰労金規程に従って相当額を支払う」と決議することが多いようです。

ただ、このような決議をするには退職慰労金の具体的な額の算定基準が退職慰労金規程などではっきり決まっている必要があり、かつ株主がそれを閲覧できる状態になっていなければなりません。

●取締役に使用人としての退職金を支払う場合

退職慰労金は、従業員に支払われる賃金の後払いや退職後の生活保障といった意味をもつとされる退職金とは違うものと考えられています。

使用人兼務取締役は使用人と取締役の両面を持っているので、退職する時は退職金と退職慰労金を支払う必要がありますから、それぞれの規程に沿った給付が必要となります。

●取締役が同業他社へ転職した場合

裁判例の中には従業員の場合ですが、「同業他社に転職した場合のその者への退職金は自己都合退職の半額とする」とした退職金規程は労働基準法などに違反せず有効としたものがあります。会社が同業他社に人材を流さないための策としてこの程度の給付減は仕方がないということでしょう。

これに基づいて考えると、取締役が同業他社へ転職した場合には退職慰労金の額を減らすとしても違法にはなり

ません。むしろ、取締役が会社の企業秘密やノウハウを手に入れやすい立場にいることを考えると従業員の場合よりも厳しい措置になると考えるのが自然です。

ただ、このような決まりを杓子定規に適用しないようにしましょう。たとえば相当の理由のないまま解任され、行き場がないので同業他社に就職せざるを得なかった退職取締役に規程を適用すると、会社に対して退職慰労金の支払を求める裁判が起こされることもないとはいえません。

退職の経緯や目的、会社の被った損害などを総合的に考えて、背信性が認められる場合に退職慰労金の額を減らすことにした方がよいでしょう。

●使用人兼取締役の場合

会社と雇用関係にない、単なる取締役を解任する場合には、解雇予告手当は必要ありません。ただ、使用人兼務取締役の場合、「取締役分の報酬」と「使用人分の給与」とを区別して、使用人分の給与については、解雇予告手当を支給しなければなりません。明確に区別されていない場合は、何らかの合理的・客観的な方法で区別するしかありません。区別できない場合、報酬と給与の総額を基準にして解雇予告手当の額を決めることになります。

●取締役と従業員との違い

従業員の場合、退職金や賞与の支払基準が就業規則などで定まっていれば、会社が倒産しない限り支払ってもらえます。しかし、取締役の退職金は、いくら社長が支払うと言ったとしても、株主総会において支払う旨の決議がなされない限り支払われません。賞与についても同様に、株主総会で決議されなくてはなりません。また、従業員の給与であれば、第三者から差押えできる額は給与の4分の1に限られますが、取締役の報酬は全額差し押さえられてしまうこともあります。

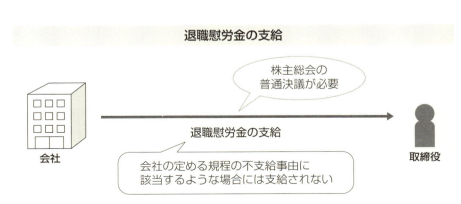

退職慰労金の支給

取締役の仕事
会社経営に必要なことはすべて業務

●業務執行とは

取締役の仕事は会社の業務を担当することです。業務とは、会社経営のために必要な行為のすべてを意味します。特に会社の規模が大きくなると、株主の数も多くなりますが、経営に関心がない株主や、経営の能力を持たない株主も出てきます。そこで、株式会社では、会社の所有者である株主と会社の経営者である取締役らが制度上分離されています（所有と経営の分離）。材料を仕入れることや、製品を製造すること、商品を販売すること、必要な設備を整えること、銀行から資金を借り入れることなど、会社経営に必要なことはすべて業務であり、これが取締役の仕事ということになります。

●日常的な業務について

本来は、それぞれの業務を監視するという意味でも取締役全員が出席する取締役会ですべての業務を決定するべきですが、迅速性が要求される会社経営で取締役会の決定を待つのも煩わしいですから、日常的な業務については、会社法上に規定されている一定事項を除いて、代表取締役や業務担当取締役に決定権限が委ねられています。

もっとも、取締役に課せられている善管注意義務（一般的な取締役が会社の経営において果たすことを期待されている注意義務のこと）を守った判断をしなければならず、取締役の安易な判断によって会社に損害が出た場合は、会社に対して損害賠償責任を負うこともあります。たとえば、取引先や競合会社を十分に調査しないまま新規事業に乗り出したり、そのための資金を借りたりしてはいけません。

●業務執行取締役とは

業務執行を決定するのは取締役会ですが、取締役会で決められた業務執行の決定に基づき、決められた業務を誰が行うのかについては、法律で会社の業務執行を担当する者は、①代表取締役、②代表取締役以外で取締役会の決議によって業務を執行する取締役と指名された者（業務執行取締役）と規定されています（会社法363条）。

取締役の行為を他の取締役は監視・監督することになります。そのためには、取締役が会社の業務状況や財政を知っておく必要がありますから、代表取締役と業務執行取締役には、最低でも３か月に一度は業務の執行状況を取締役会に報告する義務が課せられています。

●株主の請求には誠実な対応をする

会社の所有者はあくまでも株主です。株主には会社の基本方針を決める株主総会への出席や取締役の業務の監視・監督をする権利も与えられています。また、会社の書類を閲覧する権利もあります。たとえば、100分の3以上の株式を持つ株主（複数の株主が共同で請求する場合はその合計）であれば会計帳簿の閲覧を請求することができます。取締役はこれらの関係書類を会社の本社（本店）に置き、閲覧請求に応じる必要があります。

ただ、株主が会社のためではなく、自分の事業に利用するなど個人的な理由で閲覧を求めるのであれば、それは株主の権利の濫用ですから、会社はその閲覧請求を拒否することも可能です。

●取締役会を設置しているかどうか

取締役会設置会社では、取締役会が会社の業務執行について意思決定を行い、代表取締役その他の取締役の職務を監督します。個々の取締役は、取締役会のメンバーとして経営に参加します。取締役会で取締役の中から選定された代表取締役が業務を執行し、会社を代表することになります。

一方、取締役会を設置しない会社の場合には、原則として、各取締役が業務を執行します。取締役が2人以上いる場合には、取締役の過半数で業務を決定します。この場合、会社の支店（支社）などを任されている支配人の選任・解任、支店の設置・移転・廃止、内部統制システム（取締役の職務執行が適正に行われるようにするためのルールと体制作り）の整備などを各取締役に委任することはできません。

なお、各取締役は、単独で会社を代表するのが原則ですが、代表取締役を定めることもでき、その場合には、代表取締役が会社を代表することになります。代表取締役は、定款または定款の定めに基づく取締役の互選あるいは株主総会の決議によって、取締役の中から選ばれます。

取締役の職務内容

取締役会（執行業務の決定）
- 株主総会 →（選任・解任）→ その他取締役
- その他取締役 →（報告）→ 株主総会
- その他取締役 →（監視・監督）→ 業務の執行（代表取締役／業務執行取締役）
- 業務の執行 →（報告）→ その他取締役

取締役の資格
一定事由のある者は取締役になれない

●取締役にはどんな人がなれるのか

株式会社では、株主総会と取締役の設置が義務付けられています。

どのような会社であっても、取締役を少なくとも1人は置かなければなりません。前提として、取締役になることができるのは自然人に限られています。ただし、取締役は、会社の経営を担う者ですから、以下のように経営者にふさわしくないなど一定の事由のある者は取締役になれません。なお、定款で取締役を株主に限定することは非公開会社ではできますが、公開会社ではできません。

・法人（個人以外で独立の権利義務の主体となる地位を認められているもののこと）
・成年被後見人（精神上の障害により判断能力を欠く者）または被保佐人（精神上の障害により判断能力が著しく不十分な者）
・会社法、一般社団・財団法人法、金融商品取引法、民事再生法、会社更生法などに定めた罪を犯し、刑に処せられ執行を終えた日または執行を受けなくなった日から2年を経過していない者
・その他犯罪を犯し、禁錮以上の刑に処せられ執行を終えていない者、または再審や処分の取消しにより刑の執行を終えたことになっていない者

●未成年者は取締役になれるのか

法律では、未成年者が取締役になることを禁止していませんが、民法上、未成年者には行為能力（単独で有効な法律行為を行うことができる能力のこと）についての制限があり、未成年者は、親の同意を得ずに行った取引行為を取り消すことができます。取引相手にとっては、非常に不安定な取引相手ということになりますし、未成年者に代表取締役や他の取締役を監視できるだけの判断能力があるのか、という疑問もあります。結局、未成年者を取締役に選ぶことは適切ではないといえます。

●定款で資格を制限できる

たとえば、定款で、取締役を日本人に限定する定めを設けることができます。また、非公開会社の場合は、取締役を株主に限定する定めを置くこともできます。ただ、公開会社の場合は、取締役を株主に限定する定めを置くことは許されません。これは、株式会社は、取締役の人材を、広く求めるべきであるという考えに基づいています。

10 取締役の選任①
取締役の人数と任期をおさえておく

● 取締役の人数

　取締役の人数についてのルールは会社が取締役会設置会社かどうかで異なります。取締役会非設置会社の場合、取締役は1人でもかまいません。取締役会設置会社の場合は、3人以上の取締役の選任が必要です。任期満了や辞任によって取締役が退任する場合、定員未満にならないように、株主総会ですぐに新しい取締役を選任しなければなりません。すぐに選任できない場合には、裁判所に取締役の業務を一時的に行う一時役員を選任してもらうことができます。

　なお、役員の欠員については、一時的な役員を選任して対応することもできますが、欠員に備えて予め補欠の役員を選任しておくこともできます。このようにして選任された役員を補欠役員といいます。

● 取締役の任期は何年か

　会社の規模やしくみに応じて取締役の任期に差が設けられています。

① 取締役の任期の原則

　会社の取締役の任期は、原則として、選任後2年以内の最終の決算期に関する定時総会の終結の時までです（定款・株主総会の決議で短縮することもできます）。

② 非公開会社の取締役

　指名委員会等設置会社等を除く非公開会社の取締役の任期は、定款で最長、選任後10年以内の最終の決算期に関する定時総会の終結の時まで伸長することができます。

③ 指名委員会等設置会社の取締役

　選任後1年以内の最終の決算期に関する定時総会の終結の時までです。委員会を設置するような大規模な会社では、取締役が権限を濫用して会社や株主の利益を侵害する危険が大きいため、任期を短くしてチェックがしやすいようにしています。

④ 監査等委員会設置会社の取締役

　監査等委員である取締役と、監査等委員でない取締役で任期の制限が異なります。

　監査等委員である取締役の任期は、監査の職務を行うため独立性を保つ必要があるので、他の取締役（1年）より長く、選任後2年以内の最終の決算期に関する定時総会の終結時まで（定款・株主総会決議で短縮できません）とされています。経営の決定に関与するので監査役（4年）よりは短い期間となっています。

11 取締役の選任②
株主総会の決議で選任される

●取締役はどのように選任されるのか

　取締役会は会社の経営方針を決定する機関です。ここでの判断を誤ってしまうと、会社の財政状況などが悪化し、経営の見通しが立たなくなります。不況が続いている現状を考えると最悪の場合は倒産といったことも考えられます。したがって、取締役会のメンバーである取締役に誰を選ぶのかは非常に重要な問題です。

　取締役を選ぶ権限は、会社の所有者である株主が集まる会社内の最高決定機関である株主総会にあります。そこで取締役を選ぶことで、株主が取締役に対して会社の経営を任せているのです。誰を取締役にして経営を任せるのかについては、出資をしている株主自身が決めるべきことだからです。社長が勝手に取締役を任命したりすることはできません。

　決議の方法については、取締役は、株主総会の普通決議（議決権を行使できる株主の議決権の過半数をもつ株主が出席し、出席した株主の議決権の過半数によって行われる決議）によって選任されます。

●株主総会を開かずに取締役を選任した場合

　会社の経営陣は、取締役の候補者を提案することができます。通常、社長が提案した候補者が、そっくりそのまま取締役に選任されることが多いでしょう。しかし、法律の上では、取締役を選任する権限をもつのは、社長や取締役などの経営陣ではなく、株主総会なのです。誰を取締役にするかの決定は会社にとって最も重要な事項であり、会社のオーナーである株主が株主総会の決議によって決めるべき事柄だからです。

　代表取締役が株主総会を開催せずに取締役を選任しても無効です。この場合、選任の登記をした代表取締役は刑事的には公正証書原本不実記載罪（刑法157条）を犯したことになり、民事的には会社に対して損害賠償責任を負います。

●取締役の任期の短縮

　定款または株主総会で、取締役の任期を、たとえば1年に短縮することもできます。それまで取締役の任期について特に定款の定めを置いていなかった会社の場合は、定款変更をして取締役の任期を1年と規定すればよいわけです。

　ただ、任期が1年となると、1年ごとに役員変更をしなければならず、そ

のたびごとに登記もしなければなりませんから、登記費用もその分かかってしまうことになります。その点をしっかりと踏まえた上で、任期を短縮するかどうかを決めるべきです。

●選任する方法が通常とは異なる場合

株式譲渡を制限している会社は取締役の選任や解任については、取締役を3名選ぶことのできる株式と取締役を1名しか選ぶことのできない株式というように、取締役の選任や解任について内容を違えた株式を発行できます。

この場合、取締役は、その株式ごとに開かれる株主総会（種類株主総会）で選任・解任されます。すべての株主が一堂に会する通常の株主総会で選任されるわけではありません。

また、指名委員会等設置会社が取締役を選任・解任する場合も通常の手続と異なっているので注意が必要です。通常の会社では、株主総会に提出する取締役の選任・解任に関する議案は取締役会が決定するのですが、指名委員会等設置会社の場合には、指名委員会で決めなければなりません。

取締役の欠格事由・員数・任期

資格がない者
①法人
②成年被後見人（精神上の障害により判断能力を欠く者）または被保佐人（精神上の障害により判断能力が著しく不十分な者）
③会社法、一般社団・財団法人法、金融商品取引法、倒産法（民事再生法、外国倒産処理手続の承認援助に関する法律、会社更生法、破産法）に定めた罪を犯し、刑に処せられ執行を終えた日または執行を受けなくなった日から2年を経過していない者
④その他犯罪を犯し、禁錮以上の刑に処せられ執行を終えていない、または執行を受けないことになっていない者

員　数	1人または2人以上（取締役会を設置する場合には3人以上）
任　期	・原則→2年（定款・株主総会決議で短縮できる） ・例外1…指名委員会等設置会社等以外の非公開会社→最長10年まで伸長できる ・例外2…指名委員会等設置会社→1年 ・例外3…監査等委員会設置会社 　監査等委員以外の取締役→1年（監査等委員である取締役については2年）

12 役員選任までの流れ

外部から取締役を招く場合、条件交渉の分だけ手続きに時間がかかる

●従業員から昇格する場合の手続き

　従業員を取締役に昇格させる場合に、どのような手続きが必要になるかを見ていきます。外部から取締役を招く場合とは異なり条件交渉などを要しないため、取締役の就任までに要する時間が短くてすむ点がポイントです。

① 取締役会での決定

　従業員を取締役に選任する場合、まず取締役会で昇進決定をします。

　取締役会の前に、本人に就任を打診して、承諾を得ておく場合が多いと思います。昇進なので、取締役としての契約（取締役任用契約ということもあります）が交わされることもほとんどなく、待遇も社内規程と従業員時代の雇用条件を参考にして決定されます。

　外部から取締役を招く場合、その人が会社の社風に合わず、期待通りの結果を出せない場合があります。その点、従業員を取締役に昇格させる場合には、それまでの勤務実績や社内の評価がわかっているので、そのリスクは軽減されます。

② 株主総会での選任

　取締役を選任する場合には、株主総会の選任手続きを経る必要があります。具体的には、会社は候補者の経歴などを記載した取締役選任議案を株主総会に提案し、株主総会で承認を求めます。

③ 登記手続き

　株主総会で取締役を選任したら、商業登記（役員変更）の手続きを申請します。登記手続きに必要な書類は、取締役を選任した株主総会の議事録、就任承諾書、取締役になった人の印鑑証明書などです。登記手続きが完了すると商業登記簿に取締役就任の旨が登記されます。

●社外取締役や招く場合の手続き

　会社の状況によっては社外取締役を招くこともあります。外部から取締役を招く場合は、条件交渉などの手続きが増えるため、従業員を取締役に昇格させる場合よりも時間がかかることが多いといえます。具体的には、次の①～③が追加になり、手続きに要する時間が長くなります。④⑤の手続きは、従業員を取締役に選任する場合と同じです。

① 就任の意向の確認

　他社から取締役を招く場合は、まず候補者に対して、取締役就任の意向を確認します。取締役を選任する定時株主総会の約半年前ぐらいをメドに打診をしておくのがよいでしょう。約半年前に打診する理由は、待遇面などの交

渉にある程度の時間が必要だからです。

② 報酬などの交渉

候補者から就任してもらえそうな回答が得られた場合は、報酬等の条件交渉に入ります。交渉すべき事項は、報酬、任期、役職などです。契約形態は、委任契約になることが多いでしょう。報酬については、固定報酬だけでなく、賞与、退職金慰労金、ストックオプションの有無・金額などについても明確にしておきましょう。

③ 合意

報酬などの条件交渉がまとまったら、取締役任用契約を結び、書面で契約書を作成します。

④ 株主総会での選任

株主総会を開催して、取締役の選任決議を得ます。

⑤ 登記手続き

株主総会で取締役を選任後に商業登記（役員変更）の登記を申請します。

従業員を役員へ昇格させる場合の手続き

- 従業員への取締役就任の打診
- 取締役会での昇進決定
- 取締役選任議案の株主総会への提案
- 株主総会での就任
- 役員変更の登記申請

外部の者を役員に就任させる場合の手続き

- 社外取締役候補者に対する就任の意向の確認と打診
- 報酬、任期など、条件面での交渉
- 取締役任用契約の締結
- 株主総会での取締役選任
- 役員変更の登記申請

13 取締役の辞任
登記申請のために自筆の署名のある辞任届が必要

●取締役を辞任するときは前もって届け出る

　取締役は、任期の途中に、いつでも辞任することができます。辞任の意思表示は、通常は代表取締役に対してします。代表取締役に対してすることができない場合は、取締役会において辞任の意思表示をします。

　代表取締役が辞任するときは、他に別の代表取締役がいれば別の代表取締役に、他に代表取締役がいなければ取締役会へ辞任する旨を申し出ます。辞任の申し出をした時点で辞任の効力が生じます。

　取締役の辞任は会社の業務に多大な影響を与えるため、取締役が辞任する場合、一定の期間前に意思表示するように定めている会社が多いといえます。

　なお、取締役が辞めた場合、会社としては本店（本社）の所在地で2週間以内に退任の登記をしなければなりません。

●取締役の辞任届には自筆の署名が必要

　取締役が任期の途中であったとしても、会社（代表取締役）に辞任の意思表示をした時点で取締役辞任の効力が生じます。会社は辞任した取締役の辞任届を添付して取締役退任の登記申請をします。取締役の自筆の署名のある辞任届を受け取っておくように注意しましょう。取締役から出されていた辞任届が記名（ゴム判など署名以外の方法で氏名が記載されたもの）と押印でなされており、その印鑑が会社で保管してある場合、辞任届を提出した取締役が自分の意思で辞任したかどうかがわからなくなってしまいます。このため、辞任した取締役が自筆で署名をすることにより、自分の意思で辞任したことを容易に立証（証明）できるようにするのです。もし、取締役退任の登記が虚偽であった場合、虚偽の登記申請をした代表取締役は刑法上の「公正証書原本不実記載罪」に問われ、5年以下の懲役または50万円以下の罰金が科されます。

●定員割れが発生したらどうする

　取締役会設置会社の取締役の定員は、最低3名と決められていますが、取締役の大半が辞任した場合であっても、3名以上残るのであれば、後に後任の取締役を選任すれば足ります。

　ところが、大半の取締役の辞任によって法律や定款の定数を割り、取締役の定員を欠くような事態になった場合には、すぐに株主総会を開き、後任の取締役を選任する必要があります。

取締役の定員が割れている場合、株主総会で、すぐに後任の取締役が選任できればよいのですが、時間がかかる場合もあります。そこで、後任の取締役が就職するまでの間は、辞任した取締役が引き続き取締役の仕事にあたることになっています。つまり、法律や定款に定められている取締役の定員を欠く場合は、たとえ取締役が辞意を表明しても、新しい取締役が選任されるまでは取締役としての権利義務と責任は残ることになります。

もっとも、これらの場合、必要があると認めるとき、裁判所は、在任する取締役など利害関係人の申立てに基づいて一時役員（代表取締役、委員）の職務を行う者を選任することができます。一時的に選任される取締役や代表取締役は、仮取締役・仮代表取締役とも言われています。

また、役員ではありませんが、会計監査人に欠員が生じた場合ですぐに会計監査人が選任されないときも同様に、監査役（監査役会、監査等委員会、監査委員会）は、一時会計監査人の職務をになう者を選任しなければなりません。

辞任届サンプル

○ 実印
（個人）

辞　任　届

私は、この度一身上の都合により、平成○年○月○日開催予定の臨時株主総会終結時をもって貴社の取締役を辞任いたしたく、お届け致します。

平成○年○月○日

取締役　　崎岡　円蔵　　○ 実印（個人）

株式会社星光商事　御中

14 取締役の解任
自発的に辞める辞任とは違う

●取締役が解任される場合とは

取締役は、通常、任期の満了によって退任しますが、任期の途中で辞任したり、解任されたりすることもあります。自発的に辞める辞任とは違い、解任は、取締役を辞めさせることです。

取締役を解任するには、原則として取締役会からの提案（発議）によって、株主総会で決議する必要があります。株主総会で解任決議をするためには、総株主の議決権の過半数にあたる株式をもつ株主の出席（定足数）を満たした上で、その議決権の過半数の賛成が必要です。

たとえば、総株主の議決権が100個だとすると、総計51個分の議決権をもつ株主たちが出席し、その過半数にあたる26株以上の議決権をもつ株主が賛成すれば、解任が決定されます。

ただ、解任することに正当な理由がない場合、会社は取締役に対して損害賠償責任を負うこともあります。たとえば取締役が持病の悪化で、療養に専念する必要がある場合には、会社がこの取締役を解任することは「正当な理由」があると考えられています。

●資格喪失により取締役でなくなる場合とは

会社法の規定では、取締役になれない人たちがいくつか挙げられています（65ページ）。

このことは、取締役が在任中であっても同じです。つまり、取締役の在任中に、これらのうちのどれかにあてはまることになった場合には、取締役としての資格を失います。

たとえば、取締役が在任中犯罪を犯した場合にも、取締役としての資格を失います。もっとも、罪を犯しても、法律上、取締役を辞めなければならないのは、刑罰が確定してからであり、警察に逮捕、または起訴された段階では、辞めさせることはできません。

また、会社法上の犯罪以外の罪で刑罰が確定しても、執行猶予がついた場合には、取締役としての資格を失うことはありません。つまり、取締役が会社法上の犯罪以外の罪を犯した場合には、実刑が確定してはじめて取締役でなくなるのです。

訴訟で会社法上の犯罪を犯したと判断された場合には、執行猶予がついても、取締役としての資格を失います。たとえば、取締役が株主の権利行使について財産上の利益を与えた場合、「利益供与罪」によって罰せられることになります。総会屋に利益を与える場合などが典型的なケースです。また、

「特別背任罪」も会社法に規定されている罪です。

このような会社法上の犯罪で刑罰が確定すると、当然に取締役ではなくなります。取締役が会社法上の犯罪を犯した場合には、執行猶予の有無に関わらず、直ちにその資格を剥奪し、厳しく責任を問おうとしているのです。

●解任の訴えとは何か

取締役が不正な行為をしたとき、または法令・定款に違反する重大な事実があったにも関わらずその役員を解任する旨の議案が株主総会で否決された場合、一定の要件を満たす株主は裁判所に取締役の解任を請求する訴えを提起することができます。

提訴期間は、総会の日から30日以内です。6か月前から引き続き総株主の議決権（または発行済株式）の3％以上をもっていれば行使できます（非公開会社では、6か月の保有期間は不要）。

●任期の中途での取締役の解任

会社のオーナーである株主としては十分な能力・実力がない者をいつまでも取締役にしておくわけにはいきません。このため、取締役として不適切な行動をとったからなどの正当な理由がなくても、株主総会における普通決議によって、その取締役を解任できます。たとえば、取締役の判断ミスによって会社に損害を与えたケースや、取締役の不適切な行動により会社の業務執行に支障をきたしたケースでは、取締役を解任するための「正当な理由」があるとされるケースが多いといえます。しかし、そういった正当事由が何もない場合、「正当な理由のない解任」であり、会社としては損害賠償責任を負うことになります。

役員らの解任

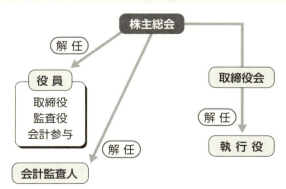

15 退任の手続き
辞任の登記に応じてもらえない場合もあるので注意する

●辞任の登記は会社が行う

取締役を辞めた場合は、取締役を辞任した旨の登記を、代表取締役が申請しなければなりません。退任したのに、登記が変更されていないと、登記されている取締役を信用して取引に入った相手に不測の損害を与えかねません。

また、真実は退任しているのに、取締役としての責任を追及される危険もあります。そのため、社会に対する公示として、退任の登記が要求されています。取締役の変更の登記は、取締役辞任の効力が生じてから、2週間以内に本店所在地を管轄する法務局に申請しなければなりません。

●会社が辞任の登記を怠った場合

取締役を辞任しても、会社が取締役辞任の変更登記を行っていないと、外部からはまだ取締役として扱われるおそれがあります。そして、会社が第三者とトラブルを起こした場合は、辞任した旨の登記が済んでいない取締役も責任を追及されることになります。なお、辞任後も取締役として振る舞うなど、会社が変更登記をしないことに承諾しているなどの事情があるときのみ責任を負います。

このようなトラブルに巻き込まれないためにも、取締役を辞任した場合は、会社は、すぐに取締役の辞任の登記を申請しなければなりません。ただ、会社が変更登記を怠ることもしばしばあります。会社が変更登記をしない場合に、辞任した取締役が、単独で取締役辞任の登記申請をすることはできません。会社がなかなか変更登記をしない場合は、裁判で取締役辞任の登記をするように請求するしかないことになります。裁判で判決が確定すると、辞任した取締役が、取締役辞任の登記を単独で行うことができます。

●役員が就任・辞任した場合の登記費用

登記申請をする場合、登記申請にかかる費用について登録免許税の納付が必要です。本店所在地での役員の変更登記であれば、1件につき3万円(資本金の額が1億円以下の会社については1万円)です。

登録免許税は、収入印紙または領収証書で納めます。通常の場合であれば、登記申請書と共に提出する収入印紙貼付台紙に収入印紙を貼付して納付することになります。

収入印紙貼付台紙等に貼付した収入印紙は、汚すと無効になってしまいますので注意することが必要です。

第4章

取締役会とその他の役員をめぐる問題

1 取締役会
株式会社の業務執行を決定する会議体である

● 3人以上の取締役で構成される

取締役会は、株式会社の業務執行に関する意思決定をする会議体です。取締役会は、3人以上の取締役によって構成されます。公開会社、監査役会設置会社、監査等委員会設置会社、指名委員会等設置会社は、取締役会を設置しなければなりません。

取締役の選任など会社経営についての基本的な事項は株主総会で決定しますが、それ以外のほとんどは取締役会で決めることができます。

取締役会で出された結論については、代表取締役だけではなく、個々の取締役も責任を負う場合があります。議案に対して意見があるのであれば、取締役会できちんと反対意見を表明して、なおかつ、議事録に異議を記録しておかなければ、賛成したものとみなされ、損害賠償責任を負う場合があります。

● 取締役会の開催

取締役会で決めなければならない事項は法律によって決められています。たとえば、重要な財産の処分、多額の借財、支配人その他の重要な使用人の選任・解任、重要な組織の設置・変更・廃止などです。

これらは取締役会を開催して決めなければならない取締役会の専属的決議事項です。代表取締役が選定されている場合であっても、代表取締役一人で決めたりすることはできません。取締役会が決定権限を委任することも許されません。

取締役会は最低でも3か月に一度は開かなくてはなりません。しかし、実際の会社経営では迅速な判断が求められることも多いでしょうから3か月に一度では少なすぎます。月に一度ぐらいは開催して業務決定や業務報告をするべきでしょう。

取締役会の専属的決議事項で決議を急ぐ必要がある場合は、臨時的に取締役会を開くことも可能です。

● 取締役会には誰が出席するのか

取締役会に出席するのは代表取締役から平取締役までの取締役全員です。また、監査役も出席しなければなりません。

一般の従業員や顧問弁護士については、取締役会の側から必要な場合に出席を求めることもできます。

取締役にとっては取締役会への出席は自身に課せられた義務です。取締役は別の人間を代理人として取締役会に出席させることは許されません。

●特別取締役による取締役会決議とは

取締役会を設置する会社の場合、取締役会で業務執行の意思決定を行い、代表取締役が業務を執行します。ただ、大勢の取締役がいる場合、取締役会の招集に手間がかかり、迅速な意思決定をすることが難しくなります。そこで、迅速な意思決定を行うため、**特別取締役**の制度が設けられました。この制度は、迅速な意思決定が要求される重要財産の処分・譲受けや多額の借財について、予め選んだ3人以上の取締役（特別取締役）の議決をもって取締役会の決議とする制度です。

特別取締役を設置できるのは、取締役の人数が6人以上で、かつ、社外取締役（会社や子会社の業務執行者などではないまったく外部の取締役）を1人以上置いている会社です。

●取締役会を開催するときの注意点

取締役会が儀式化・形骸化してしまうと、会議本来の意味も薄れてしまいます。また、重要な事項については、取締役会において文書などで報告し、会社の経営状況を各取締役が正確に認識できるようにしておくことが必要です。文書資料だと、企業秘密などが漏れるおそれがありますので、極秘資料は報告後に回収することもあります。

特別取締役による取締役会決議

特別取締役による取締役会決議

対象事項
会社の重要財産の処分・譲受け、多額の借財

要件
①指名委員会等設置会社を除く取締役会設置会社であること
②取締役の員数（人数）が6人以上であること
③取締役のうち1人以上が社外取締役であること

決議方法
あらかじめ選定した3人以上の取締役（特別取締役）の過半数が出席し、出席者の過半数によって決議する

報告
特別取締役の互選によって定められた者は、決議後、決議内容を特別取締役以外の取締役に報告する

2 取締役会の招集手続き
取締役・監査役全員に通知する必要がある

●取締役会の招集権者と招集手続

　取締役会は、各取締役により招集されるのが原則です。ただ、定款または取締役会で、特定の取締役を招集権者として定めた場合には、その招集権者が取締役会を招集することになります。

　特定の取締役を招集権者とした場合であっても、招集権者以外の取締役は、招集権者に取締役会の目的事項を示して、取締役会の招集を請求することができます。招集を請求したにも関わらず、5日以内に、請求日から2週間以内の日を開催日とする取締役会の招集通知がなされない場合には、請求をした取締役が自ら取締役会を招集することができます。

　なお、取締役の違法行為などがある場合は、株主が取締役会の招集を請求することもできます。

　取締役会を招集する場合には、原則として取締役会の1週間前までに、各取締役に（監査役を設置する会社の場合は監査役に対しても）招集の通知をしなければなりません。通知期間は定款で短縮することもできます。もっとも、取締役と監査役全員の同意があれば、この招集手続きを省略することができます。

●監査役も取締役会を招集できる

　取締役会を招集できるのは原則として個々の取締役です。取締役が法律や定款に反する行為をしていたり、そのおそれがあったりする場合には監査役にも取締役会招集を請求する権限があります。監査役の請求から5日以内に、2週間以内の日を開催日とする取締役会の招集通知が出されない場合は、監査役自らが取締役会を招集することができます。

●取締役会招集通知の記載事項

　取締役会の招集通知にすべての議題を示す必要は原則としてありません。したがって、取締役会の当日にある議題について提案することも可能です。ただ、例外的に招集権限がない取締役が取締役会を招集するケースでは会議の目的を記載しなければなりません。

　各取締役のさまざまな考えを集め、最善の決断ができるように、招集通知はすべての取締役・監査役に出す必要があります。海外駐在の取締役に出すことを忘れないようにしましょう。

　招集通知が全員に行き届いていない場合、取締役会決議は原則として無効になります。仮に招集通知が届かなかった取締役が出席していても決議の

結果には影響はないと認められる事情があるのであれば、あえて決議を無効にするまでもないため、有効になります。

なお、毎月一定期日を開催日とする定例取締役会の場合は、取締役は開催日、場所を知っているわけですから、招集通知を送る必要はありません。

●臨時の取締役会を開くときの注意点

会社経営に大きな影響を与えるような事件があったり、即断が必要な業務がある場合など緊急に取締役会を開催しなければならないこともあります。

たとえば、代表取締役を設置している会社で代表取締役が死亡した場合、緊急に取締役会を招集・開催して、後任の代表取締役を選任します。

ただ、代表取締役の死亡によって法律や定款に定められた取締役の数を満たさなくなってしまった場合には、臨時に株主総会を開き、取締役を選んでもらい、数を満たした上で取締役会を開き、代表取締役を選ばなければなりません。

一時取締役や一時代表取締役を裁判所に選任してもらうという方法もあるのですが、選任までに時間がかかることもあります。緊急時にはすばやく臨時株主総会を招集できるように準備しておくことが大切です。

また、代表取締役らの違法行為を知っているにも関わらず、何も対処しなかった場合は、取締役は違法行為の共犯となる可能性もあります。

このような場合は取締役会を緊急に開催し、説得をしたり、代表取締役から代表権を剥奪するなどの手段をとるなどの対応をした方がよいでしょう。

あるいは、株主総会を開催し、代表取締役の取締役としての解任決議をしてもらうのもよいでしょう。なお、背任行為は社会的にも大きな問題として取り上げられかねません。監査役や顧問弁護士などに相談して、会社外への対応策を考えることも大切です。

取締役会の招集権者

招集権者
- 原則 … 各取締役
- 例外1 … 定款や取締役会で定めた特定の取締役
- 例外2 … 取締役に法令・定款違反がある場合において、監査役設置会社・監査等委員会設置会社・指名委員会等設置会社ではない会社の株主

3 取締役会の権限
業務執行を決定する権限が最も重要

●業務執行などを決定する機関である

取締役会は、業務執行の決定、取締役の職務執行の監督、代表取締役の選定・解職をします。業務執行のうち日常的なものは代表取締役に委任して決定させることもできますが、重要財産の処分・譲受け、多額の借金、組織の改廃など重要な業務執行の決定を委任することはできません。大会社（資産が5億円以上または負債200億円以上の会社）である取締役会設置会社では、取締役会は内部統制システムを構築すべき義務があります（112ページ）。

取締役会の重要な権限の1つに、業務執行を決定する権限があります。業務執行とは、原料を仕入れることや、製品を製造すること、商品を販売すること、必要な設備を整えること、銀行から資金を借り入れることなど、会社を経営していく上で必要なすべての行為を意味します。この決定が取締役会で行われなければなりません。

業務執行は会社の利益に直接影響を与えるものです。代表取締役が一人で決めるよりも、何人かの意見を出し合い、さまざまな観点や方向性から吟味した上で判断をした方が適正でかつ会社にとっても有益であるため、取締役会で話し合う事柄とされています。

株主にとっても、代表取締役の単独判断よりも、取締役会の総意としての決定の方が安心といえるでしょう。会社経営のために英知を結集するところに取締役会が存在する意味があるのです。

ただ、何もかも取締役会の決議を必要としていたのでは経営にスピードが求められるこの時代に対応できない危険性があります。そこで、取締役会で決議しなければならない事項は法律や定款で定めておき、それ以外は**代表取締役**に決定権を委ねているのが通常です。

代表取締役の選任は取締役会の決議事項の中でも極めて重要なものだといえるでしょう。代表取締役はその名のとおり、代表権をもった取締役です。与えられる代表権は、会社の営業についての一切の裁判上、裁判外の行為にまで及ぶ大変広いものです。したがって、代表取締役は、慎重に選ばなくてはなりません。代表取締役は一人である必要はありません。大企業の中には、代表取締役が何人もいるところもあります。

●代表取締役の業務執行を監視する

代表取締役の業務の監督も取締役会の重要な役割です。代表取締役は取締役会の決議に基づいて業務を執行しな

ければならないのですが、必ずしも決議を守るとは限りません。そこで、取締役会は代表取締役が取締役会決議に基づいた業務執行をしているかどうかを監督し、場合によっては是正しなければなりません。もっとも、取締役会決議を経ずに、代表取締役が行った行為であっても、株主全員の同意があれば、その行為が有効になる場合があると考えられています。

●違法行為が事前にわかったら

取締役会で違法な行為について決議されそうな場合は、きちんと反対意見を述べ、それを議事録に記載しておかなければなりません。

取締役会の決議に基づいて代表取締役が違法行為をした場合には、決議に賛成した者は代表取締役と連帯して責任を負わなければなりませんし、決議に反対する意見を述べなかった取締役は、賛成したと推定されてしまいます。つまり、反対意見を述べないことには責任を負わされてしまうのです。

ただ、反対意見は取締役会議事録に記載されなければなりません。もし、反対意見を述べたのに議事録に記載されていなかった場合は、賛成したものと推定されますから、結局、責任を負わされることになってしまいます。このような決議がなされた場合には、議事録を必ず確認しておきましょう。

●取締役相互の監督義務

大会社などでは、各分野のエキスパートが取締役になることがあります。

しかし、取締役は「会社全体について監督する義務」を負っているのですから、代表取締役はもちろん、一部の分野しか担当していない平取締役だからといって、他の分野は人に任せきりで干渉しないというのではいけません。

取締役会の業務

取締役会 ─┬─ **業務執行の決定**
　　　　　│　・重要な財産の処分・譲受け
　　　　　│　・多額の借財
　　　　　│　・支配人その他の重要な使用人の選任・解任
　　　　　│　・支店その他重要な組織の設置・変更・廃止
　　　　　│　　　　　　　　　　　　　　　　　　など
　　　　　└─ **代表取締役の業務執行の監督**

第4章　取締役会とその他の役員をめぐる問題

4 取締役の監視義務
代表取締役など他の取締役に対する監視義務のこと

●監視義務とは

取締役には、代表取締役など他の取締役に対する**監視義務**があります。

監視義務とは、代表取締役や取締役の業務執行が法令・定款を遵守し、適正に行われているかを監視・監督する義務のことです。会社法は、取締役により構成される取締役会の義務の１つとして、「取締役の職務の執行の監督」を規定していますが、この義務は取締役が会社に対して負う善管注意義務（110ページ）・忠実義務（110ページ）からも認められるものです。なお、平成26年の会社法改正により活用が促されている社外取締役は、より客観的に監視義務を果たすことができると期待されています。

●監視義務の及ぶ範囲

取締役の監視義務はどの範囲まで及ぶのでしょうか。取締役会に議題として提出された事項（上程事項）を超えて、取締役会の議題になっていない事柄（非上程事項）についてまでも監視義務が及ぶのかという問題があります。

この問題点について判例は、取締役は上程事項にとどまらず、代表取締役等の業務執行一般について監督する義務を負うとしています。

取締役会に上程されない事項についても監督義務が及ぶと考えられているのは、非上程事項についても取締役会の監督義務を認めないと、会社の業務執行監督の実効性を確保できないからです。また、各取締役は必要があれば取締役会を招集し、取締役会を通じて業務執行が適正に行われるようにすべき立場にあり、取締役会を自ら招集するか、もしくは招集することを求める権限が与えられています。したがって、取締役会に上程されていない事項についても監視義務が及ぶものと考えるのが妥当でしょう。

なお、取締役会に上程された事項について監督する義務を受動的監督義務、上程されない事項について監督する義務を能動的監督義務ということもあります。

また、取締役会の監督は、業務の適法性に加え、妥当性にも及ぶとされています。代表取締役が法律を遵守して業務執行を行っているかをチェックするだけでなく、行為が妥当なものであるかどうかも検討する必要があるのです。これは、取締役は経営の専門家として、業務の妥当性を判断する能力が当然あると考えられるからです。

●監視義務の実効性の確保

監視義務の内容は、ただ監督するというだけではありません。監督の結果、会社の業務執行が違法または不当となる危険性があるとわかったときは、これを是正する措置をとらなければなりません。会社法は、取締役による監視の実効性を確保するための規定を置いています。

たとえば代表取締役は、3か月に1回以上、取締役会で会社の業務執行の状況を報告しなければなりません（会社法363条2項）。

この場合の報告は、他の取締役全員に対する通知によって代えることはできず、現実に開催された取締役会で報告する必要があります（会社法372条2項）。また、取締役は、自ら取締役会を招集することもできます（会社法366条1項）。これは、取締役が代表取締役らの不正な業務執行を発見した場合には、取締役会の開催により迅速に監督機能を発揮させる必要があるためです。また、取締役会議事録の閲覧・謄写には制限が加えられていますが（会社法371条4項、6項）、これは取締役会の機密性を保持し、取締役会が形骸化することを防ぐために役立ちます。

このように会社法は、取締役の監視義務の実効性を確保して、会社の業務が適正に行われるような配慮をしています。

●監視義務違反が問題となるケース

たとえば、無謀な設備投資を行った取締役の業務執行について、取締役会で問題とされることがなかったとしても、他の取締役には責任がないとはいえません。監視義務は取締役会に上程されなかった事項についても及びます。

したがって他の取締役も、監視義務を果たさなかったとして、第三者に対する損害賠償の責任（会社法429条）を負う場合があります。

取締役の監視義務違反による債権者の責任追及

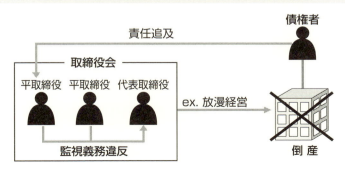

5 取締役会の決議と議事録の作成
反対意見なども議事録に記載する

●取締役会の議決方法

取締役会は、取締役の過半数が出席しなければ成立しません。この定足数に満たない場合は決議をしても無効になる可能性がありますから、定足数は取締役会の最初から最後まで維持しなければなりません。

取締役会の決議は、出席した取締役の過半数の賛成が必要です。取締役会を妨害するために反対派の取締役が中座した場合も、残った取締役で決議できます。ただ、その状況をチャンスとして利用したような決議は、不公正であり、決議が無効とされる可能性があります。

●テレビ会議・電話会議・書面決議とは

取締役会は、通常、取締役らが一堂に会して行うものですが、次のような手段を用いることもできます。

① テレビ会議方式

一部の取締役が海外や遠隔地にいるような場合、遠隔地にいる取締役同士が、映像と音声の送受信により、相手の状態を相互に認識しながら通話することができる会議方式がテレビ会議システムです。

② 電話会議方式

音声の送受信により同時に通話できる方式による会議です。この方法では、取締役は必ず、電話の受話器の前にいなければなりません。

③ 書面決議

取締役会では、取締役はそれぞれ取締役会に出席をし、会社の問題点や課題を理解し、それに対して積極的に発言し、会社の健全な経営のためにも、取締役会を活性化させていかなければなりません。したがって、「書面決議」や「持ち回り決議」と呼ばれるような、取締役の部屋を順番に回って同意や決裁をとっていくようなやり方は、原則として認められません。

ただし、取締役会の決議の目的である事項について、各取締役が同意しているような場合には、取締役会決議事項を持ち回り決議で行うことも可能です。この場合には、実際に行われたわけではありませんが、目的事項が可決されたという取締役会決議があったものとみなされます。

●取締役決議に参加できない人もいる

決議に特別な利害関係がある取締役はその決議に参加することはできません。そのような取締役に、会社の利益になるかならないかという客観的な判断を期待するのは無理だからです。

「特別な利害関係にあるかどうか」の判断はケース・バイ・ケースです。

たとえば、代表取締役の解任決議は、その代表取締役は特別な利害関係にあるとされる一方で、代表取締役の選任決議は、候補となる取締役は特別な利害関係にはないとされます。

●取締役会終了後は議事録を作る

取締役会が終了したらすぐに議事録を作る必要があります。取締役会議事録は、会社に10年間は保存しておかなければなりません。株主から適法な閲覧・複写の請求があった場合には応じなければなりませんし、会社の登記事項を変更する場合などに、議事録を提出しなければならないこともあります。

また、決議の際に反対票を投じた取締役がいた場合は、議事録にもその旨を記載しなければなりません。取締役会で反対意見を述べたとしても、議事録にその旨が記載されなければ、その決議に賛成したものと推定されます。

●決議を経ずに決めた場合

会社が重要な財産を処分する場合には、取締役会の承認決議が必要です。そのため、取締役会決議を経ずに、重要な財産を処分する行為は、すべて無効になるようにも思えます。

しかし、最高裁は会社の利益と取引の安全という2つの利益を適切に調整するため、「決議を経ない取締役の行為は、常に無効」という画一的な処理をせずに、ケース・バイ・ケースで、その有効・無効を判断しています。

具体的には、取引の相手方が、決議がないことを知っていたか、または注意すれば知ることができた場合にのみ、その取引を無効と処理しています。

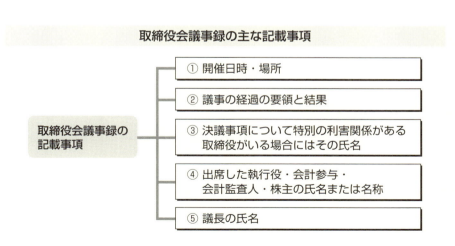

取締役会議事録の主な記載事項

取締役会議事録の記載事項
- ① 開催日時・場所
- ② 議事の経過の要領と結果
- ③ 決議事項について特別の利害関係がある取締役がいる場合にはその氏名
- ④ 出席した執行役・会計参与・会計監査人・株主の氏名または名称
- ⑤ 議長の氏名

代表取締役

会社の業務を執行し、会社を代表する機関である

●代表取締役とは

代表取締役とは、会社の業務執行をすると共に対外的に会社を代表する機関です。取締役会を置く会社では、取締役の中から代表取締役を選定しなければなりません。

代表取締役は取締役会の意思決定に従い、具体的に業務を執行します。また、他の会社と契約を結ぶときなども、代表取締役が、会社を代表して契約を結ぶことになっています。

一方、代表取締役を設置しない会社では、取締役が会社の代表権をもちますが、代表取締役を設置する会社では、代表取締役が社内の業務を実際に実行する役割を果たすと同時に、他の会社と取引をする際に会社を代表する権限をもつことになります。

なお、代表取締役については、その氏名と住所を登記する必要があります。

●代表取締役の選任と終任

代表取締役は、取締役会設置会社では、取締役会の決議によって取締役の中から選ばれます。解任する場合も、取締役会の決議で行うことができます。代表取締役の人数は、1人でも2人以上でもかまいません。多くの会社では、社長や会長の他、専務取締役や常務取締役など、複数の取締役が代表取締役になっているようです。

代表取締役は取締役の中から選ばれることになっていますから、取締役としての地位を失えば、当然に代表取締役の地位も失うことになります。逆に、代表取締役としての地位を失っても、当然には取締役の地位を失うことはありません。代表取締役が取締役としての地位にとどまりながら、代表取締役だけを辞めることもできます。その場合、依然として取締役会に出席する権限も義務も残ります。

取締役会非設置会社では、各取締役が業務を執行し、会社を代表しますから、代表取締役を設置する必要はありません。ただ、定款または定款の定めに基づく取締役間の互選（互いに選準をして選ぶこと）、あるいは株主総会の決議によって、取締役の中から代表取締役を定めることもできます。

●代表取締役の任期

代表取締役は、いつでも辞任することができます。代表取締役を辞任しても、取締役の資格まで失うわけではありませんから、その後は取締役として職務を行うことになります。代表取締役の任期についても、法律上の決まり

はありません。ただ、代表取締役は取締役であることが要求されていますから、定款または決議で任期を定めていないときには、取締役の任期が代表取締役の任期ということになります。

●名目上の代表取締役の責任

代表取締役の職務内容は、かなり重要なものですので、肩書きだけで会社の業務には一切関与しないという約束で、代表取締役に就任することはできません。たとえ肩書上の代表取締役であっても、問題が発生した場合は、代表取締役としての責任を負わされることがありますので、注意が必要です。

もし、代表取締役ではないのに社長の肩書きをもつ取締役が他の会社と取引をして契約を結んだ場合、社長の肩書きをもつ者の行った行為は、会社を代表して契約を行ったのと同じことになる可能性があります。代表取締役ではないのに社長や専務といった肩書きをつけている取締役のことを、**表見代表取締役**といいます。会社法が制定される以前は、専務取締役や常務取締役という名称が表見代表取締役として挙げられていました。しかし、会社法は、これらの名称を削除し、問題になっている肩書きが、会社を代表する権限を持つと考えられるような名称であるかどうかによって、表見代表取締役に当たるかどうか判断されると考えられています。

●代表取締役の選任決議が無効の場合

代表取締役の選任が無効であった場合、本当は代表取締役ではないのに、代表取締役として何らかの行為をしたことになります。

取引をした人は、代表取締役でない者が代表権をもっていると信じて取引をしたわけですから、取引した人を保護する必要があります。会社は原則として取引行為の無効を主張できません。

取締役会と代表取締役

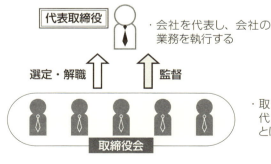

- 会社を代表し、会社の業務を執行する
- 取締役会非設置会社でも代表取締役を選定することはできる

代表取締役の権限と責任
会社を代表する権限をもつ重要なポスト

◉代表取締役の権限には何があるか

代表取締役が持っている権限は、①対外的な会社の代表権、②会社の業務執行権限、③取締役会から委任を受けた事項についての意思決定権限です。

① 対外的な会社の代表権

代表取締役は、会社の代表として、他の会社との取引を行うことができます。つまり、代表取締役の行った行為が、そのまま会社の行った行為として認められることになります。他の会社と契約を結ぶ場合には、代表取締役が会社の代表として、契約を結ぶことで取引が成立します。また、他の会社とのトラブルにより、裁判所で争うこともありますが、その場合、代表取締役が会社の代表として訴訟を行います。

② 会社の業務執行権限

代表取締役の行う業務は、多岐多様にわたっています。たとえば、株主総会の招集を通知する仕事があります。株主総会の通知は、代表取締役が会社を代表して通知します。取締役会を招集することもできます。また、新たに株式を発行したり、社債を発行したりするときに使う申込証を作成する仕事や、財務関係の書類を作成したり、定款といった会社の規定を備え置いたりすることなども、代表取締役の仕事の1つです。

③ 取締役会から委任を受けた事項についての意思決定権限

会社の業務執行については、取締役会で決めることが原則ですが、法律で取締役会が決議しなければならないとされているもの以外の事項は代表取締役に委任することができます。たとえば日常的な業務についての決定は代表取締役に任せることができるわけです。

◉代表取締役の行為の効果

代表取締役は、会社の業務を執行し、会社を代表する権限をもつ重要なポストです。そのため、図（87ページ）のように、その行為や行為の効果には、さまざまな制約があります。

◉取締役会が監督義務を負う

取締役会は、代表取締役が業務を適正に執行しているかどうかを監督する義務を負っています。会社での問題を未然に防ぐために、代表取締役は、取締役会で業務内容についての報告を、定期的に行うようにしなければなりません。定期的に報告を受けることで会社での不祥事が起きる可能性が低くなるというメリットがあります。

●代表取締役でも決められない事項

代表取締役ではなく取締役会で決めなければならない事柄もあります。取締役会で必ず決議しなければならない主な事項は以下のとおりです。

① **重要な財産の処分・譲受け**

会社の重要な財産を処分あるいは譲り受けることは、会社の運命を左右することにつながるため、代表取締役が勝手に決めることは許されません。

② **多額の借財**

会社を経営するには、かなりの資金が必要になりますから、場合によっては、会社も倒産することにもなります。そこで、多額の借財については、取締役会で必ず決めなければならないことになっています。

③ **支配人などの選任・解任**

支配人とは、会社の支店長などのことですが、支店長は、支店の営業について包括的な権限をもっていますから、選任・解任には取締役会の承認が必要となります。

④ **支店など重要な組織の設置・変更・廃止**

会社の内部組織の大幅な変更は、会社の命運を左右することにもつながります。内部組織の変更は、会社債権者や取引先、株主の利益にも影響するおそれがありますので、取締役会の承認が必要になります。

代表取締役の行為の効果

①代表権の制限
→ 会社内部で代表権を制限しても、それを知らない（善意）第三者には、その制限を主張できない

②第三者に対する責任
→ 代表取締役が職務を行うについて第三者に損害を与えた場合には、会社は損害賠償責任を負う

③代表権の濫用
→ 相手方が代表権の濫用を知っていた（悪意）、または、知らないことに不注意（過失）があるときには、代表行為は無効になる

④決議に基づかない行為
→ 株主総会または取締役会の決議がないことを相手方が知り（悪意）、または知らないことに不注意（過失）があるときには、代表行為は無効になる

8 代表取締役をめぐるその他の問題

代表取締役の行為について会社が責任を負う場合もある

●表見代表取締役と会社の責任

表見代表取締役とは、代表権をもたないのに代表者であるかのような名称のつけられている取締役です。

代表権がない以上、会社にはその行為の効果が帰属しないのが原則ですが、それでは、この者に代表権があると信じて取引をした第三者は不測の損害を被ることになりかねません。そこで、会社法は表見代表取締役という制度を設け、その者に代表権があると信じて（善意で）取引をした第三者に対して会社は責任を負うとしています。

会社が責任を負うための要件として、まず、①代表取締役以外の取締役に社長、副社長など、株式会社を代表する権限をもつものと認められる名称がつけられていることが必要です。次に、②この名称の使用を会社が明示または黙示的に認めていることが必要です。

さらに、③表見代表取締役と取引をした第三者がその者に代表権がないことを知らないこと（善意）が必要です。なお、代表権がないことを知らないことについて重大な不注意（重過失）がある場合には、第三者は保護されません。

●代表取締役の死亡・消息不明

取締役会設置会社において、代表取締役が病気や事故、自殺などで急死した場合や消息不明の場合、残った取締役で、すぐに新しい代表取締役を選任する必要があります。

緊急の臨時取締役会を開催し、新しい代表取締役を選任しなければなりません。

ただ、取締役の定員割れの問題（54、63ページ）と同様に、代表取締役が死亡したために、残った取締役では人数が足りなくなることもあります。

その場合、取締役会設置会社であれば、残った取締役で一応、取締役会を開いて代表取締役を選任します。そして、代表取締役の選任後、臨時の株主総会を開いて、必要な取締役を選任します。必要な取締役がそろったら、再び取締役会を開いて、新たな代表取締役を選任し直すことになります（新たな代表取締役には、急遽代表取締役に選任された者が再任されることも可能です）。

●代表取締役が重病になった場合

たとえば、代表取締役が寝たきりの重病になったような場合は、職務遂行能力を失っていますから、適切に職務を行えません。業務に差し支えが生じ、会社に損害を与えるおそれもあるので、

すぐに新しい代表取締役を選任する必要があります。この場合、代表取締役がまだ死亡しておらず、形式的には取締役の数は整っているので、代表取締役だけを交代させればよいようにも思えます。しかし、職務遂行能力を失っている取締役は、取締役会にも出席できない状態ですから、それを理由に、株主総会で解任してもらうか、任期満了を待って退任してもらうことになるでしょう。

●代表取締役の解任

取締役会の決議を経れば、代表取締役（社長）の解任は可能です。解任決議については、解任する正当事由を要件としていないため、特に落ち度がなくても解任することは可能です。

つまり、代表取締役の解任は、取締役会での決議の頭数を揃えれば可能ということになります。

しかし、代表取締役が解任された事実は商業登記簿に記載されるため、取引先や金融機関に不安な印象を与え、その後のビジネスに悪影響が出るおそれがあります。

その点を考慮すれば、解任という手荒な方法よりも、辞任を促すように説得する穏便な方法を選択するのが妥当でしょう。辞任に応じない場合に解任を検討するということになります。

表見代表取締役とは

会社　承認

名称の付与
社長、副社長、専務、常務　など

信頼

取引の効果を主張できる

取締役（代表権なし）　取引　第三者　善意　無重過失

9 監査役

取締役の職務執行を監査する専門機関である

● 監査役の役割とは何か

監査役とは、取締役の違法な行為を是正・防止するために、取締役の職務の執行を監査する会社の機関をいいます。取締役会も取締役の業務執行を監督する機関ではありますが、同僚意識から十分なチェックが期待できません。そこで、会社法は監査役という監査専門機関を設け、取締役の職務執行を監査させることにしています。監査役は、一般に、会計監査および業務監査を行うことが原則であると規定されています。

監査役は、取締役会設置会社（監査等委員会設置会社と指名委員会等設置会社を除く）においては、原則として必ず置かなければならない機関です。

● 監査役の選任・解任

監査役の選任は、株主総会の普通決議で行います。株主総会における監査役の選任方法は、原則として総株主の議決権の過半数にあたる株式を有する株主が出席し、その議決権の過半数で選任されることになります。

監査役にも取締役の欠格事由と同様の欠格事由があります（65ページ）。また、取締役や執行役などの経営者を監査する立場に立つため、監査役は会社やその子会社の取締役や執行役、支配人などを兼ねることはできません（兼職禁止）。

監査役も取締役と同様、株主総会の決議で選任されますから、会社から委任される関係になります。したがって、監査役も委任契約となります。監査役は会社から委任を受け、監査役としての業務を執行します。このため、監査役は取締役と同じように会社に対して善管注意義務（110ページ）を負うことになります。ただ、取締役と異なり、監査役は会社の業務執行機関ではないので、忠実義務や競業避止義務や利益相反取引についての規制（120ページ）はありません。

一方、監査役を解任する場合には、取締役の解任の場合と異なり株主総会の特別決議（原則として議決権を行使できる株主の議決権の過半数をもつ株主が出席し、出席した株主の議決権の3分の2以上で行う決議）が必要です。

● 監査役の人数・任期

監査役の定数は、一般に定款で定めます。監査役会設置会社の場合は、監査役は3名以上必要とされていますが、それ以外の会社については、定数の定めがなく、1名でもよいとされています。

監査役の任期は4年です。そして、

監査役に就任してから4年内に終了する事業年度のうち最終のものに関する定時株主総会の終結の時までとされています。非公開会社では、定款で最長10年まで伸長できます。

● 監査役は兼任できるか

監査役といえども、他の会社の役員と兼任することができない場合もあります。つまり、会社法では、監査役は自社または子会社の取締役を兼任することが禁止されています（会社法335条2項）。これは、取締役の職務が適正に行われているのかを監査する役割をもつ以上、自分の職務を自分が監督するという矛盾を防ぐためです。

また、監査役は、自社や子会社の支配人やその他の使用人（従業員）を兼任することもできません。

● 監査役の義務

監査役には取締役会に出席する義務があります。そのため、取締役の求めがあった場合には、監査役は取締役会に出席して監査した事項について報告しなければなりません。

また、監査役会が設置されている会社の場合、監査役は監査役会にも出席する必要があります。監査役会は各監査役が招集します。監査役は、監査役会の1週間前までに、各監査役に招集の通知をしなければならないのが原則です。ただ、監査役全員の同意がある場合には、この招集手続を省略して監査役会を開催することができます。

監査役会の決議は、監査役の過半数で決定します。監査役は、監査役会の議事録を作り、これに署名または記名押印をしなければなりません。

監査役による取締役の職務執行に対する監査

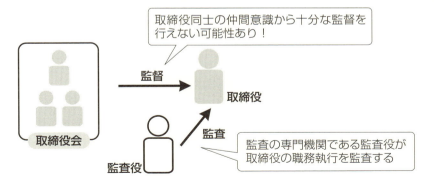

10 監査役の権限・責任
業務監査と会計監査が主な仕事

●監査役が行う監査の内容とは

　監査役が行う監査に内容は、主に以下の2種類を上げることができます。まず、取締役が業務を適正に遂行しているかを監督する業務監査を挙げることができます。そして、取締役が株主総会に提出する会計書類を調査する会計監査があります。

　業務監査とは、取締役が行った意思決定などが法令や定款に違反することなく、適正に行われているかを監査することです。具体的には、会社業務についての取締役会での意思決定や、その意思決定により行われる業務が適法であるか、などについて監査を行うことになります。

　これに対して、**会計監査**とは、取締役が株主総会に提出する会計書類について調査し、意見を報告する業務のことを指します。会計監査で監査する書類としては、会計に関する部分の事業報告や、貸借対照表、そして損益計算書などが挙げられます。

　しかし、大会社の場合であれば、通常は、会計監査人が計算書類とその附属明細書の監査を行います。そのため、会計監査について、会計監査人の会計監査と監査役の会計監査とが重複することになります。そのため、監査役は、会計監査人の監査報告を信頼して自己の監査報告を行うようなしくみになっています。したがって、この場合は、監査役は、上記の業務監査に主力を注ぐことになります。

　なお、会計監査人や監査役会を設置していない非公開会社については、定款に規定を置くことにより、監査役の権限を会計監査だけに限定することができます。しかし、その場合には、平成26年の会社法改正により、監査役の権限を会計監査に限定する規定を置いている会社については、そのことを登記することが義務付けられることになりました。

●監査役に認められる権限

　迅速に正確な情報を収集することができるように、監査役には法律上、次のような権限が認められています。

① 取締役からの業務執行状況報告の聴取

　会社の業務を執行する取締役は、3か月に1回以上、業務の執行の状況を取締役会に報告する必要があります。監査役は、取締役会に出席し、取締役による会社業務の執行状況報告を聴取することになります。

② 業務調査権

監査役は、いつでも取締役や支配人などに対し、営業の報告を求め、または会社の業務や財産の状況を調査することができます。

③　子会社調査権

親会社の監査役は、その職務を行うため必要があるときは、子会社に対し営業の報告を求めることができます。また、子会社の業務と財産の状況を直接調査することもできます。

●監査報告書を作成する

監査役会設置会社においては、監査役会は、監査報告書に記載すべき事項などについて監査役の報告を受け、協議の上、監査報告書を作成しなければなりません。

会計監査人がいる場合は会計監査についての事項は会計監査人が監査し、その報告をするので、監査役は主として会計監査人の職務を監査することになります。

●株主総会での株主への説明義務

監査役には、株主の質問に対して説明する義務があるため、株主総会に出席する義務があります。会社の実質的所有者は株主です。株主が、会社の業務が適正に行われているかどうかを把握するのは当然のことであり、そのために取締役や監査役には説明義務が課せられています。

監査役の権限

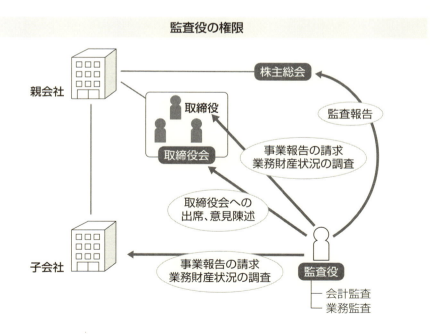

監査役会
3人以上の監査役で構成される

●監査役会とは

監査役会とは、監査役によって構成される株式会社の監査機関です。主に大規模な会社において、監査役の調査を分担するなどして監査の実効性を高めようとするためのものです。もっとも、中小規模の会社にも監査役会を設置することはできます。指名委員会等設置会社・監査等委員会設置会社を除く公開会社である大会社は、監査役会を置かなければなりません。監査役会は3人以上の監査役で構成され、そのうちの半数以上は、社外監査役でなければなりません。また、監査役会は、監査役の中から常勤の監査役（フル・タイムで監査の職務に専念する監査役）を選定しなければなりません。

●監査役会の権限

監査役会は、株主総会に提出する監査報告を作成し、常勤の監査役の選定・解職の権限をもちます。また、監査の方針や会社の財産状況の調査方法など、監査役の職務執行に関する事項を決定します。もっとも、この決定は、監査役の権限行使を妨げることはできません。取締役を監査する役割を果たす監査役には、職務の独立性が確保されていなければ、公正な監査が期待できないからです。

監査役は、監査役会の求めがあるときは、いつでも職務執行の状況を監査役会に報告しなければなりません。

●監査役会の招集・決議

監査役会は、各監査役が招集します。監査役は、監査役会の1週間前までに、各監査役に招集の通知をしなければならないのが原則ですが、監査役全員の同意がある場合には、この招集手続きを省略することができます。

監査役会の決議は、監査役の過半数をもって決定します。監査役は、監査役会の議事録を作り、これに署名または記名押印（電磁的記録による場合は、署名・記名押印に代わる措置）をしなければなりません。決議に参加した監査役が議事録に異議をとどめない場合、その決議に賛成したものと推定されます。したがって、監査役会の決議に違法・不正があった場合、原則として責任を負うことになります。

また、監査役会設置会社においては、監査役会は、監査報告書に記載すべき事項などについて監査役の報告を受け、協議の上、監査報告書を作成しなければなりません。

12 監査機関による是正
経営者の職務が適切に行われているかどうかをチェックする

●監査機関にもいくつかある

株主による経営者（取締役・執行役）の違法行為の是正という手段はありますが、会社に常駐しているわけではない株主が経営者を監督するのは簡単なことではありません。また、取締役会による経営者の監督も考えられますが、同僚による監督は十分な効果を期待できません。そこで、監査専門機関による是正が重要な役割を果たすことになります。監査機関による経営者に対する是正手段としては、①取締役・執行役の違法行為の報告と②株主総会での報告があります。

また、③取締役・執行役の違法行為についての差止請求権も重要です。これは、取締役の法令・定款違反行為（あるいは、そのおそれのある行為）により会社に著しい損害を生じるおそれがある場合に、監査役が、取締役に対してその行為を止めるように請求することができる権利です。指名委員会等設置会社の監査委員・監査等委員会設置会社の監査等委員も同様の場合、取締役・執行役に対してその行為を止めるように請求することができます。

監査機関による是正手段

	取締役・執行役の違法行為の報告先	株主総会での報告	取締役・執行役の違法行為の差止請求権
監査役	取締役・取締役会	議案や書類などの法令・定款違反や不当事項の報告	取締役の法令・定款違反などの違法行為を止めるように請求できる
監査委員	取締役会	なし	取締役・執行役の法令・定款違反などの違法行為を止めるよう請求できる
監査等委員	取締役会	取締役が株主総会に提出予定の議案・書類などの違法・不当事項についての報告義務	取締役の法令・定款違反などの違法行為を止めるよう請求できる
会計監査人	監査役・監査役会・監査委員会	計算書類についての意見陳述	なし
会計参与	株主・監査役・監査役会・監査委員会	計算書類についての意見陳述	なし

※監査役会は、会計参与らから報告を受ける機関である。また、株主総会への報告や、取締役の違法行為の差止請求は監査役会ではなく監査役が行う。

13 会計参与
他の役員との兼任はできない

●会計参与とは

会計参与とは、取締役や執行役と共同して計算書類などを作成し、株主総会で説明をする職務を担う者です。

従来、中小企業では、税理士が計算書類などを作成し、監査役を兼ねていることも多くありました。会社法は、これを制度化することで、主に中小企業での計算書類の正確性を確保しようとして、会計参与制度を設けました。大会社（78ページ）でない取締役会設置会社が、非公開会社である場合には、会計参与を置けば、監査役の設置は義務付けられません。

会計参与は、誰でもなれるわけではありません。公認会計士（監査法人を含む）、税理士（税理士法人を含む）でなければ会計参与になれません。また、会社やその子会社の取締役、執行役、監査役、使用人などとの兼任はできません。

●会計参与の任期・報酬

会計参与は株主総会で選任され、任期は原則2年ですが、定款の定めによって短縮することもできます。非公開会社では定款で最長10年まで伸長でき、指名委員会等設置会社・監査等委員会設置会社では1年となります。

会計参与の報酬は、監査役の場合と同様です。定款に定めがなければ、株主総会の普通決議（議決権を行使できる株主の議決権の過半数を有する株主が出席し、出席した当該株主の議決権の過半数をもってする決議）で決定します。会計参与が複数いる場合において、個々の会計参与の報酬が定款や株主総会の決議で決まっていないときは、その報酬総額の範囲内で会計参与の協議によって各報酬額を決めます。ただ、指名委員会等設置会社では、会計参与の報酬は、報酬委員会が決定します。

●会計参与の権限と義務

会計参与は、計算書類の作成を行う者ですから、いつでも会計帳簿を閲覧・謄写することができ、また、取締役や執行役に会計についての報告を求めることができます。必要があれば、子会社に対しても会計についての報告を求めたり、財産の状況を調査したりすることができます。

取締役会が設置されている会社の場合には、会計参与は、計算書類などの承認を行う取締役会に出席しなければならず、必要があると認めるときは、意見を述べなければなりません。

14 会計監査人
計算書類の作成をする会計参与とは違う

●会計監査人とは

　会計監査人とは、主に大会社の計算書類やその附属明細書などを監査した上で、会計監査報告書を作成する専門の機関です。慎重かつ確実に監査を行うことにより適正な計算の実現を図るために置かれています。会社から独立して会社の会計・内容をチェックする機関ですから、計算書類などの作成をする会計参与とは役割が違います。会計監査人も取締役や監査役と同様、株主総会の決議（普通決議）によって選任・解任されます。

　なお、平成26年の会社法改正により、株主総会に提出する会計監査人の選任・解任に関する議案の内容は、会計監査人の独立性を確保するために、監査役（監査役会設置会社の場合は監査役会、監査等委員会設置会社の場合は監査等委員会、指名委員会等設置会社の場合は監査委員会）が決定することになりました。

●会計監査人の任期・報酬

　会計監査人の任期は、1年で、定時株主総会で別段の決議がなされない限り、原則として再任されます。なお、平成26年改正により、会計監査人の不再任に関する議案の内容も、選任・解任と同様で、監査役（監査役会）・監査等委員会・監査委員会が決定します。

　会計監査人の報酬は取締役会が決定しますが、この報酬を決定するには、取締役は、監査役または監査役会、監査委員会の同意を得る必要があります。これも、会計監査人の職務の独立性を確保することが目的です。

●会計監査人の権限と義務

　会計監査人は、会社の計算書類などを監査し、会計監査報告を作成しなければなりません。会計監査人は、いつでも会計帳簿を閲覧・謄写することができ、取締役や執行役に会計についての報告を求めることができます。必要があれば子会社にも会計についての報告を求めることができ、会社または子会社の業務と財産の状況を調査することができます。

　定時株主総会の決議で出席を求められた場合、会計監査人は出席して意見を述べなければなりません。株主総会に提出する計算書類などが法令や定款に適合しているかどうかについて、監査役と意見が異なる場合、株主総会で意見を述べることができます。また、取締役の違法・不正な行為を監査役に報告する義務を負います。

15 指名委員会等設置会社
執行役が業務執行をする

●指名委員会等設置会社とは

平成26年の会社法改正によって、従来「委員会設置会社」と呼ばれていた会社が、**指名委員会等設置会社**と呼ばれることになりました。かつての会社法上の委員会は、指名委員会・報酬委員会・監査委員会のみでしたが、法改正によって、新たに監査等委員会設置会社における監査等委員会が設けられました。そこで、用語の上で区別する必要が生まれました。

取締役会と会計監査人を置く会社は、定款で定めることによって、指名委員会等設置会社になることができます。指名委員会等設置会社とは、業務執行を担う**執行役**と、経営を監督する**3つの委員会**（指名委員会、監査委員会、報酬委員会）が置かれる会社のことです。

執行役は取締役会の決議で選任されます。執行役は取締役を兼ねることができます。執行役の人数は、1人以上でかまいません。執行役が複数いる場合には、会議体（執行役会）を設けて業務執行に対応することもできます。

●指名委員会等設置会社の各委員会

各委員会は、3人以上の委員で構成され、取締役の中から取締役会の決議により選任されます。各委員会の委員の過半数は社外取締役でなければなりません。同じ取締役が複数の委員会の委員を兼ねることもできます。各委員会は、以下のような権限をもちます。

① **指名委員会**

指名委員会では、株主総会に提出する取締役・会計参与の選任・解任に関する議案の内容を決定します。

② **監査委員会**

監査委員会は、執行役や取締役の職務執行を監査し、監査報告を作成する委員会です。また、株主総会に提出する会計監査人の選任・解任や再任拒否に関する議案の内容を決定する権限をもちます。

③ **報酬委員会**

報酬委員会は、執行役や取締役の個人別の報酬などの内容を決定する権限をもつ委員会です。

●指名委員会等設置会社の取締役

指名委員会等設置会社の取締役の選任や解任については、通常の会社と同じように、株主総会の決議によります。しかし、株主総会の議案の決定は、取締役会が決定するのではなく、指名委員会が決定することになります。

指名委員会等設置会社の取締役の任

期は1年になります。

また、指名委員会等設置会社では、社外取締役を導入し、各委員会を設けて業務執行の監督を強化・充実させています。

指名委員会等設置会社の取締役と会社の関係は、通常の株式会社と同じように委任の関係にあり、取締役は会社に対して善管注意義務や忠実に職務を遂行する義務（忠実義務）を負います。そこで、取締役が任務を怠ったときは会社に対して、損害賠償義務を負います。

●執行役と取締役会の関係

指名委員会等設置会社の制度は、取締役会の監督機能の強化、業務執行の効率性の確保などのために認められたものです。

執行役は、取締役会による委託によって、これまで取締役会が決定していた会社の業務執行の中の一部についての決定と執行をします。一方で、取締役会は会社の経営方針など基本的な事柄について意思決定すると共に執行役を監督します。執行役は取締役会により選任・解任されます。

●執行役と会社との関係

執行役と会社との関係は、取締役と同様、委任関係になります。執行役は、会社に対して善管注意義務や忠実義務を負います。また、競業取引、利益相反取引についても規制を受け、それらの行為をする場合には、取締役会の承認を必要とします。

執行役も大きな権限をもちますから、会社の利益が害されないように法的に規制する必要があるわけです。

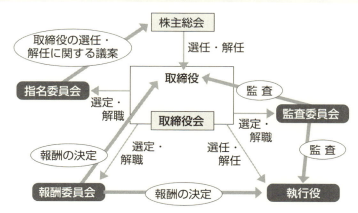

指名委員会等設置会社の組織

16 執行役や代表執行役の権限・責任
代表執行役が指名委員会等設置会社を代表する

●執行役の任期

平成26年の会社法改正により、従来の委員会設置会社は、名称が指名委員会等設置会社へと変更になりました。しかし、形式上の名称が変更しただけであって、従来の委員会設置会社の実質的な変更が加えられたものではありません。したがって、執行役に関して、従来の委員会設置会社と同様の規律が設けられています。

執行役の任期は就任後1年以内に行われる最終事業年度に関する定時株主総会の終了後、最初に開催される取締役会の終結の時までです。執行役は、自然人（個人）でなければなることはできません。また、取締役を兼任することができますが、指名委員会等設置会社の監査委員などを兼ねることや、その会社の会計参与になることはできないと規定されています。

通常の株式会社の場合、取締役の任期は原則として2年ですが、指名委員会等設置会社の場合は、業務執行に対する監督機能を重視するとしたため、毎年、株主総会あるいは取締役会の信任を要するとしています。

なお、定款で執行役の任期をさらに短くすることもできます。

また、執行役の任期が満了する前であっても、取締役会の決議によって、いつでも執行役を解任することができます。ただ、解任について正当な理由がない場合には、執行役は、会社に対して、解任によって生じた損害の賠償を請求することができます。

●執行役の会社に対する責任

執行役は会社に対して善管注意義務、忠実義務を負っており、執行役が任務懈怠によって会社に損害を与えた場合には、その損害を賠償する責任を負います。執行役が会社の承認を受けないで利益相反取引を行い、会社に損害が生じた場合には、自分に過失（不注意）がなかったという証明をしない限り、会社に対して損害賠償責任を負います。

競業取引の規制に違反した場合も、その執行役は会社に対して損害賠償責任を負います。その取引によって執行役や第三者が得た額が会社の損害額と推定されます。また、利益供与に関わった執行役は連帯して、供与した利益に相当する金額を会社に支払わなければなりません。

また、執行役の会社に対する責任は、株主代表訴訟の対象となります。もっとも、取締役の責任と同じように、総

株主の同意、または株主総会、取締役会の決議によって、責任の免除・軽減が認められます。

●執行役の第三者に対する責任

執行役に任務懈怠について悪意（知りながら）または重過失（重大な不注意）があり、それによって第三者が損害を受けた場合には、当該執行役は、その損害を賠償する責任を負います。

第三者に対する加害行為そのものについて故意や過失がなかったとしても、任務を怠ったことについて悪意または重過失があれば、執行役の責任が認められます。第三者を強く保護する必要があるため、執行役は、直接損害（執行役の行為によって直接第三者が損害を被る場合）だけでなく間接損害（執行役の行為から1次的に会社が損害を受け、その結果として2次的に第三者が損害を受ける場合）についても責任を負うことになります。

●指名委員会等設置会社を代表する

代表執行役とは、指名委員会等設置会社を代表する権限をもっている者です。代表執行役に関しても、執行役と同様で、平成26年の会社法改正に伴い、委員会設置会社から指名委員会等設置会社へと、名称は変更になりましたが、代表執行役に関する規定の内容に変更は見られません。

通常の会社の代表取締役と同じように、会社の業務に関する一切の行為について、包括的な代表権をもちます。執行役が1人の場合は、その執行役が当然に**代表執行役**となり、会社を代表することになります。執行役が複数いる場合には、取締役会の決議によって、代表執行役を選定します。指名委員会等設置会社では、代表執行役が会社を代表することになりますので、代表取締役は設置されません。

執行役の職務と責任

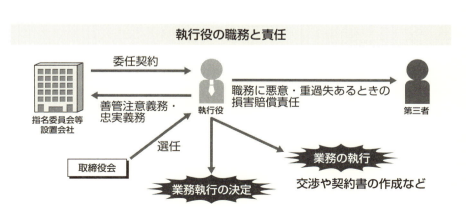

監査等委員会設置会社①
社外取締役が有効に経営者の監査・監督を行うための新しいしくみ

●監査等委員会の導入経緯

会社法は、経営者に対して、特に社外の者がチェックを行う制度として監査役会設置会社と委員会設置会社（指名委員会等設置会社に名称変更）について規定していましたが、この両者は十分に機能していないという批判がありました。

そこで、平成26年の改正によって、**監査等委員会設置会社**という制度が導入されました。ここで置かれる委員会は、従来の委員会とは異なり、原則として人事や報酬について口を出すことはありません。他方で、経営者の選任・解任について株主総会で意見を陳述することができるなど、監査の結果として経営者の責任を追及することが可能になるようなしくみになっています。

また、監査役（会）とは異なり、監査等委員はあくまでも取締役の地位をもっています。そのため、業務の手順を合理化して不祥事を発見・是正するための社内制度の組み立てをめざす内部統制システムの一環として、社外取締役が経営を主に行う取締役を監査・監督することが可能になります。つまり、社内の自浄作用によって、企業の不祥事を防ぐことが期待されています。平成26年の会社法改正の趣旨は、社外取締役の活用といわれていますが、その目的で置かれた機関が監査等委員会設置会社です。

●監査等委員会設置会社の特徴

監査等委員会設置会社は、取締役会と会計監査人を設置している会社のみに認められる点、監査役を設置できない点などが、指名委員会等設置会社と共通します。これに対して、相違点は執行役を設置できない点（業務執行は業務執行取締役が行う）、指名委員会・報酬委員会を設置しない点、監査等委員の選任・解任は株主総会で行う点などです。

●導入には定款変更などが必要

監査等委員会設置会社は、従来の監査役会設置会社や委員会設置会社（指名委員会等設置会社）とは全く異なる制度として導入されたものです。定款で定めることにより、監査等委員会設置会社になることができます。また、定款の変更の効力が生じた時点で、それまで取締役であった者などは、全員任期満了となるため、改めて取締役などを選任し直す必要があることにも留意する必要があります。

●監査等委員の選任・解任と権限

監査等委員の選任・解任に関して、経営者の監査を行うという職務の特殊性と、そのための地位の独立性を確保するために、特別の権限が認められています。

まず、監査等委員はそれ以外の取締役と区別して、株主総会によって選任されます。この際に、監査等委員自身が、自らの人事に対して主導権をにぎっている必要があるため、監査等委員会は、取締役に対して監査等委員である取締役の選任を、株主総会の議題としてもらうこと、または選任すべきと思われる取締役の議案を提出することができます（選任議案の提出権）。

また、監査等委員以外の取締役が、自分に都合のよい人材を監査等委員に選任しようとすることを防ぐために、取締役が監査等委員の選任に関する議案を株主総会に提出するときは、監査等委員会の同意を得なければならないと定められています（選任議案の同意権）。

解任についても、地位の独立性を確保するための特別の規定が設けられています。監査等委員である取締役を解任するためには、株主総会の特別決議によらなければ解任できないとされており、職務の重要性を考慮して、監査等委員の地位を保護しています。監査等委員は、解任に関して株主総会において意見を述べることができます（解任・辞任についての意見陳述権）。

なお、選任・解任に関連して、監査等委員である取締役の任期についても特別の定めがあり、監査等委員以外の取締役の任期が選任後1年以内に終了する事業年度の中で最終のものについての株主総会終結時までであるのに対して、監査等委員である取締役の任期は、選任後1年以内の部分が、選任後2年以内と定められています。

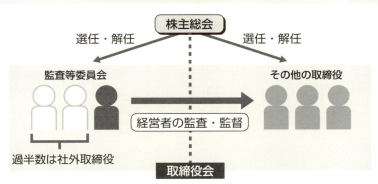

監査等委員会設置会社のしくみ

18 監査等委員会設置会社②

監査等委員会は職務執行を監査する権限と、企業の人事・報酬に関する権限をもつ

◉監査等委員会のしくみ

監査等委員会は、取締役3名以上からなる監査等委員により構成されています。そして、そのうちの過半数が社外取締役でなければなりません。これは、監査等委員会が置かれた主たる目的が、経営のトップの指揮命令を受ける立場にない者による、経営者の監査・監督を行うことであると考えられているため、そのような社外取締役による監査・監督を適正に行うことができるような制度となっています。

監査等委員会の権限・義務は、①主に経営を担当する取締役などの職務執行を監査する権限と、②企業の人事や報酬に関する権限に分けることができます。

このうち②の権限とは、監査等委員以外の取締役の選任についての意見を決定し、それを陳述する権限と、監査等委員以外の取締役の報酬についての意見を決定し、陳述する権利を指します。これに対して、職務執行を監査する権限は、監査等委員会の主要な権限であるといえるでしょう。監査権限については、指名委員会等設置会社における監査委員会と同様の監査権限と、監査等委員会にのみ認められる権限に分類されます。したがって監査等委員会は、監査役に取締役の地位を与えたに等しく、取締役として議決権を持つ者が経営の監査権限を持つことができるしくみだといえます。

◉監査等委員会の具体的権限内容

監査等委員会の監査権限として、取締役や会計参与の職務の執行を監査すると共に、監査報告を作成することが挙げられます。また、取締役や会計参与などに対して、職務の執行に関して報告を求めて、業務や財産状況の調査をすることができます。そして、取締役らの業務執行に法令違反などがあると認められるときには、そのことを取締役会に報告しなければならず、あわせて、取締役などが法令違反などを行うことによって、会社に対して著しい損害が生じるおそれがあるときには、その取締役らに対して、法令違反行為などを止めるように請求することができます。

これに対して、監査等委員会にのみ認められる権限として、主に、議案・書類などに関する株主総会への報告義務と、利益相反取引に関する特例を挙げることができます。議案・書類などに関する株主総会への報告義務とは、取締役が株主総会に提出しようとする

議案や書類などが法令や定款に違反している場合などに、そのことを株主総会に報告する義務を指します。

利益相反取引に関する特例とは、取締役が会社と利益相反取引などを行う場合に、事前に監査等委員会の承認を得ていれば、その取引によって会社に損害が生じた場合に、その取締役が任務を怠ったと推定される規定の適用を免れることができることを指しています。

●取締役会の権限

監査等委員会設置会社の取締役会についても、主として業務執行の決定を行う機関であるという点では、他の企業形態をとる場合の取締役会と異なるところはありません。したがって、取締役の業務執行を監督する権限や、代表取締役の選定・解職を行う権限を持っています。

もっとも、監査等委員会が取締役として、内部統制システムを通して監査・監督を行うという性質上、経営の基本方針の決定、監査等委員会の職務のために必要な事項、内部統制システムの決定については、必ず取締役会が決定しなければならない事項であるとされています。

また、重要な業務執行の決定についても、原則として取締役会が決定しなければならず、取締役に委任することができません。しかし、取締役の過半数が社外取締役である場合や、株主の判断で定款により定めた場合には、監査等委員会が置かれた趣旨である社外取締役による監査の目が行き届くものと考えられるため、重要な事項の決定の多くについて取締役に委任することが許される場合もあります。

監査等委員会設置会社の権限・義務

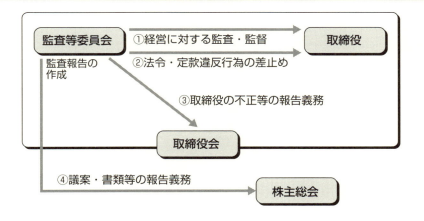

19 社外取締役・社外監査役

社外の者を入れて、会社経営の監督を強化する

●社外取締役の役割と要件の改正

　取締役会設置会社における取締役は、取締役会により代表取締役の業務執行を監督する役割を担っています。しかし、実務上、取締役は社内から選ばれることが多いため、なれあいが生じ、本来の役割を全うできないことが多いようです。このような場合に社外取締役を選任して、取締役会の監督機能強化を図ります。

　従来の会社法の社外取締役の選任要件は「現在や過去において、その会社や子会社の業務執行取締役・執行役・支配人等でないこと」とされています。この点が改正によって一部が厳格化され、一部が緩和されました。主な改正点は、「①社外取締役の要件に会社関係者の近親者（配偶者と2親等内の親族）でない者と、親会社や兄弟会社の関係者でない者が追加されること」「②社外取締役の要件に関する過去の要件が10年に限定されること」の2点です。

　①は社外取締役となる者がより限定される要件となり、監督機能が強化されます。これに対して②の要件については、従来の会社法では「過去」に当該株式会社や子会社の業務執行取締役、執行役といった経営に関わっていたものは社外取締役になることができませんでしたが、この「過去」が「就任前10年間」となったために要件が緩和されています。緩和された理由は、経営に関わらなくなってから10年経てば、自身が過去に行ったことの影響は残っていないと考えられるためです。

　また、現状の取締役らとの関係性も希薄になっているということもあります。

●社外取締役を設置する会社

　会社法では、社外取締役制度は以下の場合に導入しなければならないとされています。

① 特別取締役を選任する場合

　特別取締役とは、6人以上の取締役が選任されている会社で、一定の重要事項につき意思決定をすることができる取締役をいいます。特別取締役を選任する場合は必ず、3人以上選任します。このような特別取締役を選任する場合は、6人以上の取締役のうち、1人を社外取締役とする必要があります。

② 指名委員会等設置会社の場合

　指名委員会等設置会社については、各委員会の半数以上は社外取締役でなければなりません。また、平成26年の会社法改正によって新設された監査等委員会設置会社における監査等委員会

も、委員の過半数は社外取締役でなければならないと規定されています。

●社外監査役の役割と要件の改正

監査役は、取締役の業務執行を監査する立場です。この点で、代表取締役の業務執行を監督する社外取締役よりも、より独立で公平な立場を求める社外監査役が選任されます。つまり、社外監査役は通常の監査役の監督機能を高める役割を担っています。

社外監査役も社外取締役と同様に、平成26年改正により要件が見直されました。変更点は社外取締役に準じており、以下のものが社外監査役となることができます。

・会社の取締役、使用人または過去10年以内に会社の取締役、使用人、会計参与、執行役でない者
・過去10年以内に子会社の取締役、会計参与、執行役または使用人でない者
・親会社等の取締役、執行役、監査役または使用人でない者
・兄弟会社の業務執行取締役、執行役または使用人でない者
・取締役、執行役、支配人、重要な使用人等の配偶者や二親等内の親族でない者

少しややこしいですが、社内取締役との大きな違いは、要件に監査役や会計参与も含まれている点です。

●社外監査役を設置する会社

社外監査役を置く会社については、監査役会の設置義務の有無で判断することになります。まず、資本金5億円以上または負債200億円以上の公開大会社は、①監査役会を置くか、②指名委員会等設置会社を置かなければなりません。

監査役会の場合は3人以上の監査役を選任します。そしてその中の半数以上は社外監査役であることが必要です。なお、指名委員会等設置会社では監査役を置くことはできません。

社外取締役の要件の改正

	改正前	改正後
20年前に当社に在籍していた者	社外取締役になれない	社外取締役になれる
親会社の業務執行取締役など	規定なし	社外取締役になれない
兄弟会社の業務執行取締役など	規定なし	社外取締役になれない
取締役の配偶者や2親等内の親族	規定なし	社外取締役になれない

20 一時役員と職務代行者
裁判所に一時的な取締役を選任してもらう

●一時役員とは

辞任や死亡によって取締役が欠けた場合には、速やかに、後任の取締役を選任する必要があります。しかし、何らかの事情で取締役選任の手続ができないような事情がある場合が考えられます。この場合に、株主や取締役などの利害関係人が裁判所に申し立てることにより、一時的に取締役の職務を行う人（一時取締役）を選任してもらうことができます。

一時取締役を選任してもらうことができるのは取締役が死亡した場合や株主間で訴訟を抱えているときなど、株主総会を開催できないような事情がある場合に限られます。実際には、欠員が出た時期が定時株主総会の6か月以上前であれば臨時株主総会を開いて取締役を選任します。一方、定時株主総会の開催まで3か月以内という時期であれば、そのまま定時株主総会で取締役を選任すればよいので、一時取締役の選任を申し立てることになるのは、その間の時期になります。

一時取締役は、裁判所により選ばれるので、株主や取締役、従業員の方から希望を出すことはできません。一時取締役にふさわしい知識を備えている必要がありますので、多くの場合には弁護士が選任されています。

●職務代行者とは

取締役（執行役）や代表取締役（代表執行役）の選任の無効など、その地位を否定する訴えを提起した場合でも、裁判が確定するまでは、取締役らはその地位を失うわけではありません。しかし、訴えられた取締役がそのまま職務を行うと会社にとって不都合な場合があります。そこで、取締役らの地位を否定する訴えを提起した際に、申立人は訴えられた取締役らが職務を執行しないように裁判所に求めることができ（仮処分命令の申立て）、訴えられた取締役らに代わって職務を執行する者を選任するように、求めることができます。このようにして選任された者を職務代行者といいます。

職務代行者は、会社の日常の業務（常務）を自由に行うことができますが、常務にあたらない行為（たとえば、新株発行や取締役の解任を目的とする臨時株主総会の招集など）をするには、裁判所の許可を得る必要があります。この点は取締役と同じ権限が与えられている一時取締役と異なるところです。

第 5 章

役員の義務・責任と損害賠償

取締役の義務
会社に対して忠実であること

●会社との関係は委任関係

従業員は会社と雇用契約を結んで仕事をしています。しかし、**取締役**は従業員と違い、会社と雇用契約を結んで業務を執行しているわけではありません。取締役は株主総会で選ばれますが、これを法律的に見ると、会社のオーナーである株主が、業務の執行を取締役に任せているという形になります。このような契約を**委任契約**といい、会社と取締役は委任契約によって結びついていることになります。取締役は、会社経営の方向性を決める役割を担う存在です。株主から会社の業務執行を任されます。このように取締役は会社経営の最前線に立つわけですから、会社の命運を握る存在といえ、会社を効率的に動かすノウハウ、従業員のもつ力を引き出す能力、経済的な先見性などはもちろんですが、さまざまな能力を兼ね備えなければならない存在だといえます。

委任契約は、ある人がある人に対して依頼し（委任）、依頼された人がこれを承諾すること（受任）で成立する契約です。会社が取締役になることを依頼し、それを承諾したのですから、取締役になった以上、委任の趣旨である会社経営のために全力を尽くさなければならない義務が課せられています。

法律上、これを**善管注意義務**と呼んでいます。

取締役はその仕事をしていく上で当然要求される程度の注意をしつつ、会社経営をしていかなければなりません。取引先の財務状況を調べもせずに融資をしたために会社に損害を発生させた場合には、この善管注意義務に違反しているといえるでしょう。

●会社に忠実でなければならない

また、会社法355条は、「取締役は、法令及び定款並びに株主総会の決議を遵守し、株式会社のため忠実にその職務を行わなければならない」と規定しています。取締役は会社への忠誠心をもって活動しなければならないことをいっているのですが、これを**忠実義務**と呼んでいます。

会社に忠実であることが求められているのですから、取締役は会社の利益を最優先に考えた行動をしなければなりません。たとえば、名目上は「会社のため」といいつつも、実は私腹をこやす目的で行動したのであれば、それは忠実義務違反になります。

●その他にもさまざまな義務がある

取締役は会社の利益のために行動す

ることを従業員以上に求められていますから、取締役の行動が会社の利益に反する可能性が少しでもあれば、その行動をする前に取締役会の承認を得ることが法律上義務付けられています。

たとえば、取締役が会社の営業の部類に属する取引を自分や第三者の利益のためにする場合は取締役会の承認を得なければなりません。この義務を**競業避止義務**と呼びます。

また、取締役が自分または第三者の利益のために会社と取引することは、取引の条件によっては会社に不利益をもたらす可能性もありますから、これも、取締役会の承認が必要になります。このような規制を**利益相反取引**についての規制と呼びます。

取締役には取締役会に出席し、代表取締役や自分以外の取締役が会社の利益のために会社の経営方針に沿った適正な業務執行をしているか、法令や定款に反するような行動をしていないかなどを監視し、もし不適切な行動があればそれを是正する義務もあります。

取締役会は、大きな権限をもった取締役がその権限を濫用することを防ぎ、会社の経営を円滑かつ迅速に行っていくための機関です。取締役同士の監視・監督義務は取締役の重要な義務となっています。

●監視義務と内部統制システムの整備

取締役は、代表取締役や他の取締役の行為が法令・定款に違反していないかどうかを監視する義務も負います。

また、**内部統制システム**（取締役の職務執行が適正に行われるようにするためのルールと体制作り）の整備については、取締役（取締役会設置会社の場合は取締役会）が決定します。大会社（資産が5億円以上または負債が200億円以上の会社）の場合は、取締役（取締役会設置会社の場合は取締役会）に、内部統制システムを整備する義務が課されています。

善管注意義務と忠実義務の関係

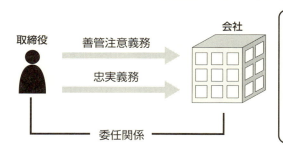

2 大会社における内部統制システムの整備
経営者の不祥事を防ぐためのルールと体制作り

●内部統制システムとは

内部統制システムとは、会社の業務の適正を確保するために必要な機構（システム）のことです。ある目的を達成しようとして行動するとき、その障害となるようなリスクを想定し、それに対応できるような体制を作ることが必要です。

特に大企業の場合、虚偽記載やインサイダー取引などの違法行為が社会に与える影響が大きいので、ある程度の規模をもつ会社では、内部統制システムを作りあげることが必要となってきます。大会社（78ページ）では、内部統制システムの構築が義務付けられています。取締役会設置会社の場合は、取締役会で決定し、取締役会を設置しない場合は、取締役が決定しなければなりません。

110ページでも説明したように、取締役・執行役は会社に対して、善管注意義務や忠実義務を負います。そして、この義務から派生する義務として、これまでも判例や学説上、取締役には、他の取締役を監視する義務（監視義務）や内部統制システムを構築する義務があるとされてきました。会社法上も、これらの義務が明確に規定されています。取締役がこの義務に違反した場合、損害賠償責任を負うことになります。

法令を遵守しないような会社は社会的信頼を得にくいので、会社の業績にも悪い影響をもたらします。内部統制システムの構築は、会社の業績向上を図る上でも、大切なことだといえます。

●社内体制・ルール作りが必要

会社の経営者には、会社不祥事を未然に防ぎ、企業価値を向上させるため、会社の実態や特性にあわせて内部統制システムを構築することが求められます。そして、そのための企業風土作りや監査体制の充実、リスクの認識とその対応、手続・マニュアルの作成や従業員への周知徹底などの社内体制・ルール作りが必要になってきます。

このような社内体制・ルールが作られた後は、これをホームページなどで公開し、事業報告や金融商品取引法の記載書類についても開示する必要があります。さらに、このような内部統制システムに従った経営が行われているかどうかをチェックすることが必要になります。経営者自らのチェック、監査役によるチェック、社外監査役など外部の監査機関によるチェックがなされなければなりません。特に、監査役

が会社の重要な情報をチェックすることができ、監査役と外部監査機関が連携して監査機能の強化が図られることが重要になってきます。

●内部統制システムの適正性の判断基準

法律や社内規程により、内部統制システムの構築義務があるにも関わらず、取締役が適切な内部統制システムを構築していない場合には、取締役の責任を追及できます。

しかし、どのような内容の内部統制システムを整備するかは、取締役の広い裁量に委ねられていると考えられています。

そのため、取締役の責任が認められるのは、取締役の事実の認定、選択決定が、著しく不合理と評価されるような限定的な場合に限られてしまうでしょう。

また、構築された内部統制システムは適切でもその運用が不適切な場合もあります。

たとえば、業務担当取締役が仕事を怠けているのではないかと疑われる特別の事情があるにも関わらず、何の措置も採られなかった場合には、その業務担当取締役以外の取締役も責任を負うことになります。

●平成26年改正による見直し

改正前は、株式会社とその子会社から成る企業集団の内部統制システムについて規定は会社法施行規則に置かれており、会社法本体にこの規定はありませんでした。改正後は、この規定が会社法本体に置かれました。これにより、親子会社の責任分担を明確にすることが求められます。

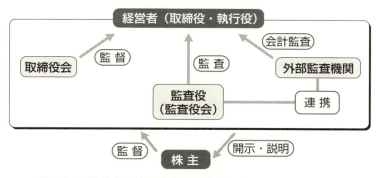

内部統制システム

⇒経営者の業務執行の適正確保と子会社も含めた企業集団の業務の適正確保を実現できるような体制を作る

3 取締役の責任
任務懈怠責任を問われることがある

●社会的な責任と法律的な責任

　取締役の責任は、大きく2つに分けることができます。

　1つは社会的責任です。道義的責任といってもよいでしょう。会社は自分の利益をはかりつつ社会に貢献することを期待されています。会社が社会を揺るがすような問題や不祥事を引き起こした場合、取締役は社会に対して責任を取る必要が出てきます。給与カットやボーナスカット、あるいは引責辞任などのケースがありますが、これらはすべて社会的責任のとり方です。

　もう1つは法律上の責任です。これは、違法配当や総会屋に対する金銭の受け渡しといった罪を犯した場合の刑事責任と損害賠償責任などの民事責任に分けることができます（会社自体に対しては、○日間の営業停止など行政責任が科せられることもあります）。刑事責任は法律で定められた刑罰を受けることですが、民事責任は損害賠償という形で取締役にかかってきます。

　損害賠償責任の対象は、会社（会社が責任を追及しない場合でも、株主が株主代表訴訟を会社の代わりに起こす可能性があります）に対するものと第三者に対するものがあります（126ページ）。

●任務懈怠とは

　任務懈怠とは、文字通り、取締役がその任務を怠ることをいいます。具体的には、善管注意義務・忠実義務に違反した場合の他、競業取引や利益相反取引の規制に違反した場合など、法令や定款に違反した場合を広く含みます。

　任務懈怠責任は、過失責任（不注意があった場合にだけ負う責任）です。取締役が注意を怠らなかったことを立証（証明）すれば責任を免れることができます。

　もっとも、会社に取締役の債務を保証させるなど会社と取締役・第三者との利益が反する取引（利益相反取引）をした取締役については、任務懈怠があったと推定されます。この場合、取引を決定した会社の取締役や取締役会の承認決議に賛成した取締役（議事録に異議をとどめなかった取締役も含む）にも過失が推定されます。したがって、取締役は、過失がなかったことを証明できなければ、会社に対して損害賠償責任を負うことになります。

　さらに、自分のために当事者として利益相反取引（自己取引）を行った取締役は、無過失責任を負うとされています。

●経営上の判断と任務懈怠

所有と経営の分離の下では、株主が、取締役に強大な権限を与えて、会社経営の一切を任せています。取締役は、会社・株主の利益のために職務を行わなければなりません。

しかし、一方で、取締役の経営判断が結果として誤っており、会社の利益のために行ったはずの行為が必ずしも会社の利益に結びつかないことも十分にありえます。

そのような場合に、取締役が常に会社に対して責任を負わなければならないとすれば、いかにも酷な話です。

そこで、結果的に会社に損害が発生してしまった場合であっても、業務執行が合理的な手続に従って誠実になされていたといえるときには、会社に対する損害賠償責任を問われることはないとされています。これを**経営判断の原則**といいます。

●名目取締役の責任

名前を貸しただけで、会社の経営にまったくタッチしていない取締役のことを**名目取締役**といいます。名目取締役が代表取締役の場合、名目代表取締役ということになります。

しかし、取締役となる以上は、会社に関わる法的責任があります。たとえ、会社と名目取締役の間で「責任を負わない」という契約をしていたとしても、通常は、取引先はそうした契約の当事者になりませんから、「責任を負わない」という会社との間の免責契約を第三者に対しては主張することはできません。

経営判断の原則

経営判断の原則（ビジネス・ジャッジメント・ルール）

企業経営の判断は、専門的・政策的
↓
取締役の裁量は広い
↓
取締役の行為により、結果として会社に損害が生じたとしても、
①取締役の事実認識に不注意がなく、
②それに基づく意思決定が経営者として不合理でない場合
↓
取締役は会社に対して責任を負わない

4 会社に対する責任
会社法に詳細な規定がある

●会社に対する責任が生じる

取締役・執行役は、その任務を怠って（善管注意義務・忠実義務違反）会社に損害を与えた場合には、一般的な責任として会社に対して損害賠償責任を負います。

これを反対の観点から考えると、会社は任務を怠った取締役・執行役に対して、損害賠償請求権を持っていることになります。しかし、会社が取締役の責任を追及しない場合も考えられ、この場合には、株主は株主代表訴訟という形で株主が取締役の責任を追及します。

取締役が、企業人として誠実に、そして合理的に判断したにも関わらず、会社に損害を与えてしまったとしても、その責任を問われることはありません。しかし、少し注意していればわかることを見過ごしてしまったために、それが原因で会社に大きな損害をもたらしてしまった場合、取締役に課せられた注意義務に違反しているかどうかが問題となります。その損害が取締役としての裁量の範囲内であれば損害賠償の責任は問われませんが、そうでないのであれば、会社に対して損害を賠償しなければなりません。

●損害賠償責任を負う場合

その他個別的な責任の原因や内容は、会社法に具体化されています。会社法が定める取締役・執行役の個別的な責任は、以下のとおりです。

① 株主の権利行使に関する利益供与の禁止

会社は、株主の権利行使に関して財産上の利益を供してはならず、これに関与した取締役・執行役は、供与した利益相当額を会社に対して連帯して支払う義務を負います。取締役・執行役による総会屋（株主の地位を利用して、会社を攻撃したり、擁護したりすることの見返りとして、会社から金銭などを受けとる者）への資金提供などを禁止するものです。

② 競業取引の禁止

取締役・執行役が自己または第三者のために会社の事業の部類に属する取引をするときは、株主総会（取締役会設置会社では取締役会）の承認が必要とされます。違反した場合、その取引によって取締役・執行役や第三者が得た利益の額を損害額として会社に対して連帯して賠償する義務を負います。ノウハウや情報をもつ取締役・執行役が会社の競争相手となって、会社に損害を与えることを防ぐためのものです。

③ **利益相反取引の禁止**

取締役・執行役が自己または第三者のために会社と取引する場合（直接取引）、または会社が取締役・執行役の債務を保証するなど、取締役・執行役以外の者との間で会社の利益に相反する取引をする場合（間接取引）には、株主総会（取締役会設置会社では取締役会）の承認が必要です。これに違反して会社に損害が生じた場合、取締役・執行役は会社に対して連帯して損害賠償責任を負います。

④ **剰余金の配当規制**

分配可能額を超えて、剰余金の配当をすることはできず、これに違反した場合、取締役・執行役は配当金相当額を会社に対して賠償する責任を負います。また、自己株式の取得や剰余金の配当など一定の会社の行為によって会社に欠損が生じた場合、当該行為に関する職務を行った取締役は、会社に対してその欠損額を連帯して賠償する責任を負います。剰余金の払い過ぎによって会社財産が食いつぶされるのを防ぐためです。

●法令・定款に違反する行為と議事録

前述した行為の他、取締役が法令や定款に違反して任務を怠った場合には、それによって生じた会社の損害を賠償する責任を負います。

ところで、任務を怠った取締役自身が責任を負うのは当然ですが、取締役の行為が取締役会の決議に基づいて行われた場合には、取締役会の決議に賛成した取締役も責任を問われることがあるので注意が必要です。つまり、実際に行っていなくても、決議に賛成していることから、任務を怠ったと推定されることがあります。また、取締役会で反対した取締役も、取締役会の議事録で反対した旨の記録を残しておかないと、賛成したものとして扱われる可能性があります。

取締役と会社の関係

会社（委任者） — 委任関係（有償） — 取締役（受任者）

〔取締役の会社に対する義務・責任〕

- 善管注意義務
- 忠実義務

↓ 違反

損害賠償責任（任務を怠った責任）

※その他個別的な責任規定もある

競業避止義務
会社に損害が出た場合には賠償責任を負う場合もある

●会社と同じ商売は簡単にはできない

会社経営の最前線に立つ取締役には自分の会社や他社のあらゆる情報が入ってきます。そのため、中には、「今の会社のやり方じゃだめだ。もし、自分が代表取締役になったらこの人脈とノウハウを使ってもっと大きなビジネスができるし、もっと儲けることできるはずだ」と考える人もいるかもしれません。そう考えて今の会社を辞めて、自分の会社を作ろうとするのであれば、法律上の問題が発生します。これが**競業避止義務**という問題です。

取締役がさまざまな情報を得、人脈を作っていけるというのは、会社あってのことです。それを忘れて会社を裏切るような行為、会社に不利益を与えるような行為をすることは許されません。そこで取締役には、自分の会社と同じ業種を自分の利益のために営んではならない義務つまり競業避止義務が課せられています。

競業取引は、会社に害をもたらす危険があることは間違いありません。しかし、会社が取締役に対して、会社の職務以外の一切の行為を禁止することも、過度な干渉になってしまいます。そこで会社法は、取締役の競業取引を全面禁止せず、会社の承認を必要とするという規定を置いています。

●競業取引とは

競業取引とは、会社の事業の部類に属する取引を取締役・執行役が自己または第三者のために行うことです。たとえば、電化製品を扱うA社の取締役である甲が、B社の取締役として電化製品の取引をするような場合がこれにあたります。

会社の取引先やノウハウ、企業秘密などを知っている取締役・執行役が、会社の競争相手となって取引をすることは、会社の利益を損ないます。そのため、取締役・執行役が競業取引をする場合には、株主総会（取締役会設置会社では、取締役会）の承認が必要となります。

●取引の重要事実を明らかにする

取締役が競業避止義務に違反する行為をしようとする場合には、取締役会の承認が必要になります。承認を得るために取締役は、自分が行いたい事業についての詳細な資料を取締役会に提出しなければなりません。

資料を提示された取締役会は、慎重な協議を経て、承認するか否かの決定をしなければなりません。安易な承認

をしてしまうと、万が一会社に損害が出た場合に責任が発生する可能性もあるからです。

●競業により会社に損害が出た場合

競業行為について取締役会の承認を得ることができたとしても、その取締役は自由に事業を行えるわけではありません。自分の事業の取引について取締役会で報告しなければなりません。

その報告を受けて取締役会は、それが以前に取締役がした説明どおりの取引かどうかを判断することになります。もし、報告とは違う取引が行われていた場合は、その取引について取締役会の承認がないわけですから、競業避止義務違反となり、違反した取締役は会社に対して損害賠償責任を負わなければなりません。

また、取締役会で競業避止義務に違反する行為を承認した取締役も一緒に責任を負う場合があります。競業避止義務違反行為について取締役会の承認を必要としているのは、その行為を行うための免罪符を与えるという意味ではありません。取締役会の決議は議事録として残されますから、それを見れば、どの取締役が賛成したのが明らかになります。

取締役会の承認がない競業取引を行っていた場合の損害賠償額は、その取締役が事業によって得た利益の全額を損害額と推定することになります。

これに対して、取締役会の承認は得ていたものの、結果として会社に損害を与えることになった場合には取締役が得た利益が損害賠償額と推定されるわけではありません。この場合には、会社が、その取締役が競業避止義務違反によって利益を得ていることと、それにより会社にどれだけの損害が発生しているのかを裁判で証明する必要があります。

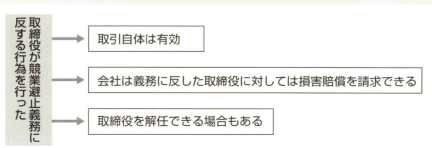

取締役が競業避止義務違反行為をした場合

- 取引自体は有効
- 会社は義務に反した取締役に対しては損害賠償を請求できる
- 取締役を解任できる場合もある

6 利益相反取引
取締役会の承認は個別・具体的に行うこと

●直接取引と間接取引

取締役が持っている資材を会社に売る場合などのように、取締役個人と会社との間で取引が行われる場合があります。このような取引を**直接取引**と呼びます。また、第三者と会社との間で行われる取引の中には、実質的に見て会社と取締役との利益が相反する場合もあります。これを**間接取引**と呼びます。これらの取引は取締役の利益となって会社に不利益を与える場合があり、**利益相反取引**といいます。もっとも、事業に必要な物を、取締役が会社に貸し出す場合など、会社と取締役との取引が必要になる場合もあります。そこで、会社法は、利益相反取引については、取締役会の承認を得なければできないと規定しました。

●利益相反取引となる行為

利益相反取引になるかどうかの判断は、実質的にみて会社と取締役の利益が相反するかどうかによります。

① **利益相反取引になるケース**

取締役に対して会社が約束手形を振り出すことは、利益相反取引に該当するのが原則です。また、取締役の個人的な借金の連帯保証人に会社がなることも利益相反取引だといえます。

② **利益相反取引にあたらない場合**

取締役が会社に対して無担保あるいは無利息で融資する行為は会社に不利益を与えませんので利益相反取引には該当しません。取締役が自分の財産を会社に無償で贈与することも、会社に損害や不利益を与えるわけではないですから、利益相反取引でありません。

つまり、利益相反取引は、取締役個人の利益にはなるものの、会社の利益にはならない、会社にメリットはない行為なのです。会社に不利益がないのであれば、利益相反取引にあたらないといえます。

●どんな手続きが必要か

競業取引の場合と同じように、取締役会（取締役会設置会社の場合）または株主総会（取締役会非設置会社の場合）に、取引についての重要な事実を示して承認を受けなければなりません。取締役会設置会社の場合は、取引後も、遅滞なく取締役会にその取引についての重要事実を報告しなければなりません。

●承認は個別・具体的に行う

利益相反取引に対して、取締役会は取引ごとに検討して承認する必要があります。包括的に検討・承認してはい

けません。たとえば、「取締役の借金の連帯保証人になる」というようなものではなく、「取締役が甲会社から借りている500万円の借金についての連帯保証人に会社がなる」というように、具体的な行為に対しての承認でなければなりません。承認を得ないで行った利益相反取引は原則として無効ですが、事後的に取締役会の承認を得ることができれば、その取引は有効となります。

●承認を受けた場合でも注意が必要

利益相反取引を取締役会で承認されたとしても、取締役は会社に損害を与えないようにしなければなりません。また、その取引が事前の報告どおりの内容になっているかなど、利益相反取引の経過や結果を取締役会で報告する必要があります。取締役会の承認を得た利益相反取引であっても、その取引が結果として会社に損害を与えているのであれば、たとえ落ち度はなかった(無過失であった)としても、直接取引の相手方となった取締役は会社に対して損害賠償責任を負います。取締役会での承認の際に賛成した取締役も利益相反取引を行った取締役と連帯して責任を負う場合があります。

●親会社等との利益相反取引について

親会社が子会社の利益を犠牲にして、自己の利益を優先するおそれがある取引が行われる場合があります。このような取引は、子会社の株主にとって、株価が下落する損失を負いかねません。そこで平成26年の改正で、利益相反取引にあたり会社の利益を害さぬよう留意した事項等を事業報告内容とするなど、不当な内容の利益相反取引が行われることを抑止しようとしています。

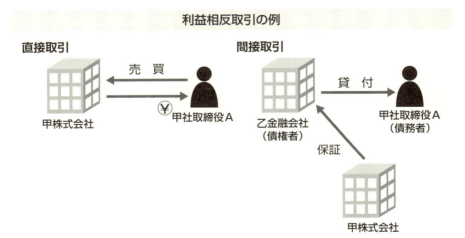

利益相反取引の例

7 財源規制
剰余金の分配などについて規制がある

●財源規制とは

株主に対する剰余金（利益）の配当や自己株式の取得については、限度が設定されています。無制限に剰余金の配当や自己株式の取得ができるということになれば、会社財産が食いものにされ、債権の回収を期待する会社債権者の利益を損ないます。そのため、剰余金の配当や自己株式の取得をする場合には、このような**財源規制**がなされています。

●剰余金の配当とは

会社があげた利益を株主に分配することを、**剰余金の配当**といいます。会社は営利を目的とする法人です。「営利」とは、単に会社自身が事業活動を通じて利益をあげることを意味するだけではなく、あげた利益を出資者に分配することを意味します。この出資者への分配が剰余金の配当ということになります。

剰余金とは、会社の純資産額から、会社に留保しなければならない資本金や準備金などを差し引いた額のことです。剰余金の配当は、株主総会の普通決議（議決権を行使できる株主の議決権の過半数をもつ株主が出席し、出席した株主の議決権の過半数によって行われる決議）で、いつでも行うことができます。また、取締役会設置会社は、定款で定めれば、1事業年度の途中で1回に限り、取締役会の決議で剰余金の配当をすることができます。これを**中間配当**といいます。

剰余金の配当は、分配可能額を超えて行うことはできません。分配可能額とは、剰余金の額から自己株式（会社の自社株）の帳簿価額などを差し引いた額のことです。無制限に剰余金の配当ができるとすれば、会社財産が不当に流出して会社債権者の利益を害する危険があるからです。

なお、配当後の純資産額が300万円未満となるような剰余金の配当も禁止されています。

●違法な剰余金配当の効力

分配可能額を超えてなされた剰余金の配当（いわゆる「たこ配当」）は、無効です。

まず、会社は、違法な配当を受けた株主に対して、その返還を請求することができます。また、会社債権者も、株主に対して、直接自分に返還するように請求することができます。さらに、取締役らに対して、以下に述べるような責任を課しています。

① 取締役の会社に対する責任

　分配可能額を超えて剰余金の分配がなされた場合には、取締役は分配された額を会社に支払わなければなりません。分配可能額を超える部分についての責任は、総株主の同意によっても免除することはできません（分配可能額までは総株主の同意によって免除することができます）。分配可能額の範囲を守って剰余金の配当を行った場合でも、期末に欠損が生じたときは、業務執行者（代表取締役など）は、会社に対し連帯して、その欠損額と株主に交付した金銭等の帳簿価額の総額のいずれか少ない方を支払う義務を負います。ただ、職務を行うにあたって注意を怠らなかったこと（無過失）を立証（証明）した場合には、責任を免れます。

② 取締役の第三者に対する責任

　取締役が分配可能額を超える配当であることを知って（悪意）、または、重大な不注意でそのことを知らずに（重過失）、違法な配当を行い、そのことによって第三者に損害を与えた場合には、連帯して賠償責任を負います。

●利益供与行為とは

　利益供与行為とは、株主の権利行使について、会社や子会社の計算で会社が財産上の利益を株主に与えることです。たとえば、株主総会で経営陣の責任を追及しようとしている株主がいるとき、会社がその株主にお金を与えて、だまらせるというような場合がこれにあたります。

　このような行為は、会社の経営をゆがめるだけでなく、会社財産を食いものにするものでもあるので、禁止されており、罰則も用意されています。

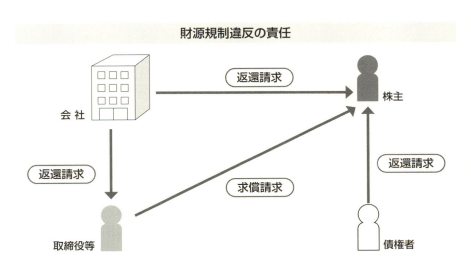

財源規制違反の責任

8 役員の責任免除
責任の免除の他に責任の軽減や責任限定契約もある

●取締役の責任は過失責任が原則

取締役は、任務を怠った場合に会社に生じた損害を賠償する責任を負います。会社に損害が生じた場合には、即座に責任を負うという規定になっていないのは、会社経営は、社会や経済の情勢に左右され、その時点で合理的な判断を行っても会社に損害を与えることが避けられない場合もあるためです。

任務を怠ったという過失責任（故意または過失がなければ責任を負わないこと）が原則ですが、利益相反取引をした取締役については任務懈怠があったと推定される場合があります。さらに、自己取引や利益供与を行った取締役は、無過失責任を負うとされています。

●取締役の責任の免除・軽減

株主代表訴訟が頻繁に提起されるようになると、逆に、「取締役ら役員の責任が重すぎるのではないか」という指摘もなされるようになりました。そこで、役員の責任を免除する制度の他に、一定の条件の下で責任を軽減する制度が設けられています。

① **株主の同意による責任の免除**

総株主の同意があれば、取締役ら役員の任務懈怠による責任、利益供与による責任を免除することができます。株主は会社の所有者ですので、株主が同意しているなら取締役に損害賠償責任を負わせなくてよいと考えられているためです。また、違法な剰余金配当による責任も、分配可能額の範囲に限って免除することができます。

② **株主総会決議による責任の軽減**

任務懈怠による取締役らの責任については、取締役ら役員が職務を行うにあたって善意であり（知らずに）、かつ、重大な過失（不注意）がない場合には、株主総会の特別決議（議決権を行使できる株主の議決権の過半数をもつ株主が出席し、出席した株主の議決権の3分の2以上の多数によって行われる決議）により、その責任の一部を免除すること（つまり責任の軽減）ができます。

免除されるのは、賠償責任を負うべき額から一定額を差し引いた額を限度とします。たとえば、代表取締役の場合であれば6年分の報酬、取締役の場合であれば4年分の報酬、社外取締役の場合は2年分の報酬などが本来の賠償責任額から差し引かれます。そして、差し引かれた後の残額を限度として役員の責任を免除することができます。

なお、責任軽減の議案を株主総会に提出する場合には、監査役全員の同意

③ **取締役会決議による責任の軽減**

取締役が2人以上いて監査役を設置する会社、監査等委員会設置会社、指名委員会等設置会社は、定款で定めれば、取締役会決議で役員の任務懈怠に基づく責任を一部免除（軽減）することもできます。取締役会非設置会社の場合は、責任を負う取締役以外の取締役の過半数で、責任の一部免除を決定します。②の場合と同様、取締役ら役員が職務を行うにあたって任務懈怠を知らず（善意）、かつ知らないことについて重大な不注意（重過失）がないことが必要です。免除が認められる限度額も、②の場合と同じです。

ただ、責任の原因となった事実の内容、役員の職務の執行状況などを考慮して、特に必要がある場合でなければ、責任を軽減することはできません。

④ **責任限定契約**

業務執行取締役以外の取締役（平成26年改正）、会計参与、監査役、会計監査人と任務懈怠の責任を限定する契約（責任限定契約）を締結できます。任務懈怠に基づく責任については、予め責任を限定する契約（責任限定契約）を会社との間で結ぶことができます。職務を行う際に、非業務執行取締役などが任務懈怠を知らず（善意）、かつ知らないことについて重大な不注意（重過失）がない場合には**責任限定契約**を結ぶことができることを定款に定めることができます。この契約を締結した場合、定款で定めた範囲内で予め会社が定めた額と責任限度額のどちらか高い方を限度として責任を負うことになります。

平成26年改正前はこの契約を結べるのは社外取締役でしたが、社外取締役の要件が厳格になったために、もっぱら経営に対する監督を行うことが期待される者については、事前にリスクを限定できるようになりました。

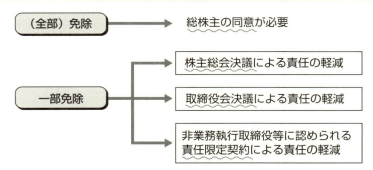

役員等の責任を免除・軽減する制度

役員らの第三者に対する責任

直接損害だけでなく間接損害についても責任を負う場合がある

●第三者に対する責任とは

役員ら（取締役、執行役、監査役、会計参与、会計監査人）の任務違反行為によって、会社以外の第三者（株主や会社債権者）に損害が発生した場合、取締役は、その第三者に対しても特別の責任を負います。

本来であれば、取締役と第三者との間には直接の契約関係がありませんから、取締役は第三者に対して民法上の不法行為責任を負うだけですむはずです。

しかし、株式会社は経済社会の中で重要な地位を占めており、しかも、その活動は取締役ら役員の職務執行に大きく左右されます。取締役の任務懈怠があれば、会社だけでなく、第三者にも多大な損害を与える危険があります。

そこで、会社法は、第三者を保護するために、取締役が直接、第三者に対して損害賠償責任を負う場合があることを認めています。第三者を保護することが何よりの目的なので、第三者は一般の不法行為責任に比べて、容易に責任を追及することができます。たとえば、第三者は役員らの加害意思や不注意を証明する必要がなく、必要な任務を怠っていることを主張すれば足ります。

●どのような場合に責任を負うのか

取締役に任務懈怠についての悪意（知りながら）または重過失（重大な不注意）があった場合に、それによって第三者が受けた損害を賠償する責任を負います。

第三者に対する加害行為そのものが、わざと、あるいは不注意によるものでなかったとしても、任務を怠ったことを知っていた場合や重大な不注意で知らなかった場合であれば、取締役の責任が認められるとしました。

●責任を負うべき損害の範囲は

第三者に損害が発生するケースとしては、まず、取締役の行為によって直接第三者が損害を被る場合（直接損害）があります。

次に、取締役の行為から1次的に会社が損害を受け、その結果として2次的に第三者が損害を受ける場合（間接損害）があります。たとえば、取締役の任務懈怠によって会社が倒産したため、会社に金銭を貸し付けていた人が貸金を回収できなくなったというような場合が間接損害の例です。

第三者を強く保護する必要がありますから、取締役は、直接損害だけでなく間接損害についても責任を負うこと

になります。

●第三者には株主も含まれる

取締役が責任を負うことになる「第三者」とは、取締役・会社以外の者という意味です。会社債権者はもちろん、株主も会社そのものではありませんから、第三者にあたります。また、会社の従業員も「第三者」に含まれます。

●不法行為責任との関係

不法行為責任は、契約関係にあるかどうかを問わず、違法行為をした加害者が、被害者に対してその損害を賠償するという責任です。これに対して、取締役の第三者に対する責任は、取締役の職務行為について第三者に生じた損害を取締役に賠償させるものです。

不法行為の場合は、相手方が取締役の故意（わざと）や過失（不注意）を証明しなければなりませんが、取締役の第三者に対する責任の場合は、取締役が自分に任務懈怠についての悪意（知りながら）や重過失（重大な不注意）がないことを証明しなければなりません。被害を受けた相手方から見れば、証明の点では、取締役の第三者に対する責任を追及する方が有利であるといえます。

取締役の第三者に対する責任

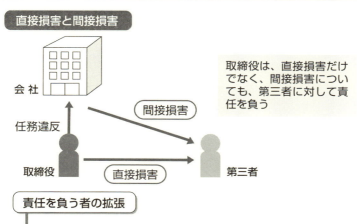

10 役員の解任と違法行為の差止請求権
株主や監査役は事前に差止請求をすることができる

●株式会社の役員の解任の訴え

株式会社の役員（取締役、会計参与、監査役）の職務執行について不正な行為または法令・定款に違反する重大な事実があったにも関わらず、その役員を解任する決議が株主総会で否決された場合、株主は裁判所に役員の解任を請求する訴えを提起することができます。

役員は原則として株主総会の普通決議によって解任することができますが、多数派株主によって選任された役員を総会決議によって解任することは、なかなか難しいのが現実です。しかし、不正な行為を野放しにしていては、結局、会社や株主の利益になりません。そこで、少数株主権の1つとして、**役員解任の訴え**が認められています。

なお、累積投票（2人以上の取締役を選任する場合、株主は所持する株式1株につき、選任する取締役の数と同数の議決権を持ち、1人のみ投票することも、2人以上に投票することもできる）によって選任された取締役や監査役の解任は、特別決議によることが必要とされています。

●違法行為の差止請求権とは

取締役が法令や定款に違反する行為をした場合には、会社に対する損害賠償責任を負い、株主代表訴訟などによってその責任を追及されることについては、前述したとおりです。

しかし、このような取締役の責任追及は、違法行為がなされた後に、事後的にとられる手段です。会社法は事後的な手段の他に、取締役の違法行為がなされる前に事前にそれを防止する手段を認めています。それが、株主と監査役（監査等委員会設置会社の場合には監査等委員、指名委員会等設置会社の場合は監査委員）による**違法行為差止請求権**です。

●株主の違法行為差止請求権

取締役が違法な行為をしようとしている場合、個々の株主は、会社のために、その行為をやめるように請求することができます。

本来であれば、会社が自ら取締役の違法行為を差し止めるべきですが、会社の業務執行に携わっている取締役が、自分や他の取締役の違法行為を止めることは必ずしも期待できません。そこで、株主に差止請求権を認めたのです。

株主による違法行為差止請求が認められるのは、取締役が会社の目的の範囲外の行為や法令・定款に違反する行為をし、またはそのおそれがある場合

で、その行為によって会社に著しい損害が生じるおそれがあるときです。監査役設置会社、監査等委員会設置会社または指名委員会等設置会社では、著しい損害発生のおそれではなく、回復することができない損害発生のおそれがなければ、差止請求ができません。

また、違法行為差止請求権は、公開会社の場合、6か月前から引き続き株式をもつ株主にだけ認められます。非公開会社の場合は、6か月の保有期間は不要です。

差止請求は、裁判以外で行うこともできますが、裁判所に訴え（差止めの訴え）を提起して行うのが通常です。差止めの訴えは、株主が会社に代わって行うものですから、株主代表訴訟と同様のものと捉えることができます。株主が勝訴した場合も敗訴した場合も、その判決の効果は、会社に及びます。

なお、指名委員会等設置会社においても、執行役の行為によって会社に回復することができない損害が生じるおそれがあるとき、6か月前から引き続き株式をもつ株主（非公開会社の場合は、6か月の保有期間は不要）は、執行役に対し、その行為をやめるよう請求することができます。

●監査役による違法行為差止請求権

監査役は、取締役会に出席することができますから、取締役の違法行為を見つけることができる地位にあります。そこで、監査役にも、取締役の違法行為差止請求権が認められています。

監査役の違法行為差止請求権は、取締役が会社の目的の範囲外の行為その他法律や定款に違反する行為をし、または、それらの行為を行うおそれがあり、その行為によって会社に著しい損害が発生するおそれがある場合に認められます。

違法行為の差止請求権

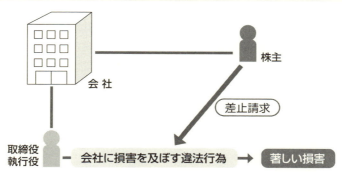

11 代表訴訟
会社に代わって株主が取締役の責任を追及する

● 株主代表訴訟とは

個々の株主が会社に代わって取締役らの責任を追及する訴えです。会社法では、**責任追及等の訴え**という名称で規定されています（会社法847条）。

取締役による権限濫用や違法行為というのは、会社にとっても望ましいものではないので、他の取締役が責任を追及できればそれに越したことはありません。ただ、実際のところ、同じ仲間同士である取締役に適正な責任追及を求めるのも難しいものがあります。そこで、会社法では、株主（＝会社）の利益を守る方法として、株主に取締役の責任を追及する手段が認められています。取締役などの役員としては、株主代表訴訟により役員の責任が追及されることもあるので、注意しなければなりません。

なお、会社が、取締役の責任を追及する訴えを提起しない場合には、株主にその理由を書面等の方法で通知しなければなりません。会社が取締役の責任を追及する訴えを提起しないことが、正当な理由によるものかどうかを株主に判断させるためです。

● 訴え提起の要件

株主から責任追及等の訴えを提起されるのは以下の要件を満たした場合です。

① **取締役の違法行為**

取締役の義務違反などの違法行為により会社に損害が生じた場合であることが必要です。

② **訴えを提起できる株主**

訴えを提起できるのは、原則として6か月前から引き続き株式をもっている株主です。

③ **会社への責任追及の請求**

株主から、「取締役○○に対して訴えを起こすことを求める」ことを内容とする書面が会社に届きます。その後、請求の日から60日以内に、会社として違法行為を行った取締役に対して訴えを提起しない場合に、株主から責任追及等の訴えを提起できることになります。

④ **不正な利益・加害の目的がないこと**

不正な利益を図る目的や会社に損害を与える目的での株主代表訴訟は認められません。

● 担保提供命令によって対抗する方法もある

株主代表訴訟の被告となった取締役は、株主の訴えに根拠がないと考えるのであれば、訴訟の係属している裁判所に対して、原告に担保の提供を命じるように請求することができます。これが**担保提供命令**です。株主の起こし

た代表訴訟が、事実的・法律的な根拠がなく、全株主の利益を適切に代表していない可能性が高いと判断された際に、高額な担保を提供させることにしておくことで、不当な訴訟を排除することができます。担保の提供とは、金銭を裁判所に対して預けることです。裁判所は、取締役の言うように株主のその訴えが事実的・法律的な根拠のないものであると判断した場合には、担保の提供を原告である株主に求めます。

裁判所が原告に対して担保提供を命令した場合、原告が担保を提供しなければ株主代表訴訟は却下されます。

●株主代表訴訟での早期の和解方法と条件

株主代表訴訟であっても和解はできます。和解とは、紛争の当事者がお互いの主張を譲歩し合って、紛争を決着させることです。株主代表訴訟で和解すると、取締役の責任追及の一部ができなくなるというデメリットがありますが、その反面で、訴訟を早期に解決することができるというメリットがあります。訴訟をむやみに長引かせるのは、株主にとっても不利益なので、早期解決を図るために、実際の株主代表訴訟での和解は、取締役の責任を軽減したり、免除する結果になるのが通常です。和解には、株主全員の承諾を得る必要はありません。

なお、会社が訴訟の当事者でない場合は、裁判所は、会社に対して和解の内容を通知して、異議があれば2週間以内に述べるように催告することになっています。会社が異議を述べなかったときは、和解することを承諾したものとみなされます。

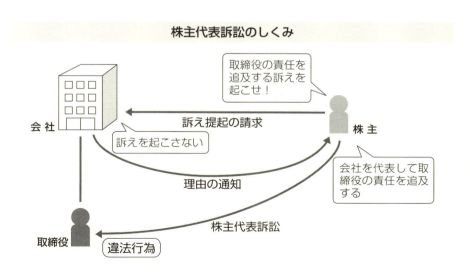

株主代表訴訟のしくみ

12 多重代表訴訟・旧株主による責任追及訴訟
親会社が訴訟を提起しない場合の訴訟手続き

◉多重代表訴訟とは

多重代表訴訟制度は、親会社の株主が子会社や孫会社の取締役の責任を追及できる制度です。

たとえば、ある会社の完全子会社が不祥事を起こしたとします。この場合、取締役に善管注意義務や忠実義務違反があれば、株主である親会社から子会社の取締役等に対し任務懈怠責任が追及できます。

しかし、実際には親会社がすべての株式を保有する完全子会社に対して、親会社の取締役と子会社の取締役の間にはなれあいが生じているため、責任追及等の訴えが行われることは期待できません。その場合に親会社の株主が責任追及できるようになっています。

◉原告・被告になるのは

新設された多重代表訴訟では、任務懈怠などの責任追及訴えの提起をする者（原告）の対象を親会社株主としています。具体的には、子会社の株式全部を、直接的あるいは完全子会社等を介して間接的に保有している最上位株式会社の株主（最終完全親会社等といいます）を原告適格として定めています。

逆に、不祥事を起こした子会社の株式が一部でも最終完全親会社等以外の者に保有されている場合は、原告にはなりえません。これらの要件を満たす最終完全親会社等の株主のうち、総株主の議決権の1％以上の議決権を有する株主か、発行済株式の1％以上の株式を有する株主が多重代表訴訟を提訴することができます。

次に、被告は最終完全親会社等の重要な完全子会社の取締役等とされています。具体的には、最終完全親会社等・完全子会社等が有する当該子会社の株式の帳簿価額が、最終完全親会社等の総資産額の5分の1を超えている場合に重要な完全子会社として扱われます。

◉多重代表訴訟の手続き

実際に最終完全親会社等の株主が多重代表訴訟を提起する手続きは以下のとおりです。まず、重要な完全子会社不祥事があった場合は最終完全親会社の株主より、取締役等の責任追及をする訴えを提起するよう子会社に対して請求します。この請求を受けてから60日以内に子会社が子会社の取締役等に対して訴えを提起しない場合、親会社の株主が訴訟提起をすることができるようになります。

なお、通常の株主代表訴訟では、

「株主会社への訴訟告知」と「株主に対する公告・通知」という手続きを経る必要があります。具体的には提訴する株主から株式会社への訴訟告知が行われ、告知を受けた株式会社は、公告を行うか株主に通知する方法により、すべての株主に株主代表訴訟が行われることを知らせることになります。

この点、多重代表訴訟では、当事者関係が多重構造になっているため、複雑です。まず、多重代表訴訟を提起した親株主から、子会社に訴訟告知を行います。告知を受けた子会社は親会社に通知を行い、通知を受けた親会社が、公告を行うか親会社のすべての株主に多重代表訴訟が行われることを通知しなければならないことになります。

●旧株主による責任追及等の訴えとは

旧株主による責任追及の訴えとは、株式交換や株式移転等によって会社の株主でなくなった場合でも、当該会社の完全親会社株式が交付されているときには、一定の範囲で訴訟の提起を行うことができるというものです。

たとえば、株主代表訴訟を行う際に、判決確定前に被告役員の会社が株式移転等をすると、原告株主は、当該会社の株主でなくなってしまい、原告適格を失ってしまうことになります。

これでは、恣意的に株式交換や株式移転を実行することで株主代表訴訟を免れることが実質的に可能になります。このような株式交換・株式移転によって失われる原告適格を補うための制度が旧株主による責任追及の訴えです。

株主代表訴訟が実際に提起されていない（準備中の）場合であっても、株式交換・株式移転等が行われる前に取締役等の責任が生じており、株式交換・株式移転等の効力発生時点で、訴訟提起を行う要件を有していた株主であれば、この訴えが提起できます。

多重代表訴訟のしくみ

①提起の請求
②60日以内に提起せず
③訴訟提起・告知
④通知
⑤公告等

最終完全親会社等 ← 重要な完全子会社
株主
任務懈怠の取締役等

13 取締役に科せられる罰則
刑法とは別に会社法にも罰則の定めがある

●どんな罰則規定があるのか

違法な行為を罰する法律としては、刑法がありますが、会社法では、特に会社の健全性を守るため、違法な行為を行った役員らに対して刑罰を科すものとしています。

会社法が定める罰則の主なものは、以下のように分けることができます。

① **取締役らの背信行為**

「取締役らの特別背任罪」と「代表社債権者らの特別背任罪」があります。背任行為とは、他人の事務を委託された者が、自己若しくは第三者の利益を図りまたは会社に損害を加える目的でその任務に背く行為をすることです。取締役は、会社に対して善管注意義務・忠実義務などを負う他、法令・定款上さまざまな義務を負います。そこで、取締役がこれらの任務に背く行為をすれば、会社に対する背任行為となり、特別背任罪となります。

② **会社財産に対する罪**

「会社財産を危うくする罪」と「預合の罪」があります。このうち預合とは、発起人らが銀行と示し合わせ、帳簿上借入れをし、それを払込みにあてる形をとり、この借入れを返済するまでは預金を引き出さないことを約束する行為をいいます。

なお、いったんは払込みを行った後、会社設立を待って払い込んだ金銭を引き出すという見せ金については、罰則はありません。会社財産の払込みを無効にするという点では、預合も見せ金も同じですが、見せ金には、罰則がない以上、見せ金行為をした者を処罰することはできません。

③ **株式などに関する罪**

「虚偽文書行使等の罪」と「株式の超過発行の罪」があります。発起人や取締役らが株式などの募集に関して虚偽の記載・記録をしたり発起人や取締役などが発行可能株式総数を超えて株式を発行した場合、刑事罰が科されます。

④ **汚職・不正な利益供与の罪**

「取締役らの贈収賄罪」と「株主らの権利行使に関する贈収賄罪」「株主の権利行使に関する利益供与罪」があります。発起人や取締役などが、職務に関して不正の依頼（請託）を受けて、財産上の利益を受け取るなどしたときに刑罰が科されます。

株主の権利行使については、贈収賄罪と利益供与罪の罰則規定があります。株主の権利行使について、このような罰則規定が置かれているのは、主に、「総会屋」（株主としての権利行使を口実に、会社に対して不正な経済的利益

を要求する者）の存在を念頭に置いているからです。会社の株式を取得して、株主となった総会屋が、経営者の弱みにつけ込み、金品を要求するのを防ぐという点に、これらの罰則規定の狙いがあります。

⑤ その他

「業務停止命令違反の罪」「虚偽届出等の罪」などがあります。他の種類の会社と誤認させる文字、会社であるかのような文字の使用、他の会社と誤認させるおそれのある商号の使用には、100万円以下の過料が科されます。

主な罰則規定

罪　名	主　体	行　為	罰　則
特別背任罪	発起人、取締役、執行役、監査役、会計参与　など	自己または第三者の利益を図る目的、会社に損害を加える目的で、任務に背く行為をし、会社に損害を加えること	10年以下の懲役または1000万円以下の罰金（両方の場合もある）
会社財産を危うくする罪	発起人、取締役、執行役、監査役、会計参与　など	株式などの引受による払込に際して、裁判所や総会で虚偽の申述、事実の隠ぺいをすること	5年以下の懲役または500万円以下の罰金（両方の場合もある）
	取締役、執行役、監査役、会計参与など	①会社の計算で不正に株式を取得すること、②法令・定款に反する剰余金の配当、③会社の目的範囲外の投機取引のための会社財産の処分	
預合い罪	発起人などや払込取扱機関	発起人らと払込取扱機関が通謀して、帳簿上、借入金の払込があったものとし、借入金の返済が済むまでその払戻しをしないとの約束をすること	5年以下の懲役または500万円以下の罰金（両方の場合もある）
贈収賄罪	発起人、設立時取締役、設立時監査役など	職務上、不正の請託（依頼）を受け、財産上の利益を収受し（受取り）、または要求・約束をすること	5年以下の懲役または500万円以下の罰金
	右の行為をしたもの	株主らの権利行使に関し、上の行為をすること	5年以下の懲役または500万円以下の罰金
株主の権利行使に関する利益供与の罪	取締役、執行役、監査役、会計参与など	株主の権利行使に関し、会社（子会社）の計算で財産上の利益を与えること	3年以下の懲役または300万円以下の罰金
	右の行為をした者	上の行為の実行について、威迫（脅し）すること	5年以下の懲役または500万円以下の罰金（両方の場合もある）

Column

内部告発と公益通報者保護制度

　従業員が内部告発をすることで、会社から報復的な措置を受けてしまうということになると、違法行為を察知していても通報することを控えてしまうのが心情です。そこで、企業の法令違反行為などを通報した者（内部告発者）を解雇や減給などの制裁措置から保護することを目的とする公益通報者保護法が作られ、平成18年4月から施行されています。

　この法律ができたことにより、公益通報を行ったことを理由とする解雇は無効とされ、降格や減給など不利益な扱いをすることも禁止されます。たとえば、労働者（正社員だけでなく、パートやアルバイト含む）が、その事業所で刑法・食品衛生法・金融商品取引法などの法律に違反するような行為が行われている（または行われる可能性がある）ことを通報した場合に、この法律の保護を受けることができるわけです。実際に内部告発者の正当性を認めた裁判例もあります。

　通報先は、①事業所内部、②行政機関（監督官庁など）、③事業者外部（新聞社など）となっています。ただし、事業者外部への通報が保護されるためには、証拠隠滅の恐れがある、人の生命や身体に危害が及ぶ状況にある、などクリアしなければならない条件があります。

　このように内部告発者を保護することを目的とした法律ですが、取引先や退職した元従業員など、部外者は保護の対象とされておらず、税法は対象とならない（脱税などの内部告発は保護対象とならない）など、法の実効性について問題点も指摘されています。

第6章

株式事務と株主総会招集手続き

1 株式と株主の関係
株式会社の社員の地位とそれを表す証券

●株式と株主について

株式とは、株式会社の社員（オーナー）としての地位であり、この地位をもつ者が株主です。つまり、株主とは会社の社員としての権利（株主権）をもつ者です。

株式の増減は、2つの面に影響がでます。1つは、株主数が増減するという面であり、もう1つは、会社財産の増減という面です。たとえば、資金調達のために公募によって新株を発行する場合（資金調達には新株発行・社債発行・借入れなどの方法があります）、新株を引き受けた者は、新たに株主となりますから株主数が増えることになります。また、会社に金銭などが出資されることになりますから、会社財産も増えます。もっとも、株式の増減が常に、株主数の増減や会社財産の増減をきたすわけではありません。たとえば、既存の株主だけに無償で新株を割り当てた場合などは、株主数も会社財産も増えません。

●株式譲渡は原則として自由

株主がオーナーとしての地位を退きたい場合、会社に出資した財産を返してもらうことは認められていません。そこで、株主が会社に出資した分を回収できるように、株式を自由に譲渡できるとしています（株式譲渡自由の原則）。もっとも、株式の譲渡により株主が見ず知らずの者に変わっては困るという会社は、定款によって株式の譲渡を制限することができます（147ページ）。

株券発行会社における株券の意義

株式会社の社員たる地位　　　株式を表章する有価証券

株式 →（有価証券化）→ 株券 →（自由譲渡可能）→

・現在の株式会社は株券を発行しないのが原則
・上場企業については株券の電子化により、株券不発行会社に移行している

2 株式事務
ステークホルダーに直接関わる重要な仕事

● どんな仕事なのか

株式事務とは、株式に関するあらゆる事務を指します。具体的には、下図のように非常に多岐にわたっています。

上場会社と未上場会社とでは、株式事務も内容が変わります。上場企業の場合は、株式事務のほとんどを証券代行会社や信託銀行、証券会社に任せ、自社内では定款や株式取扱規則（株式事務のやり方を定めた社内規則）などの整備・保管と決算関連・株主総会関連事務の一部、ストックオプション関連の業務を行うだけになっています。

一方、未上場企業の場合は、下図で挙げた株式事務を自社内で行うのが普通です。外部に委託するほどの仕事量がないということもあるのですが、プロジェクト業務が発生した場合などは非常に忙しくなることもあります。

株式事務は株式に関して利害を持った人々全員に対して行う事務ともいえます。利害を持った人々のことをステークホルダーと呼ぶこともあります。たとえば、単元未満株式を会社が買取ることなどが、株式事務に含まれます。会社は株式事務を行うに当たり、取扱い場所や、そこで株主に配当される金額などを、適切に株主に知らせることで、ステークホルダーの利益を保護しなければならないと考えられています。

株主の管理事務をする上で、株主に印鑑登録を求め、手続書類を提出してもらう際には必ず登録してもらった印鑑を押してもらうことを株式取扱規則に明記します。それにより、提出された書類が株主からのものなのかどうかを判断しやすくなります。

株式事務の種類

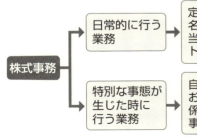

株式事務	日常的に行う業務	定款・社内規則・議事録の作成・保管、株主名簿の管理、株式譲渡関係の事務、決算・配当関係の事務、株主総会の関係の事務、ストックオプション関係の事務、ＩＲ・ＳＲなど
	特別な事態が生じた時に行う業務	自社株の取り扱いに関する事務や手続、増資および新株発行の事務や手続、企業再編に関係する事務や手続、従業員持ち株会に関する事務や手続、など

3 株主の権利と義務
会社に対してさまざまな権利をもっている

●株主の権利

株主は、株式会社の社員として会社に対してさまざまな権利（株主権）をもちます。株主権は、法律で規定されることが多いのですが、定款の規定により認められるものもあります。株主権は、一般に、①自益権と共益権、②単独株主権と少数株主権というように分類されています。株主が権利を行使してきた場合、株主名簿を確認し、保管振替制度を利用している株主については、権利の行使ごとに保管振替機関に通知することが必要です。

① **自益権と共益権**

自益権とは、株主が会社から経済的利益を受けることを目的とする権利です。剰余金配当請求権や残余財産分配請求権、株式買取請求権などがあります。**自益権**は、株主の中心的な権利なので、会社は一切与えないとすることはできません。**共益権**とは、株主が会社の経営に参加することを目的とする権利です。株主総会の議決権が代表的ですが、取締役などの違法行為に対する差止請求権などの監督是正権（会社経営者を監督し誤りをただす権利）もあります。

多くの株主の関心は経済的利益を得ることにありますから、自益権は重要だといえますが、会社経営が健全に行われるためには、共益権も重要です。

② **単独株主権と少数株主権**

単独株主権とは、1株しかもたない株主でも行使できる権利のことです。**少数株主権**とは、総株主の議決権の一定割合以上または一定数以上の株式をもつ株主だけが行使できる権利のことです。

自益権と一部の共益権は単独株主権です。共益権の中には、少数株主権とされているものもあります。少数株主権の例としては、総会の招集を請求する権利である株主総会招集請求権の他、会社の会計帳簿や書類の閲覧・謄写を請求する権利である帳簿閲覧請求権、取締役等の解任請求権などがあります。

●少数株主権の行使要件の基準

少数株主権は、「一定割合または一定株数」以上をもつ株主に認められる権利です。

たとえば、株主総会の招集請求権は、総株主の議決権の100分の3以上の議決権を6か月前から引き続きもっている株主が行使できるとされています（非公開会社の場合は、6か月の保有期間は不要）。

また、株主総会の議案の要領を株主

に通知することを請求できる権利は、取締役会設置会社では、総株主の議決権の100分の1以上の議決権または300個以上の議決権を6か月前から引き続きもっている株主が行使できるとされています（非公開会社の場合は、6か月の保有期間は不要）。

●単独株主権の行使要件の基準

これに対して、単独株主権は、文字どおり1株をもつ株主1人でも行使できる権利ですが、株式の保有期間が定められている場合もあります。たとえば、取締役の違法行為の差止請求権は6か月前から引き続き株式をもっている株主が行使できるものとされています。もっとも、非公開会社では、この6か月という保有期間は不要で、単に株主であれば足ります。

●株主の義務

株主にはさまざまな権利が認められていることとは対照的に、株主に課せられている義務は株式の購入代金についての支払義務だけです。株式会社における株主の責任は、購入した株式の引受価額を限度とする有限責任とされているため、株主が会社の債務の支払義務や追加の出資義務を負うということはありません。

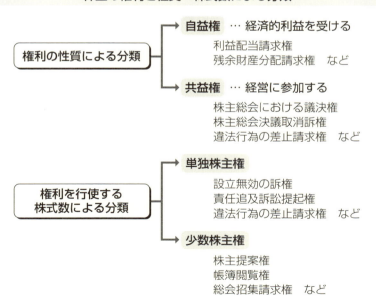

株主の権利と性質・株式数による分類

- 権利の性質による分類
  - 自益権 … 経済的利益を受ける
    - 利益配当請求権
    - 残余財産分配請求権　など
  - 共益権 … 経営に参加する
    - 株主総会における議決権
    - 株主総会決議取消訴権
    - 違法行為の差止請求権　など
- 権利を行使する株式数による分類
  - 単独株主権
    - 設立無効の訴権
    - 責任追及訴訟提起権
    - 違法行為の差止請求権　など
  - 少数株主権
    - 株主提案権
    - 帳簿閲覧権
    - 総会招集請求権　など

株主平等原則と種類株式
議決権や配当などについて内容の異なる株式を発行できる

●株主平等原則

株主の会社に対する権利は、すべて平等です。つまり、各株式の内容は原則として同一で、その有する株式数に応じて、すべて平等に取り扱わなければなりません。これを**株主平等の原則**といいます（会社法109条）。株主平等原則に反する会社の行為は無効で、刑事罰の対象になる場合もあります。

しかし、株主によって株式会社に対して求めるものは異なります。そのような株主のニーズに対応するために、さまざまな内容の株式を発行する必要があり、株主平等原則の例外として種類株式の制度が設けられています。

●会社法に規定されている種類株式

種類株式については会社法108条に規定されています。以下の9つの事項を、一部の例外を除いて自由に組み合わせて作ってよいとされています。

具体的には以下の9つがあります。

① 剰余金の配当に優劣をつける
② 残余財産の分配に優劣をつける
③ 議決権の制限を設ける
④ 株式の譲渡制限を設ける
⑤ 株主の要求で他の株式に転換できる規定を置く（取得請求権規定）
⑥ 会社が一定の事由が生じたことを条件としてその株式を取得できる規定を置く（取得条項規定）
⑦ 株主総会の決議で会社がある種類のすべての株式を取得できる規定を置く（全部取得条項規定）
⑧ 株式数に関わらず、株主総会の決議を覆すことができる権利をつける（拒否権）
⑨ 対象となる株の保有者だけで取締役や監査役を選べる権利をつける（役員選任権）

●実務上取り扱われている種類株式

実務で活用されている種類株式には以下のようなものがあります。

・**普通株式**

剰余金の配当や残余財産の分配について標準的な地位をもつ株式です。

・**優先株式**

種類株式に与えられる特性のうちの①と②の特性を持った株式です。剰余金や配当を他の株主よりも優先して受け取れる権利を与えられますが、議決権に制限を加える場合が多いようです。

・**劣後株式**

剰余金や配当を受け取る権利が他の株主に比べて劣る株式です。

・**混合株式**

前述した①から⑨の特性のうち、あ

る特性に関してだけ他の株主よりも優位な権利を持ち、それ以外の権利に関しては劣る権利しか持たない株式です。

・**議決権制限株式**

議決権の全部を制限する株式を発行することも、議決権の一部を制限することも可能です。公開会社の場合は議決権制限株式の発行数は、発行済み株式数の2分の1までに制限されますが、非公開会社ではこのような制限はありません。

・**譲渡制限株式**

譲渡制限の定めをした株式というのは種類株式の一種だということを理解しておきましょう。

・**取得請求権付株式**

会社法では取得による株主への対価として他の種類株式や現金の他、社債など有価証券を幅広く認めています。

・**取得条項付株式**

前述した⑥の特性を持ちます。予め決められている一定の条件（取得条項）が発生した場合に、会社は株主から強制的にその株を買い取ることができます。

・**全部取得条項付株式**

前述した⑦の特性を持ちます。会社が事業の再生などで100％減資をしなければならなくなったような場合に株主総会の決議だけで減資できるというメリットが会社側にはあります。

・**拒否権付株式**

拒否権付株式とは、予め定款で定めた事項について、拒否権を持つ種類株式のことです。前述した⑧の特性を持つ株式の典型です。その事項については、他の株主が賛成していたとしても、拒否権付株式をもつ株主の賛成が得られなければ決議が成立しないため、企業買収の阻止などのために利用されます。

・**役員の選任権付株式**

前述した⑨の特性を持ちます。役員選任権をつけた種類株式については、指名委員会等設置会社と公開会社では発行が認められていません。

優先株・普通株・劣後株

剰余金の配当について異なる内容の3つの株式

優先株	普通株	劣後株
500円	400円	300円

⇒ 剰余金の配当について、異なる3つの種類の株式を発行している！

5 株主名簿
株主の氏名、住所、持ち株数などが記載された帳簿

●株主名簿とは

株主の氏名や名称（法人の場合）、住所や持ち株数などを記載した帳簿を**株主名簿**といいます。株式会社は、株主名簿の作成を義務付けられています。

会社法によると、会社は、作成した株主名簿を本店に備え置かなければなりません。実際には、株主名簿を作成し、備え置くという事務については、株主名簿管理人が行う場合が多いようです。

ある日時において株主名簿に記載がある者のみが権利を行使できると会社が定めた場合、この日時を**基準日**といいます。

名簿自体に法律で定められた書式はなく、取締役会の決議も必要ありません。また、電子記録による作成も可能です。書式は自由ですが、記載事項は会社法で規定されています。具体的には、①株主の氏名または名称および住所、②株主の所有する株式の種類および数、③各株式の取得年月日、④株券が発行されている場合は各株主が所有する株券の番号となっています。

●閲覧・謄写請求への対応

会社は、株主や債権者が営業時間内に理由を明らかにして閲覧や謄写を請求してきた場合には、原則としてこれに応じなければなりません。閲覧とは、株主や債権者などの請求者が、株主名簿を調べ、読むことをいいます。株主名簿を書き写すことを謄写と言います。

なお、嫌がらせや会社の営業を妨害する目的で閲覧や謄写の請求がなされた場合には、正当な理由がありませんから、会社側が請求を拒んだとしても問題はありません。株主名簿の閲覧等を認めることで、株主の権利等の確保や業務妨害から保護する目的です。以前は株式会社の業務と実質的に競争関係にある事業に関与する者等からの、閲覧等の請求を会社が拒絶できるという規定がありましたが、この目的と無関係と考えられたため、廃止されました。

●名義書換とは

株主として権利行使するにあたっては、本当の株主なのかどうかを証明することが必要です。そのルールが株主名簿の書換えです。株主名簿に名前を記載することですが、書換えにより初めて株主として権利を行使できます。

売買や贈与による書換えについては、株式発行会社の場合、株主から株券を提示されれば会社は原則、無条件で書換えに応じなければなりません。

一方、株券不発行会社の場合、株式を譲渡した人と譲り受けた人の両方が連名で株主名簿の書換えを求めます。会社が不当に名義書換えに応じない場合、一般に、株式を譲り受けた者は、名義書換えを経なくても、自身が株主であると会社に対して主張することができます。

相続や合併などの名義書換の場合、正当な相続人や合併による株主であることの証明書と、株券が発行されている場合はその株券の提出を求めます。

ただし、上場会社の株式の管理などについて、証券保管振替機構（ほふり）や証券会社に開設された口座で電子的に行う株式等振替制度を利用しているのであれば事情が異なります。株式等振替制度では、株式の売買はすべて証券保管振替機構に参加している証券会社をはじめとする金融機関の振替口座を通して行われます。したがって、口座に売買の記載があれば、株主名簿の名簿書換えによらなくても、その時点で所有権が移ったことが証明されます。

●基準日後の権利行使の可否

株主総会の議決権や剰余金配当請求権などを行使できる株主を、一定時点の株主に確定したい場合に意味をもちます。たとえば、その年の3月31日の時点で株主名簿に記載されていた株主だけが株主総会で議決権を行使でき、剰余金の配当を受けることができるという扱いにすることができます。

基準日後に株式を取得して株主になった者は、原則として権利行使のために基準日が定められた株主権を行使できません。

ただし、これには例外があります。会社は、株主総会（種類株主総会も含む）の議決権については、基準日後に株式を取得した者であっても権利を行使できると会社が許可を与えることもできます。

株主の権利移転と権利の行使

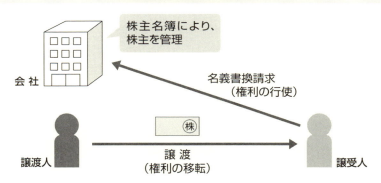

株式譲渡自由の原則と制限

法律・定款・契約に基づく制限がある

●株式譲渡自由の原則と株式譲渡制限

株主といっても大金持ちの人ばかりではありませんし、急にお金が必要になる場合もあるかもしれません。一度出資したらお金を取り戻せないとしたら、怖くて出資できません。そうなると、「社会に散在する資本を集める」ことなどできなくなってしまいます。もっとも、株主が出資した額について、自由に返還を求めることができるとしてしまうと、株式会社の財産的基盤は株主からの出資であるため、会社の基盤が揺るがされかねません。そこで、会社法は株主に株式を譲渡することを認めました。もともと株式会社においては社員の地位が株式となっていて株主の個性は重視されません。ですから、他人に株式を自由に譲渡できるものとしても不都合はありません。

また、株式会社には出資を払い戻す制度がありませんので、株主にとっては、株式の譲渡が株式を取得するのに要した資金を回収する唯一の手段です。そこで、お金を取り戻す機会を確保できるように、会社法では**株式譲渡自由の原則**を規定しています。

ところが、例外的に株主の出資した資金の回収に支障が生じない範囲で、株式の譲渡が制限されることがあるのです。

譲渡制限が生じるケースとして、法律による譲渡制限、定款による譲渡制限、個別的な契約による譲渡制限があります。

●法律による譲渡制限

まず、法律による譲渡制限として以下のものがあります。

① 権利株の譲渡制限

権利株とは、簡単に言うと株式発行の効力発生前の株式引受人の地位です。効力がまだ成立していないのに株式を

株式譲渡自由の原則と例外

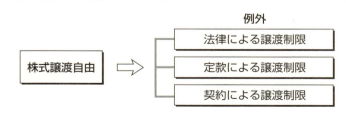

自由に譲渡できるとすると、仕事が増えて会社の事務が滞ってしまうため、譲渡の効力を会社に主張できないとされています。ただし、当事者間での譲渡の効力は有効と考えられています。

② **株券発行前の株式の譲渡制限**

　株式発行の効力は発生したが、まだ株券を発行していないのに、好き放題譲渡されると会社の円滑な事務処理が阻害されかねません。そこで①と同様に、株券発行前の株式の譲渡は法律で制限されています（会社法50条2項、128条2項）。ただし、譲渡の効力を会社に主張できないだけで、当事者間での譲渡の効力は有効であると考えられています。

③ **子会社による親会社株式の取得の制限**

　子会社は親会社の株式を持ってはいけないという規制です。親会社は子会社の株式をたくさん持っていてそれを行使して子会社の経営に関与します。この場合に子会社が親会社の株式を取得できるとすると、適切な権利行使を期待できません。たとえば、親会社の株主総会で子会社が議決権を行使する際、親会社の取締役が、親会社の取締役にとって利益になるように議決権を行使するように子会社に圧力をかけることが考えられます。そこで子会社は親会社株式を取得してはいけないという規制もなされています（会社法135条1項）。

● **定款による譲渡制限**

　現実には、株式会社といっても、身内だけで事業を営む小規模会社が圧倒的多数です。このような会社では好ましくない者の経営参加を阻止する必要があります。そこで会社法は、定款で定めることにより株式譲渡制限株式を発行することを認めています。

● **個別的な契約による譲渡制限**

　さらに、個別的な契約に基づいて株式譲渡が制限されることがあります。契約による株式譲渡の制限ですので、株式譲渡制限の契約の効果を契約の当事者以外に対して主張することはできません。

取締役会非設置会社が定款で譲渡制限をする場合の規定例

（株式の譲渡制限）
第○条　当会社の株式を譲渡により取得するには、株主総会の承認を受けなければならない。但し、当会社の株主が当会社の株式を譲渡により取得する場合は、株主総会の承認をしたものとみなす。
2　前項で定める株式の譲渡を株主総会が承認しない場合、当該株式は株式会社○○○○が買い取るものとする。

7 株式譲渡
証券保管振替機構に預けていなければ名義の書換えが必要になる

●株式が譲渡されたときの手続き

　株式の譲渡とは、株主としての権利を他者に移すことをいいます。株式の譲渡は自由に行うことができるのが原則です。しかし、会社にとって望ましくない者が株主になってしまうことを防ぐ手段も必要です。そこで、例外としてはまず、定款に株式譲渡制限のある場合が挙げられます。

　株券発行会社でも不発行会社でも、株式の発行会社や当事者以外の第三者に対して譲渡の事実を証明し、譲り受けた人が株主の権利を主張するには、株主名簿の書換えが必要です。

　なお、平成21年1月以降上場企業の株式については株券の電子化に伴い、株券はなくなり電子情報に切り替わっているため、株式の売買が行われたとしても名義書換手続きは不要です。

●なぜ譲渡制限するのか

　株式の譲渡制限とは、会社が株主に対して自社株式の譲渡に制限を設けることです。この制度の趣旨を一言で言いますと、「株式会社が投資家から投資を受けやすくすると同時に非公開会社が買収の危機を回避できるようにした」ということになります。非公開会社とは発行されているすべての株式に譲渡制限がある会社です。多くの中小企業は株式譲渡制限に関する規定を設けています。

　譲渡制限株式を譲渡する場合には図（149ページ）のような手続きが必要になります。株主は、会社に対する譲渡承認が否認された場合を見越して、予め別の譲受人（指定譲受人）を指定するように会社に請求することもできます。株式の買取り価格は1株当たりの純資産額などとされています。

●譲渡制限を廃止するには

　株式を上場か店頭公開することを決めた企業は、公開会社になるために、株式の譲渡制限を廃止しなければなりません。廃止にはまず、株主総会の特別決議により、定款を変更します。特別決議で承認された時点で譲渡制限の効力はなくなると考えられています。

　次に登記の変更を行います。本店所在地では特別決議をしてから2週間以内、支店所在地では3週間以内に変更の登記をすることが義務付けられています。

●株式の譲渡承認の手続き

　譲渡制限のある株式を譲渡したい株主と譲受人との間で譲渡契約を結びま

す。この時点で当事者間では譲渡の法的な効力が発生します。次に譲渡人か譲受人のどちらかが会社に対して譲渡の承認を請求します。譲渡の承認が得られれば、譲渡は会社に対しても法的効力が発生します。最後に譲渡人と譲受人の両方が共同で株主名義の書換えを請求します。

なお、譲渡承認機関が譲渡を承認しない場合には、定款で予め会社が決めておいた譲渡先に株式を譲渡させることもできます（会社法140条4項）。この制度を活用することで、株式の譲渡を希望した株主が株式を手放せる一方、会社が望ましくないと思っている人物を株主にすることを防ぐことができます。もっとも、会社が譲渡承認をしない場合、譲受人が株主であることを会社には主張できませんが、当事者間の譲渡契約自体は有効であることに注意が必要です。

●株式譲渡制限の形態

定款への記載により発行するすべての株式に譲渡制限をつけることも、特定の株式だけに制限をつけることもできます（会社法107条1項、108条1項）。つまり、優先株・普通株・劣後株といった複数の種類の株式を発行した上で、自由に譲渡されることを防ぎたい株式についてだけ譲渡制限をつける、といった対応をすることもできます。

また、取締役会以外の機関についても承認機関となることができます。以前は取締役会だけにその役割が認められていましたが、現在は定款でそれ以外の機関でも承認機関になることができます（会社法139条1項）。

株式の譲渡承認の手続きの流れ

譲渡人と譲受人による譲渡契約 → 承認請求者（譲渡人または譲受人）による承認請求 → 承認機関（株主総会や取締役会など）による決定 → 譲渡承認／譲渡不承認 → 会社による買取／指定買取人による買取 → 承認請求者への通知 → 譲渡価格の協議 → 価格決定／争いあり → 裁判所で価格決定

8 自己株式の取得
自己株式の取得は原則として可能である

●自己株式の取得の自由
自己株式とは、株式会社が発行した自らの株式のうち、その会社自身で保有している株式のことです。会社が自社株を自由に保有・売却できることにより、会社同士の企業結合を円滑に進めるというメリットがもたらされます。

また、市場に出回る株式の量を調節することにより、株価対策を行うこともできます。

ただし、会社が自己株式を自由に取得できるとなると、会社財産が過大に払い戻される、あるいは、会社による相場操縦のおそれといったデメリットも生じます。さらに、会社が特定の株主の株式だけ高値が買い取ると株主間の平等を害してしまいます。

そこで、自己株式を取得する場合には、会社法上の財源規制や、金融商品取引法の手続きを遵守させることで会社に損害が生じさせないしくみが整えられています。

●自己株式の株主権の内容
会社が取得した自社の株式による株主権を会社が行使することはできません。

もし、会社が持つ自己株式に議決権が認められることになってしまうと株主総会は骨抜きになってしまいます。

そのため、たとえば、利益配当請求権・残余財産分配請求権といった自益権（会社から経済的な利益を受けられる権利）、議決権を含むすべての共益権（会社の経営に参加することができる権利）の行使は認められていません。

●自己株式取得の手続き
会社法は会社が自己株式を取得する手続きを156条以下で規定しています。会社が自己株式を取得するためには、まず株主総会で取得できる株式の種類と株数および取得にかけることができる金額の上限を決議します。

会社が株主全員を対象として、自己株式を取得しようとする場合は、株主総会の普通決議を経なければなりません（会社法156条1項）。

これに対して、特定の株主から買い受ける場合には、会社がその特定の株主と他の株主を差別して取り扱わないようにするため、普通決議よりも多数の賛成者がいないと承認が認められない特別決議による承認を経なければなりません。さらに、この決議を経るためには、他の株主に対して、自己を特定の株主に加えることを株主総会の議案とすることを請求する機会を与えなければなりません。つまり、他の株主

にも売却の機会を与えなければならないのです。

以上のような手続きを経て、取締役または取締役会が有償取得の決定をし、取得対象の株主に通知をします。

●特定の株主からの取得の例外

特定の株主からの取得手続きの例外として、①市場価格がある場合の取得、②相続人からの取得、③子会社からの取得があります。

①は上場により市場価格があり、その価格で株式を取得する場合です。この場合は会社が適切な価格で取得しており、会社財産が過大に払い戻される危険がないため、前述した他の株主に売却機会を与えないで取得することができます。②は株式の保有者の死亡により相続が生じたため、会社が保有者の相続人から取得する場合です。非公開会社の場合、通常は株主が入れ替わることを予定しておらず、相続で株主が替わるとかえって不都合です。そのため①と同様、他の株主に売却機会を与えないで相続人だけから取得することが認められています。③の場合は株主総会の普通決議（取締役会設置会社の場合は取締役会）によって子会社が保有する親会社の株式を親会社が取得できます。

●市場からの取得

株式を株式市場に上場している会社であれば、市場から自己株式を取得することもできます。市場取引とは、株式市場で自己株式の買付けをすることで、証券取引所や店頭市場で行うことができます。市場取引で自己株式を取得する場合は、株主総会の普通決議で自己株式の取得ができます。また、定款に定めておけば、取締役会の決議だけで市場などからの自己株式を取得できます。

自己株式の有償取得の手続き

株式公開買付制度
市場外で自己株式を取得する場合、原則として公開買付けを行う

●取締役会決議による自己株式の取得

自己株式を株主との合意により取得する場合は、株主総会の特別決議を必要とするのが原則です（会社法156条、309条2項）。

しかし、会社法は、取締役会設置会社が定款で定めることにより、取締役会の決議だけで市場取引などの方法によって株式を取得できると規定しています（会社法165条2項）。公開会社は取締役会の設置を義務付けられていますから、公開会社であれば、株主総会の決議以外の方法で自己株式を取得することができるわけです。以下で説明する**公開買付制度**も、取締役会決議による自己株式の取得ということになります。

●公開買付制度のしくみ

公開買付制度とは、公告することで不特定多数の株主に対して株式を買い付ける申込みを行うことをいいます。

株式の発行会社が、自社の発行している株式を買い付ける場合に公開買付制度を利用する場合の他に、公開買付制度を利用して、株式発行会社以外の会社が他社の株式を買い付ける場合があります。

上場会社や店頭公開をしている会社の株式を取引市場外で買い付けるには、公開買付けをしなければならないことになっています。

このルールを自己株式の取得にあてはめた場合、取得株式数が非常に少ないときは市場から買い付ければよいことになります。また、大量に取得する場合であっても、特定の株主との間で取得するのであれば、公開買付制度は適用されません。

しかし、不特定多数の株主からの大量買付けになる場合は、市場で買い付けようとすれば、株価の急騰をはじめ、市場を混乱させるおそれがありますので、取引市場外での取引を選択せざるを得ません（時間外の市場取引による大量買付けは規制されています）。つまり、不特定多数の株主から大量の自己株式を取得する場合は必ず公開買付けによらなければならないことになります。

大量の自己株式とは、たとえば、3か月の間に市場の内外から10％以上（このうちの5％は市場外から）の株式を取得することによって、発行済み株式全体の3分の1を超える株式を保有することになる場合（3分の1ルール）です。また、誰かによって公開買付けが行われている間に、すでに発行

済み株式の3分の1を保有している株主が5％を超える買付けを行うときも公開買付制度を使うことが義務付けられています。

なお、株式公開買付のことをTOB（takeover bid）ということもあります。

●どんな規制があるのか

公開買付制度は、一定の期間に大量の株式を買い取ることができるため、買収防衛の自己株式取得の他にも、企業買収などの事業再編に幅広く活用できます。したがって、既存の株主などの利害関係者の保護のためにさまざまな規制が設けられています。

まず、会社が買付けを始めることを公告してから10営業日以内に買付けの理由などを表明する「意見表明報告書」を公表しなければなりません。公開買付けの意味を投資家にしっかりと説明することが義務付けられているわけです。

全部買付けの義務もあります。公開買付けによって発行済み株式の3分の2を所有することになった場合、買付けに応募した株主全員から株式を買い取らなければなりません。上場廃止になった後に株主に不利益が生じるのを防ぐためです。

インサイダー取引規制も重要です。公開買付けを決めるのは、取締役会です。したがって、取締役会のメンバーが最初に公開買付けの事実を知る立場にもあるわけです。このような重要事実を発表前に利用して自社株式を売買し、利益を上げたとすると問題です。

このようなインサイダー取引を防止するために金融商品取引法は役員や主要株主の短期売買には利益の返還義務を設けると共に、違反者に対しては懲役・罰金といった刑事罰を科すことになっています。

公開買付けの流れ

公開買付けの開始公告（公開買付けの開始）
▶▶▶
開始公告の日に公開買付届出書を提出する
▶▶▶
対象会社による意見表明報告書の提出
▶▶▶
公開買付者は意見表明報告書の質問に対して、対質問回答報告書を提出する
▶▶▶
公開買付けの終了
▶▶▶
公開買付者は、応募株主に対して公開買付説明書を交付する
▶▶▶
内閣総理大臣に公開買付報告書を提出する

10 株式等売渡請求
大株主が少数株主の排除を容易にした制度

●特別支配株主の株式等売渡請求

特別支配株主が、その株式会社の承認を得ることにより、自分以外の少数株主に対して、その保有する株式の売渡しを請求することができます。

特別支配株主とは、自らまたは自らが発行済株式の100％を保有する法人が、ある株式会社の株主総会での総株主の議決権の90％以上を保有している者のことです。

平成26年の会社法改正により創設された特別支配株主の株式等売渡請求は、株主総会の決議が不要で、税制上も株式譲渡益のみに課税される制度です。特別支配株主の株式等売渡請求の目的は、特別支配株主が少数株主を排除して、その株式会社の株主の議決権の100％を保有することにより、経営の意思決定の迅速化、柔軟な経営の実現、株主管理コストの削減などを図ることです。また、法人が特別支配株主である場合、完全子会社化を実現するために、株式等売渡請求を活用することもできます。

●株式等売渡請求の手続き

まず、その請求する者自身が特別支配株主の要件を満たしていることが必要です。特別支配株主の要件は、その株式会社の総株主の議決権の90％以上を保有していることです（定款でさらに高い比率を定めることも可能です）。保有株式の議決権がこの比率に満たない場合には、公開買付けや自己株式の取得によりこの比率を増やさなければなりません。

そして、売渡請求を望む場合には、まず、株式会社に対してこの請求をします。この請求を受けた株式会社は、取締役会または取締役が協議して、この請求に対する承認の是非を決めます。ここでは、売渡しを要求される個々の少数株主の同意は不要です。同様に、株主総会での決議も不要です。必要なのは、あくまでも会社の承認のみです。

会社の承認を得た後、株式会社が、売渡しを要求される少数株主に対して、通知または公告をします。この通知または公告により、株式売渡請求がなされたものとされます。

特別支配株主（以下請求人という）は、取得請求の際にその株式の取得日を定めます。この取得日の前日までの間であれば、株式会社の承認を得た場合には、請求人はこの請求を撤回できます。取得日が到来すると、自動的に少数株主の保有する株式の所有権は請求人が取得します。

なお、請求人は、少数株主に対して、原則として、その取得日に、その株式の所有権の譲渡の対価を支払わなければなりません。しかし、株式の所有権の移転と、その対価の支払いは、同時履行の関係にはないとされているため、対価の支払いが未払いであっても、株式の所有権は請求人に移ります。

●事前に売渡株主を保護する方法

特別支配株主の株式等売渡請求を承認した株式会社は、株式や新株予約権を売り渡すことになる特別支配株主以外の少数株主等（以下、売渡株主等という）に対して、売渡請求をした者の氏名、名称および住所や、取得の対価に関する事項などを開示しなければなりません。

●事後に売渡株主を保護する方法

特別支配株主の株式等の売渡請求を株式会社が承認され、通知や公告、記録書面の本店備置きも適切に行われた場合、売渡株主等の株式等の権利は特別支配株主に移転します。

この場合、株式会社は、取得日後遅滞なく、取得日から6か月を経過するまで、一定の事項を記載した書面またはそれを記録した電磁的記録を本店に備え置かなければなりません。一定の事項とは、この請求により特別支配株主が取得した売渡株式の数その他当該売渡請求による株式の取得に関する事項です。株式を売り渡した元株主等は、会社の営業時間内はいつでも、当該書面または電磁的記録を閲覧・謄写をすることができます。

なお、この特別支配株主の売渡請求は、株主総会が不要であり、売渡株主が事前に異議を述べる機会がありません。また、取得日に売り渡される株式の対価が未払いでも、売渡株主から特別支配株主に、株式の権利が移動します。そこで、不利益を被る売渡株主を保護するために、同じく平成26年改正により**売渡株式等の取得無効の訴えの制度**が設けられました。

特別支配会社の株式等売渡請求の流れ

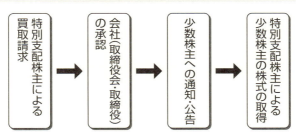

全部取得条項付種類株式の取得手続き
少数株主の権利保護のための手続きが導入された

●全部取得条項付種類株式を用いる方法

会社にとって都合が悪い株主を、会社から締め出す(キャッシュ・アウト)手法として、**全部取得条項付種類株式**を用いる方法が注目されています。全部取得条項付種類株式を用いるキャッシュ・アウトの手順としては、まず、株主総会の特別決議で、全部取得条項付種類株式の発行ができるようにします。続いて、発行済株式のすべてを全部取得条項付種類株式に転換します。その後、株主総会の特別決議で、全部取得条項を実行します。会社が株主に交付する取得対価については、金銭の他に、別に発行する種類株式を割り当てる方法もありますが、金銭を交付する取得条項の実行により、発行済株式のすべてが自己株式となり、株式会社が議決権の100%を取得します。

このような方法により、全部取得条項付種類株式を利用して、キャッシュ・アウトが行われてきました。

●少数株主の権利保護

全部取得条項付種類株式によるキャッシュ・アウトには、締め出される少数株主の保護が不十分であるという問題がありました。そこで、平成26年の会社法改正により少数株主の権利保護の手続きが導入されました。

① **事前・事後の情報開示制度**

事前開示制度は、全部取得条項付株式を取得しようとする株式会社が、取得に関する一定の事項についての書面を取得日前から一定期間、本店に備え置く制度です。関係のある株主は会社の営業時間内に閲覧・謄写ができます。

事後開示制度は、取得日後遅滞なく、取得した全部取得条項付の数など一定の事項を記載した書面を、本店に備え置くという制度です。

② **全部取得種類株式取得の通知・公告**

全部取得種類株式を取得する旨の通知・公告とは、議決権を有しない株主が、知らないうちにそれが行使されて株式を失わないようにするための手続きです。主に、議決権のない株主が、全部取得条項の行使を知らないまま取得対価に関する異議申立期間が経過することを防止することが目的です。

③ **差止請求**

差止請求は、全部取得条項付種類株式の取得が法令または定款に違反する場合、株主が株式会社に、それをやめることを請求する制度です。平成26年会社法改正により新しく創設されました。

12 単元株制度
単元未満株主は株主としての権利の行使が一部制限される

● 単元株制度とは

株主が議決権を行使するのに最低必要な株数を**単元株**といいます。株主総会の議案に対して1票を投じることができる最低限の株数のことです。その株数を1単元といいます。これは、原則として証券取引所で取引できる最低単位でもあります。単元株に満たない株式を単元未満株といいます。**単元株制度**の採用により、投資単位を増加させることができます。

1単元を何株にするかは、1000株および発行済み株式の200分の1を超えない範囲で、原則として会社が定款で自由に決めることができます。会社が単元株を新しく定める場合は株主総会で定款変更の決議が必要になります。ただし、単元株制度の導入と同時にその単元株と同じ割合かそれ以上の割合で株式分割を行う場合には、株主の議決権に影響が出ないため、取締役会の決議のみで定款変更は可能とされています。

一方、すでにある単元の株式数を減少する場合、または単元株制度を廃止する場合は、取締役会の決議で足ります。ただし、その効力が生じた後、遅滞なく株主への通知または公告をする必要があります。

単元未満株主は株主としての権利が制限されています。そこで、単元未満株主を救済する制度が設けられています。単元未満株式の買取請求権と売渡請求権です。単元未満株式の売買価格は、原則として、買取りあるいは売渡しの請求日の終値を基に決められます。

市場で取引されていない株式の場合は、会社と株主との話し合い、または裁判所に価格決定を申し込むことにより決定されます。

● 単元株に関する制限

単元株制度では、単元株式の保有者だけがその保有分の議決権を持ちます。単元未満株式の保有者は、単元株主に認められる議決権を持ちませんが、それ以外の権利は保有します（ただし、残余財産の分配を受ける権利など一定の権利を除いて定款で単元未満株主に権利を与えないと規定することもできます）。したがって、株主総会に出席したり、質問したりすることができるのも単元株主だけです。株主総会を開催する場合についても、会社が株主総会の招集通知、貸借対照表、損益計算書、事業報告書といった開示資料を送付する必要があるのは単元株主だけということになります。

13 株式の併合
個々の株式管理コスト等の低減に利用される

● 株式の併合とは

株式の併合とは、数個の株式を合わせて、より少数の株式とすることをいいます。たとえば「2株を1株に」または「3株を2株に」というように株式を合わせることです。

ただし、株式の併合は、株主の利益に重大な影響を与えるので、会社法では、株主の利益を保護するための規定を設けています。具体的には、株式の併合については株主総会の特別決議を要求し、取締役に株式併合を必要とする理由を開示する義務を課しています。

また、株主総会の招集通知にも、株式併合についての議案の要領を記載すべきものとして、事前に株主に判断するための機会を与えています。

● 株式併合の際の情報開示制度

株主の利益に重大な影響を与えるため、株式の併合では情報開示に関するルールが厳格に定められています。株式の併合を行う場合、その効力発生日の20日前までに株主に対して株式を併合することを通知するか、公告による方法で情報開示しなければなりません。

また、株式併合を行う株主総会の2週間前の日か、上記の株主への通知日（または公告日）のうち、早い日を開始日として、株式併合の効力発生後6か月経過日までの間、一定事項を事前開示する必要があります。そして、実際に株式併合が行われた後にも事後開示義務があります。株式併合の効力発生後に、遅滞なく株式併合に関する事項等を記載した書面（または電磁的記録）を本店に備えておくことが義務付けられています。

● 1株未満の端数が生じた場合

株式併合を行うと、それぞれの株主に1株に満たない端数が生じることがあります。端数を有していても株主にはメリットがないため、端数となる株式全部を公正な価格で買い取るように会社に求めることができます。これを**株式買取請求権**といいますが、株式買取請求を行うことができるのは、株式併合に反対する株主に限られています。

● 差止制度の導入

平成26年の会社法改正により、会社が行う株式併合が「法令・定款に違反する場合」で「株主が不利益を受けるおそれがある」ときには、会社に対して株式併合をやめることを請求できるようになりました。

株式の消却・分割・無償割当
会社は株式の数を調整できる

●株式の消却

現在の会社法において、**株式の消却**とは会社が株主から株式を取得した上でなされる自己株式の消却を意味します（178条1項）。株主の持っている株式が消却されることと会社が株主から自己株式を取得することは、株主が所持していた株式を失う代わりに対価を得るという点で共通しているので、現在の会社法では株式の消却については自己株式の消却のみ認めるという形で規定が整理されています。

会社は自己株式の取得手続きに従った上で、取締役会設置会社であれば、取締役会の決議で株式を消却することになります。

自己株式の消却により、発行済みの株式が減少することから、配当金の総額が同じであれば株主が受け取る配当金が増えることになります。つまり、自己株式の消却には株主還元の意味があるといえます。

また、株式の数が減るということは、一株当たりの株式の価値が上がることにもつながります。

●株式の分割

株式の分割とは、既存の株式を細分化して以前よりも多数の株式とすることをいいます。たとえば「1株を2株に」または「2株を3株に」というように株式を分けることです。

株式の分割は、1株あたりの株価が高騰した場合に株価を引き下げ、一般の小口投資家の株式購入を容易にし、また株式の譲渡を容易にする効果があります。資本の額は変更されず、新株の無償での発行という形で、既存株主に対して持ち株数に応じて交付されますから、既存株主の利益に実質的な影響はありません。そのため、そのつど、株主総会（取締役会設置会社では取締役会）の決議によって、決定することができます。

●株式の無償割当

株式の無償割当とは、引替えに株主に金銭の払込みをさせないで、株主に株式を割り当てる（交付する）ことです。資本金自体は変わらず、株主の持つ株式は増加します。また、株主に割り当てる株式の数やその算定方法などを株主総会（取締役会設置会社の場合には取締役会）の決議により決定しなければなりませんが、株主に対して不利益をもたらさないため、定款により、別段の定めをすることもできます。

15 株式買取請求①

反対株主には株式買取請求権が認められている

●株式買取請求権について

株式買取請求権とは、会社法によって反対株主に認められている権利で、自分が保有する株式を会社に買い取ってもらうように請求できる権利のことです。**反対株主**とは、株主総会でなされた決定に反対した株主のことですが、どんな決定でも反対すれば反対株主になる、というわけではありません。その会社の事業のすべてあるいは一部を譲渡する、といった会社の根幹部分に関わる決定に対して、反対の意思を持つ場合に限られます。さらに、株主総会当日に反対の意を表明しただけでは反対株主とは認められません。株主総会が開催される前に、反対することを会社に通知し、かつ株主総会において、反対する議決権を行使した場合に限られます。

株式買取請求権の行使が認められるケースは会社法で定められています。

株式買取請求権を行使するには、反対株主が株式買取請求権を行使するかどうかを判断する期間が必要です。

そこで、会社は、株式買取請求権を行使できる事実の効力が発生する日の20日前までに、株主に通知や公告をしなければならないとされています。株式買取請求権を行使する反対株主は、この20日間前から効力が生じる日の前日までの期間に自分が持っている株式の種類を明らかにした上で請求権を行使しなければなりません。

なお、株式買取請求権を行使した株主が一方的にその行使を撤回できるとすると、請求権を濫用する反対株主が増える恐れがあります。そのため、会社が承諾しない限り、株式買取請求権を一度行使した株主が、行使した株式買取請求権を撤回することは認められません。

たとえば、事業譲渡に反対した株主が株式の売却を検討し、会社に株式買取請求権を行使したとします。この場合、その後市場の株価と買取請求の買取価格を比較して、市場の株価の方が有利な価格だったと判明しても、会社の承諾がない限り、株式買取請求権の撤回は認められないことになります。

●株式の買取価格はどうなるのか

株式買取請求権を行使した場合の買取価格について、法令上、会社は公正な価額で買い取らなければならない旨が定められているだけです。

したがって、会社が通知・公告を行って、その期間中に反対株主が株式買取請求権を行使した場合、最終的に

会社がその株式を買い取る価格がいくらになるか、という点については、結局、その株主と会社の間の交渉によります。交渉ですからどうしても合意に至らない場合も出てきます。そのような場合には、最終的には裁判で決着をつけることになります。

裁判で決定する場合、長期間かかるのが普通です。しかし、会社には、吸収合併等、買取請求権の対象となる行為の効力発生日から60日経過後（以下、利息発生日という）から、裁判で決定した金額を支払う日までに、年6分の利息が課されます。この利息の支払いは多額であり、このような負担を軽減するために、平成26年改正により**価格決定前の支払制度**が設けられました。

この制度は、裁判や当事者の交渉妥結による買取価格の決定の前でも、会社は、自らが公正と認める価格を、反対株主に支払うことができるというものです。この制度により、会社は利息発生日からこの制度による支払日までの利息を支払えばよく、金利負担を大幅に減らすことができます。また、反対株主が買取金額に不満での受領を拒否した場合でも、会社は弁済供託により、利子の支払いを免れることができます。

なお、会社が公正と認める価格と、裁判所の決定または当事者の交渉妥結による価格に差がある場合には、後から会社がその差額を支払います。

反対株主が株式買取請求権を行使できるケース

a	会社が株式の譲渡制限をする場合（下記①②場合） ※1
b	ある種類の株式を全部取得条項付きの株式とする場合
c	会社が③〜⑧の行為をする場合で、種類株主に損害を与える可能性があるとき ※2
d	会社が株式の併合を行い、端数となる株式が生じるとき
e	組織の再編（事業譲渡、吸収・新設合併、吸収・新設分割、株式交換、株式移転）をする場合 ※3

※1 ①発行している全部の株式について、株式取得時に株式会社の承認を必要とする定款の変更をする場合、②ある種類の株式について、株式取得の際に株式会社の承認を必要とする定款の変更をする場合
※2 ③株式の併合・株式の分割、④株式無償割当、⑤単元株式数についての定款の変更、⑥株式を引き受ける者の募集、⑦新株予約権を引き受ける者の募集、⑧新株予約権の無償割当
※3 簡易組織再編では反対株主の株式買取請求権は認められない。略式組織再編では特別支配株主に株式買取請求権が認められない

16 株式買取請求②
平成26年改正で効力発生日が統一された

●買取口座の創設と買取請求撤回の制限

　上場会社が、合併や株式併合など、株主に不利な行為を行うという理由で、反対株主に株式買取請求権が認められる場合、新たな義務が課されました。それは、予め上場株式（振替株式）の買取口座を設けることです。この買取口座の創設は、株式買取請求をした反対株主が、その買取権を濫用することを防止することが目的です。

　株式買取請求があると、請求人の株式は買取口座にいったん預けられます。その後、振替株式は、株式買取の効力発生日に、買取口座から株式会社の口座に振り替られます。一方、請求人から買取撤回の申し出があり、会社が承認した場合、買取口座から請求人の口座に振り替えられます。一度買取口座に預けられると、会社の承認がなければこの口座から株式を振り替えることはできません。したがって、前述したような反対株主の買取請求権の濫用を防ぐことができます。

●効力発生日の統一

　株式買取請求については、「いつの時点で買取りの効力が生じるのか」という効力発生日を理解しておかなければなりません。この点については平成26年改正で一部変更がありました。

　株式全部に譲渡制限をつける場合、ある種類株式を譲渡制限株式とする場合または全部取得条項付とする場合、事業譲渡の場合については、買取代金の支払日が効力発生日とされていましたが、平成26年改正によりその行為の効力が発生する日が効力発生日になります。

　吸収合併と株式交換については、合併や交換の効力発生日が効力発生日です。また、新設合併と株式移転については設立会社成立日が効力発生日です。結局、改正により反対株主の株式買取請求の効力発生日が、すべてその行為の効力発生日に統一されたことになります。

　このように、効力発生日が統一された理由は、株式全部に譲渡制限をつける場合など、前述した場合について、反対株主が剰余金配当請求権と利息請求権の両方を有することになり、二重取りであるとの批判があったためです。この問題を解消するために、すべての株式会社の行為について、株主の買取請求権の効力発生日が、その行為の効力発生日に統一されたということになります。

17 株主総会
コーポレートガバナンスを推進して開かれた株主総会へ

●株主総会とは何か

株主総会は、その会社の基本的な方針や重要な事項を決定する非常に重要な機関です。

各事業年度（通常4月1日から翌年3月31日）の終了後一定の時期に招集される株主総会を定時株主総会といいます。一方、会社はいつでも臨時株主総会を開催することができます。臨時株主総会は、必要に応じて招集されるため、特に定まった日時はありません。

なお、通常は、株主総会は取締役（取締役会設置会社では取締役会）が招集するのが原則です。

●種類株主総会とは何か

2つ以上の内容の異なる株式（種類株式）を発行する種類株式発行会社において、ある種類株主により開催される総会を、**種類株主総会**といいます。種類株主総会は、会社法で規定されている事項か定款で定めてある事項について、決議ができます。たとえば会社が、ある種類の種類株主に損害を与えるおそれのある変更などを行う場合には、種類株主総会を開催した上で、特別決議を経なければならないとされています。

●株主総会の役割とは

株主総会の役割については、その会社が取締役会を設置している会社（取締役会設置会社）であるか、取締役会を設置していない会社（取締役会非設置会社）であるかにより異なります。取締役会設置会社は、所有と経営の分離の原則が働き、会社の経営については取締役会が意思決定を行い、それ以外の会社の基本的な事項について株主総会が意思決定を行います。

一方、取締役会非設置会社の場合には、株主総会の役割は非常に大きなものとなります。会社法で定められている事項、会社の組織と運営、管理をはじめとする一切の事項について、会社の最高の意思決定機関として、決議することができます。

●企業のIR活動としての位置付け

IR（インベスター・リレーションズ）活動とは、株主をはじめとする投資家に対して、投資をする際に判断材料となるタイムリーな情報を会社が継続して公平に提供する活動をいいます。株主総会をIR活動の一環として利用し、投資家に対して具体的にわかりやすい情報を伝える場として利用している会社は多くなっています。

18 株主総会の開催手続き
法令や定款を遵守し、開かれた株主総会となるように配慮する

◉株主総会の招集

　非公開会社で取締役会設置会社の場合、株主総会の招集を決めるのは取締役会です。株主総会の招集通知は、書面か電磁的方法で、株主総会の開催日の原則として1週間前まで（公開会社の場合には2週間前まで）には発送しなければなりません。電磁的方法とは、たとえば電子メールなどの方法のことです。ただし、電磁的方法によって招集通知を出すには、それぞれの株主の承諾が必要になります。招集通知には、計算書類や事業報告などを添付した上で、株主総会の目的事項を記載しなければなりません。

　一方、取締役会設置会社ではない場合、株主総会の招集を決めるのは取締役です。株主総会の招集通知は、原則として株主総会の開催日の1週間前までには発送しなければなりませんが、定款で1週間以内に短縮することも可能です。招集通知の方法は、書面や電磁的方法だけでなく、口頭による通知や電話による通知も可能とされています。

　招集通知への記載事項や添付書類も取締役会設置会社とは異なって、特に必要とされる事項はありません。したがって、計算書類や事業報告などの添付も不要ですし、株主総会の目的事項も記載する必要はありません。株主による議決権の不統一行使も、事前に通知する必要はありません。これは、そもそも招集通知に株主総会の目的事項の記載や必要書類の添付が求められていない以上、議決権を統一して行使するかどうかの判断もできないからです。

　また、個々の株主は単独株主権を有していますから、これに基づいて株主総会の議案を提案する権利（株主提案権）を行使することができます。

◉総会の運営方針を決める

　株主総会を開催する際には、事前に運営方針を決めておくことはとても大切なことです。以前のように総会屋が妨害をすることがほとんどなくなったからといって、株主総会への準備が不要となったわけではありません。むしろ、外国人株主や機関投資家（生命保険会社や銀行など証券市場に参加している法人のこと）が増えたことで、株主一人ひとりの権利意識は高まっています。また、国内の個人株主であっても、会社の経営がどのような状態にあるのかを知りたいと思っている株主は多いのです。こうしたことを踏まえて、株主総会の運営方針を決定する必要があります。時代の要請に従って、積極

的に情報を開示する姿勢を見せることが、株主との信頼関係を深めるポイントになるでしょう。

●開催のスケジュール

臨時株主総会の場合には、その決議が必要となる日から遡って、法的に必要な期間を守ってスケジュールを立てることになります。一方、定時株主総会の場合には、事業年度末日を基準日として3か月以内には株主総会を開催しなければなりませんから、スケジュールを立てる際には、この期間内に法を守りながら必要な作業を行っていくことになります。定時株主総会の場合、まず、事業年度末日を基準日として、計算書類など株主総会で必要とされる書類を作成します。株主総会は前述したように基準日から3か月以内に開催する必要がありますから、たとえば基準日が3月31日だった場合には、遅くとも6月30日までには株主総会を開催しなければなりません。仮に6月30日に株主総会を開催することを決めた場合には、その1週間前までには招集通知を発送しなければなりません（公開会社の場合には2週間前までに招集通知を発送する）。そして、その招集通知には計算書類や事業報告書などを添付しなければなりません（取締役会設置会社の場合）。

そのためには、招集通知を発送する時点で計算書類・事業報告書が取締役会によって承認されていなければなりません。また、それ以前に、監査役が計算書類・事業報告書を監査し、監査報告を取締役に提出することになります。

このように、株主総会の準備期間は、さまざまな機関が関わって協力しながら準備をすることになります。

基準日から株主総会開催までのスケジュール

基準日（通常は事業年度末日）

↓ 3か月

- 計算書類の作成
- 計算書類・事業報告書の監査（監査役）
- 計算書類・事業報告書の承認（取締役）
- 招集通知の発送

定時株主総会

19 株主総会開催に向けた事前準備
株主総会を円滑に進行するために念入りに準備する

● 想定問答の用意

　総会当日に議事をスムーズに進めるために、予め質問されることが想像できる事項を洗い出しておき、明確な回答を作成しておく必要があります。質問した株主だけでなく、出席した株主全体が理解できるような、わかりやすい言葉を使った誠実な回答が肝要です。

　なお、予め各部門に告知して、問題点や質問されそうな内容を挙げてもらい、対策案なども出してもらう必要があります。想定問答は株主総会のリハーサル前には完成させておき、リハーサルでは株主役に質問させ、担当役員が実際に回答して、弁護士に法的に問題ないか確認を受けます。リハーサルでは、全体の時間配分に注意した上で、それぞれの役割の特徴をおさえておく必要があります。

　株主総会の準備段階で、担当役員以外は、特に具体的な準備はありません。しかし、全体の進行状況を把握して、当日議事の進行役となる議長がスムーズに職務を行うことができるように支援する等の行動が期待されます。

　議案（議題に対する具体的な提案のこと）の説明や報告、質疑応答に対応する役員は、自分の担当する議案や、報告事項について十分に把握し、想定される質問に対する回答も考えておく必要があります。他の役員の担当する分野の情報が必要な場合には、その役員に予め確認するなど、連携を図る用意が大切です。

　なお、担当役員、担当内容いかんに関わらず、会社の役員である以上は、尋ねられたら即答できる程度にしておくことは望ましいことです。株主総会当日までに、全議案・報告事項について目を通しておく必要があります。

● 答弁役員の心得

　株主総会において、役員は株主から質問をされた場合には、質問内容について説明する義務を負います。説明義務は法律で定められていますが、議長として一番注意が必要なのは、法律上説明義務のある質問に対して適切に回答しなかった場合には、説明義務違反となり、株主総会決議取消の訴えを起こされるおそれがあることです。

　したがって、議長は、質問にどの役員がどの程度説明をしなければならないのかを頭に入れておき、当日各質問に対して適切な役員に説明させるよう、議事を進行しなければなりません。

20 議題と議案

株主総会のテーマに対して、株主が具体的な提案を行うことができる

●議題と議案の違い

株主総会では「議題」と「議案」について討議することになります。

議題とは、株主総会の目的事項をいいます。たとえば、「取締役選任の件」というテーマが議題にあたります。

一方、**議案**とは、株主総会において決議の対象となる目的事項の具体的な内容のことです。たとえば、「取締役選任の件」という議題に対して、「Aを取締役に選任するか否か」という候補案を提案することが議案にあたります。

つまり、株主総会において議論する大まかなテーマが議題であり、その議題に対する具体的な提案が議案です。

●株主提案権とは

株主は、取締役らが提案した議題や議案を決議するだけでなく、自らが議題を提案し、議案を提出することができます。これを**株主提案権**といいます。株主提案権は議題提案権と議案提出権、議案要領通知請求権に分けられます。

① **議題提案権**

一定の事項を株主総会の議題とするように請求する権利のことです。提案する議題はその株主が議決できる事項に限ります。取締役会設置会社では、少数株主権とされていますが、取締役会を設置しない会社では、単独株主権とされています。取締役会設置会社では、総会の日の8週間前までに請求しなければなりません。

② **議案提出権**

株主総会の目的事項につき議案を提出できる権利です。提出する議案はその株主が議決できる事項に限ります。

また、議案が法令・定款に違反する場合や以前の株主総会で同一議案について総株主の議決権の10％以上の賛成を得られなかった日から3年を経過していない場合には、議案を提出することはできません。

③ **議案要領通知請求権**

株主が総会に提出する議案の要領を招集通知に記載することを請求する権利です。請求は総会の日の8週間前までにしなければなりません。取締役会設置会社では、少数株主権とされていますが、取締役会を設置しない会社では、単独株主権とされています。

なお、議案が法令・定款に違反する場合や以前の株主総会で同一議案について総株主の議決権の10％以上の賛成を得られなかった日から3年を経過していない場合には、通知を請求することはできません。

21 株主総会の運営

議事進行、秩序維持、議事整理は議長の権限である

●株主総会の運営について

株主総会は、会社のオーナーである株主が議決権を行使し、経営に関与する絶好の機会です。株主総会では、以下のような人たちが総会を運営していきます。

① **議長**

株主総会では、議長が選任されます。議長は、議事を進行し、総会の秩序維持、議事の整理に努めます。議長は、総会の秩序を乱す者を退場させることもできます。

② **役員**

株主総会で株主から特定の事項について説明を求められた場合、役員（取締役、監査役、会計参与、執行役）は、その事項について株主に説明をする義務があります。

③ **検査役**

株主総会の決議で、役員ら（取締役、会計参与、監査役、監査役会、会計監査人）が総会に提出・提供した資料を調査する検査役を選任することができます。

また、株主の請求により株主総会が招集された場合には、株主総会の決議で、会社の業務・財産状況を調査する検査役を選任することができます。検査役は弁護士などが選任されます。

●説明義務とは

取締役は、株主総会当日に株主から一定の事項についての説明を求められた場合、応じなければなりません。

取締役等が説明しなければならない事項としては、株主総会でとりあげられる報告事項と決議事項があります。

このうち**報告事項**とは、会社から株主に対して報告しなければならないとされている事項で、株主総会の目的事項の範囲内の事項です。**決議事項**とは、株主総会で議案としてとりあげる事項です。最終的には、この決議事項について、株主総会で株主が賛成か反対かの意思を示すことになります。

取締役等は、報告事項について説明を求められた場合には、株主に内容を理解してもらえるようにわかりやすく説明する必要があります。一方、決議事項についての説明を求められた場合には、株主が議案について賛成するのかあるいは反対するのかを決定できるように説明する必要があります。

●社外取締役を置くことが相当でないことの説明

平成26年の会社法の一部改正に伴い、上記の説明義務に関連して、一部の企業は、社外取締役を置くことが相当でないことを説明する義務を負います。

改正によって、「公開会社かつ大会社で、有価証券報告書の提出義務を負う会社（以下「対象会社」という）は、社外取締役を選任するか、選任しない場合には、社外取締役を置くことを相当でない理由を、定時株主総会で説明しなければならない」という規定が置かれました。対象会社は、海外投資家の投資の対象となる可能性もありますが、これまでの日本の監査役会制度は、社外監査役に業務執行者の選任・解任に関する権限がなく、海外の投資家からの評価は高くありません。

平成26年の会社法改正の目的は、社外取締役の有効な活用を図ることであるといわれています。これは、企業内部においては、企業の外部者から適切な監査を受ける機会を設けることで、経営者を多角的に監査する機構を構築し、合理的で健全な企業運営を促す趣旨です。これを、「海外投資家からの投資を受ける機会」という観点から考えると、企業統治において社外取締役を活用し、海外投資家が理解しやすい企業の経営の監視体制を構築し、投資を受けやすくするために、この規定が設けられたといえます。

もっとも、株主に対して、社外取締役を置くことが相当でない理由を上手に説明することは困難です。そのため、対象会社は、最終的に社外取締役を置くことになることが多いといえます。

指名委員会等設置会社と監査等委員会設置会社以外の公開大会社は、監査役会設置義務があり、必ず社外監査役が2名以上います。このため、監査役会を平成26年の会社法改正により新設される監査等委員会に変更した上で、社外監査役を社外取締役とすれば社外取締役を選任できます。この方法をとれば、会社は、社外取締役を置くことが相当でないことについての説明義務を回避することが可能です。

株主総会の議事の進行

開会のあいさつと開会の宣言 → 定足数充足の宣言 → 報告事項の報告と了承 → 議案の上程・審議・採決（第1号議案 → 第2号議案 → 第3号議案）→ 閉会宣言

当日に株主提案があった場合にはその審議も行う

22 議決権の行使
代理人による議決権の行使や書面による行使も可能

●議決権の行使

株主が総会に出席して議決権を行使するのが原則ですが、代理人による議決権の行使や書面による行使（書面投票制）が認められます。電子メールなどの電磁的方法によって議決権を行使することを定めることもできます。なお、取締役または株主が総会の目的事項を提案した場合において、株主全員が書面または電磁的記録（電子メールなど）でその提案に同意したときは、その提案を可決する総会の決議があったものとみなされます。

●議決権が認められない場合

各株主は、原則として1株につき1個の議決権をもっています（一株一議決権の原則）。ただ、法はさまざまな理由から以下の例外を認めています。

① **議決権制限株式**

株主の関心もさまざまであるため、定款の定めにより、株主総会における議決権を全く与えなかったり、制限したりすることもできます。

② **自己株式**

自己株式については議決権の行使ができません。

③ **相互保有株式**

たとえば、A社がB社の総株主の議決権の4分の1以上の株式をもっている場合には、B社は自社が保有するA社の株式について議決権を行使することはできません。A社の支配が及んでいるB社を通じて、不正な決議が行われる危険があるからです。

④ **単元未満株式**

会社の株主管理コストの点から、一定数の株式をまとめて1つの単位（一単元）とする単元株制度を採用した場合、一単元に満たない単元未満株式には、議決権が認められません。

●一株一議決権の例外

各株主は1株につき1個の議決権をもっているのが原則ですから、複数の株式をもっている株主は保有する株式数だけ議決権を行使できることになります。結果として、多数派の株主に都合のよい役員が選任され、少数派の株主が会社から冷遇される危険があります。会社法はこのような株主を保護するために、取締役の選任に関してのみ1株につき候補者の人数分の議決権を与える累積投票制度を規定しました。1人に集中して投票することで、少数派の株主にも取締役を選任する機会が与えられ、冷遇の危険を避けられます。

23 株主総会の決議
適法な決議のために必要なこと

●決議には3種類ある

株主総会において各株主は、原則として1株につき1個の議決権をもっています。株主が2個以上の議決権をもっている場合、一部で反対し一部で賛成するというように、議決権を統一しないで行使することもできます（議決権の不統一行使）。株主総会での決議は多数決の原則で決められます。決議には次の3種類があります。

① 普通決議

議決権を行使できる株主のうち議決権の過半数をもつ株主が出席し、出席した株主の議決権の過半数で決議する方法です。法律や定款で決議方法が定められていない事項について決議する場合には、普通決議によるのが原則です。具体的には、役員の選任決議などがあります。

なお、普通決議は、議決権を行使できる株主のうち議決権の過半数をもつ株主が出席することが要件ですが（この要件を定足数といいます）、定款で定めれば、この定足数を排除することができます。つまり、出席した株主の議決権の数の過半数で決議することが可能になります。ただ、役員の選任決議などの場合には、定足数について議決権を行使することのできる株主の3分の1未満にすることはできません。

② 特別決議

議決権を行使できる株主のうち議決権の過半数をもつ株主が出席し、出席した株主の議決権の3分の2以上で決議する方法です。株主の重要な利益に関わる事項については、この特別決議によることが必要とされています。

取締役会設置会社の株主総会において特別決議が必要となる決議事項としては、たとえば、資本金の額の減少、定款の変更、現物配当などがあります。

③ 特殊決議

特別決議よりも決議のための要件が重くなっている場合です。たとえば、全部の株式の内容について株式譲渡に会社の承認を要する旨の定款の定めを設ける定款変更をする場合は、議決権を行使できる株主の半数以上で、かつ当該株主の議決権の3分の2以上の賛成が必要です。また、非公開会社が剰余金配当・残余財産分配・株主総会の議決権につき株主ごとに異なる取扱いをする旨を定款で定める場合には、「総株主の半数以上であって、総株主の議決権の4分の3以上」の賛成が必要になります。

24 決議に問題があった場合の訴え
決議不存在・決議無効・決議取消の訴えの制度がある

●決議に問題があった場合

株主総会の決議に関する訴訟は、株主総会決議不存在確認の訴え、株主総会決議無効確認の訴え、株主総会決議取消の訴えの3種類が用意されています。いずれの訴えが提起された場合でも、被告（訴えられた者）は会社となります。決議に問題があった場合には、その程度に応じて、この3種類のうちのいずれかの訴訟が提起されることになりますが、それぞれの訴訟は対象とする問題の性質に違いがあります。利害関係人が多い株主総会決議の効力を争う訴訟は、厳格な制度になっています。

① **株主総会決議不存在確認の訴え**

「不存在」とあるように、主に、株主総会決議が存在していなかったのにさも総会決議があったかのような外観が作られている場合に提起されます。株主総会決議が存在していなかったことが認められると、株主総会で成立したとされる決議はなかったものとして扱われることになります。

② **株主総会決議無効確認の訴え**

株主総会でなされた決議の内容が法令違反であるような場合に提起されます。法令違反の決議であったと認められるとその決議は無効であることが確認されます。

③ **株主総会決議取消の訴え**

3種類の訴えの中で比較的問題の程度が軽い場合に利用するのが取消の訴えです。

株主総会決議取消の訴えの対象となった決議は、訴えを起こされる前には一応有効なものとして成立しています。そのすでに有効なものとして成立している決議に問題があるから、取り消してほしい、と主張するのが株主総会決議取消の訴えです。この訴えが認められると、有効に成立していた決議が取り消され、その決議は、遡って無効なものになります。

●決議取消の訴えについての原告適格の追加

株主総会決議の取消の訴えに関して、平成26年の会社法改正により、総会決議により株主としての地位を失った者にも原告適格が認められることになりました。以前は、決議を取り消すことで取締役、監査役または清算人となる者に、原告適格が認められていただけでした。決議の取消しにより株主としての地位を回復する者とは、対価を得て株主の地位を失った者（キャッシュ・アウトにより株主としての地位を失う者）が挙げられます。

25 株主総会を開催したとみなす制度
株主総会の決議は書面決議によって省略できる

●株主総会における書面決議とは

　株主総会の目的である事項について、取締役や株主が提案をした場合は、株主総会を開催して、議題に取り上げて決議するのが原則です。しかし、株主総会の目的事項に対する提案について、全株主の同意を示す書面やデータがあれば、株主総会の決議がなされたとみなされる制度が用意されています。このように、株主総会を開催せずに書面による決議だけで済ませる方法を、**書面決議**（みなし株主総会）といいます。この場合、書面決議で決議省略がなされた時点が、株主総会の終結時点とされます。書面決議によって株主総会の開催を省略するには、株主に提案書を送付し、書面やメールなどの方法により全株主が同意することが必要です。株主の賛否が分かれている場合には、書面決議により株主総会の決議があったとみなすことはできません。

　非公開会社で株主が数人しかいない場合や一人の株主が全株式を保有しているような場合、逐一株主総会を開いて決議するよりも決議を省略した方が迅速かつ経済的だといえます。

●報告事項の報告も省略できる

　株式会社の取締役は、原則として定時株主総会に事業報告を提出した上で、その内容を株主に報告しなければなりません。

　しかし、書面決議によって株主総会を省略できるような会社の場合には、すでに全株主が報告事項の内容を承知している場合がほとんどです。このような会社が、株主総会を省略してムダを省いたにも関わらず、結局、報告事項の報告のためだけに別途、株主総会を開催しなければならないとすると、時間的にも費用的にもかなりのムダとなります。そのため、書面決議を行う場合には報告事項についても省略することができる制度が用意されています。

　報告事項を省略するには、取締役が全株主に対して株主総会に報告しなければならない事項を通知し、報告事項の内容を報告する必要がないことについて全株主が同意する必要があります。報告が不要であることについて、全株主の同意があれば、報告事項を報告したものとみなされます。

　このように、書面決議を行うと、株主総会を省略することはできますが、総会後に作成が義務付けられている株主総会議事録については、その作成を省略することはできません。

26 計算書類の承認と総会後の事務
資金関係の情報を開示する書類で貸借対照表などがある

●計算書類の承認

　貸借対照表、損益計算書、株主資本等変動計算書、個別注記表を**計算書類**といいます。計算書類の金額は1円単位、千円単位、あるいは百万円単位で表示します。

　貸借対照表とは、事業年度末（当期末と表現されます）の会社の財政状態を具体的な数値で表した書類です。損益計算書は、一定の期間中における会社の経営成績を数値で表した書類です。株主資本等変動計算書とは、事業年度中の純資産の変動状況を示す書類です。こうした計算書類を理解するために必要となる重要な事項を注記として記載してまとめた書類を個別注記表といいます。

　会社は、こうした計算書類と共に事業報告、附属明細書を作成し、会社の財政状態や経営成績を株主に開示しなければなりません。

　事業報告は、会社の状況を数値で表す計算書類とは異なって、会社の事業の状況を文章で説明したもので、書類を作成する際のもととなる情報も会計帳簿に限りません。なお、附属明細書は、計算書類と事業報告の記載内容を補足するもので、重要事項の明細を記載した書類です。

●株主総会での承認

　取締役会設置会社の場合、監査役や会計監査人による監査を受けた計算書類は、取締役会に提出され、取締役会の承認を得てから定時株主総会に提出されます。

　定時株主総会では、「第○号議案　第○○期計算書類承認の件」といった形で決議事項としてとりあげられ、提出された計算書類について承認するかどうかの決議が行われます。

　定時株主総会での決議の結果、計算書類が承認されればその事業年度の計算書類が確定したことになります。

　なお、臨時計算書類を作成した場合も株主総会の承認が必要です。これは、臨時計算書類に基づいて株主に剰余金を配当することが認められているため、その元となる計算書類について、株主の判断が必要だと考えられているからです。

　ただし、会計監査人を設置している会社の場合、取締役が計算書類の内容を定時株主総会に報告するだけで、承認を得なくてもよい場合もあります。

　株主総会で承認された貸借対照表は、原則として、総会終結後、遅滞なく公告する必要があります。

●決算公告・登記・議事録

貸借対照表などの計算書類を公告することを**決算公告**といいます。株式会社は、定時株主総会が終結したら遅れることなく決算公告をしなければならないとされています。

決算公告は、官報による公告、日刊新聞紙による公告、電子公告の3つのうちのいずれかの方法をとることが認められています。

株主総会決議で会社の登記事項が変更された場合には、登記申請が必要です。会社の登記事項を変更した場合、変更したときから2週間以内に変更の登記をしなければなりません。そして、登記申請の際には株主総会決議があったことを証明する書類として、株主総会議事録を登記申請書に添付します。

株主総会が開催された場合には議事録を作成することになります。議事録の作成期限については、法律上明記されていませんが、株主総会の終了後、遅滞なく作成する必要があります。決議事項により登記の内容が変わる場合には、決議の日から2週間以内に変更の登記を行う必要があります。登記申請書には、株主総会議事録を添付するため、この場合には少なくとも決議後2週間以内に議事録を作成しなければならないことになります。

議事録の記載事項は会社法などで法定されています。株主総会議事録に必ず記載しなければならない事項は、株主総会の開催日時・場所、株主総会の議事の経過の要領と結果、株主総会に出席した取締役・執行役・会計参与・監査役・会計監査人の氏名や名称、などです。また、議事録には作成者の氏名を記載します。

株主総会議事録の主な記載事項

株主総会議事録の記載事項

① 開催日時・場所

② 議事の経過の要領と結果

③ 出席した取締役・執行役・会計参与・監査役・会計監査人の氏名または名称

④ 議長の氏名

⑤ 議事録の作成にかかる職務を行った取締役の氏名

27 議事録作成の手順
事前に議事録の文案を作成しておくことが大切

●議事録作成の期日について

株主総会や取締役会が開催された場合に、株式会社は議事の経過の要領・その結果または出席した役員の発言内容などについて記録（議事録）を作成しなければなりません。**議事録**には会社法、会社法施行規則で記載しなければならない事項が法定されています。株主総会や取締役会などが開催された場合には議事録を作成する義務がありますが、いつまでに作成すればよいのかが問題となります。

株主総会議事録の場合、「株主総会の日から10年間、株主総会議事録を本店に備え置かなければならない（会社法318条2項）」とされています。取締役会議事録、監査役会議事録などにも同様の「取締役会の日から」「監査役会の日から」という規定があります（会社法371条1項、394条1項）。そこで、議事録は株主総会などの開催前に、想定される議事の経過・結果を基に事前作成しておき、株主総会などが終結したら、できるだけ早く議事録を完成させるのがよいといえるでしょう。株主総会に欠席した株主から翌日に閲覧の請求がされる可能性も充分に考えられますので、そのような場合になるべく対応できるようにすべきです。

●議事録の作成の注意点

議事録を作成するためには、各議事録の法定記載事項を確認しておく必要があります。開催された日時・場所、議事の経過の要領・結果などが記載事項となりますが、それぞれの議事録の記載事項については会社法施行規則に記載されています（会社法施行規則72条、101条、109条）。

また、事前に想定される内容で議事録を作成していたとしても、株主総会や取締役会中、想定していなかった議案が提出され、決議される可能性もありますので、録音するなどして、後で正確な議事録を作成しやすくするような準備も場合によっては必要です。

●議事録にする押印などについて

取締役会議事録には、出席した取締役および監査役が署名または記名押印する必要があり（会社法369条3項）、監査役会議事録には出席した監査役が署名または記名押印する必要があります（会社法393条2項）。一方、株主総会議事録には署名または記名押印の義務を定めた法令はありません。

ただし、会社の最高規則である定款などで、出席した取締役などに署名または記名押印の義務を規定している会

社は、定款などの規定に従って株主総会議事録にも署名または記名押印をする義務が発生します。

なお、署名とは、本人が自署することで、記名押印とは、パソコンで印字する・ゴム印を押印するなどして記載した名前の右横に印鑑を押すことです。

議事録への署名または記名押印をする理由は、議事録に記載されている内容の決議が真実に行われたものを証明するため、また、その議事録が会社にとって真正なものであることを証明するためです。議事録中で決議されている内容に出席役員が責任を負うという意味もあります。

したがって、株主総会議事録についても、定款に署名または記名押印義務がなくても、出席役員が署名または記名押印をするのが望ましいといえるでしょう。一般的にも、議長や議事録作成に係る職務を行った代表取締役が記名し、会社代表印を押印したり、出席取締役全員が記名押印するなどの取扱いをする会社が多いようです。

●議事録に添付する書類

議事録に添付すべき書類については、特に法律上の定めはありませんが、株主総会、取締役会、監査役会で実際に配布した資料など議案の詳細が記載してある資料を添付するのが一般的です。

たとえば、株主総会の招集通知に添付される「株主総会参考資料」や「議決権の代理行使の勧誘に関する参考書類」には、議案の詳細が記載してあるため、招集通知を株主総会議事録の資料として添付する会社も多くあります。

ただし、会社にとって機密性の高い情報については、総会の資料が外部に漏れても会社に損害が生じないように、配布資料を添付しないなどの対応をとるようにしましょう。

議事録の作成の流れ

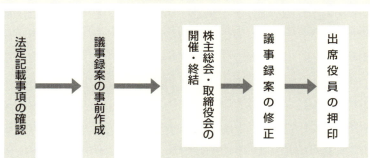

法定記載事項の確認 → 議事録案の事前作成 → 株主総会・取締役会の開催・終結 → 議事録案の修正 → 出席役員の押印

28 議事録の備置と閲覧・謄写請求
商業登記申請や閲覧・謄写の請求を受けたときに必要

●議事録の備置義務と閲覧・謄写請求

会社法は、作成した議事録についての会社の備置義務を規定しています。そして、この備え置かれた議事録は株主など一定の者が閲覧・謄写請求ができることになっています。以下、どこに備え置き、誰が閲覧・謄写の請求をすることができるかなどを確認していきましょう。

・**株主総会議事録**

株主総会議事録は、株主総会開催の日から、原本を10年間本店に備え置かなくてはなりません。また、会社が支店を設置している場合は、その写しを5年間備え置く必要があります。

備え置かれた議事録は、株主および債権者は会社の営業時間内はいつでも閲覧・謄写の請求をすることが可能です。

・**取締役会議事録**

取締役会議事録は、取締役会の日から10年間本店に備え置かなければなりません。

株主は、備え置かれた議事録を、その権利を行使するため必要があるときは、会社の営業時間内はいつでも閲覧・謄写の請求をすることが可能です。

ただし、監査役設置会社、監査等委員会設置会社または指名委員会等設置会社の場合、株主は、その権利を行使するために必要があるときは、裁判所の許可があれば閲覧・謄写請求をすることができます。

会社の債権者および親会社の社員は、取締役など役員の責任を追及するために必要があるときは、裁判所の許可を得て、閲覧・謄写の請求をすることができます。

・**監査役会議事録**

取締役会議事録同様、監査役会の日から10年間本店に備え置く必要があります。株主および親会社の社員が、その権利を行使するため必要があるとき、また、会社の債権者が取締役など役員の責任を追及するために必要があるときは、裁判所の許可を得れば、閲覧・謄写の請求をすることが可能です。

●電磁的記録で作成することもできる

議事録は書面で作成されることが一般的ですが、会社法上、電磁的記録によって作成することが可能とされています。電磁的記録とは、CD-ROMやDVDROMなど、確実に情報を記録しておける記録メディアあるいは電子媒体と呼ばれるものに記録したものをいいます。

第 7 章

会社の計算・資金調達

資本と債権者保護

会社財産の基盤となる資本

●資本の制度とは

会社法施行以前は、資本とは、会社財産を確保するための基準となる一定の金額と説明されていました。株式会社に対して債権をもつ者にとっては、債権の返済を受けるためにあてにできるのは、会社財産だけですから、会社財産がある程度確保されることが必要になります。このために認められたのが**資本の制度**でした。つまり、会社財産がこれ以上下回ってはならないという基準となる金額が資本です。そして、この制度は**債権者保護のための制度**であったのです。

ところが、会社法では、資本金1円でも会社を設立することが認められています。最低資本金の制度が撤廃されたためです。しかし、これでは資本の制度によって債権者を保護することは、無意味になります。

●剰余金分配規制による債権者保護

資本制度が変わった理由は、わずかな資本金でも起業することを可能にする要請があったということもその1つです。しかし、一番大きな理由は資本額を定めているだけでは、債権者保護に役立たないという点にあります。

資本制度が債権者保護に役立たないとすれば、単に会社設立の自由を阻害する制度にすぎなくなります。そこで、会社法は、資本金額を問わないとする一方で、債権者保護のため、**剰余金分配規制**という制度を設けました。この制度は配当等を行う場合は、資本金額自体はいくらでもよいが、まず、剰余金（貸借対照表の資産の額から負債額・資本金額・準備金額等を控除した金額、446条）が存在することを要求します。そしてその上で、この剰余金からさらに自己株式の額等を除いた残額（これを分配可能額と呼びます）を超えての配当等をさせないことで、会社財産が不当に流出するのを防ごうとしているのです。

さらに、会社の純資産額が300万円以上でなければ配当することはできないという**最低純資産額規制**（458条）もあります。最低でも300万円の純資産額が会社にない場合は、配当はできないとされたのです。

このように、会社法は、資本制度を変容することで、会社設立を簡単にし、かつ債権者保護機能を剰余金分配規制という新たな別の制度に担わせることにしました。

2 計算書類や配当
決算期ごとに貸借対照表や損益計算書を作成する

●会社の計算とは

　会社の計算とは、会社の会計のことです。会社法は、①株主や会社債権者への情報開示、②配当限度額の算定という目的のために会社の計算について法規制をしています。企業会計は、公正妥当な企業会計の慣行に従って行われなければなりません。

●計算書類を作成・開示する

　会社は決算期ごとに、貸借対照表や損益計算書などの計算書類と事業報告書およびそれらの附属明細書を作成します。貸借対照表は、一定の時点での財政状態を示した書類です。一方、事業年度の儲け（または損）を計算する書類が損益計算書です。

　これらの書類の承認手続は、会社の機関構成によって多少の違いがありますが、基本的には同じです。監査機関（監査役、会計監査人）の監査および取締役会の承認を受けた後、定時株主総会に提出・提供され、承認を受けることになります。取締役は、定時株主総会において事業報告の内容を報告しなければなりません。

　これらの計算書類は本店（本社）や支店（支社）に一定の期間備え置かれますので、株主・債権者は閲覧したり謄本や抄本の交付を請求したりすることができます。

●配当の規制について

　会社は、剰余金を株主に配当することができますが、分配可能額を超えて分配することはできません。また、会社の純資産額が300万円を下回る場合には、剰余金の配当はできません。

　会社は、金銭以外の財産による配当（現物配当）をすることもできます。この場合、株主総会の決議により、現物配当に代えて金銭の交付を請求できる権利（金銭分配請求権）を株主に与えることができます。

　剰余金の配当の決定は、株主総会の普通決議で行うのが原則です。取締役会設置会社においては、取締役会の決議で中間配当（一事業年度の途中で1回に限り剰余金の配当をすること）ができる旨を定款に定めることができます。

　また、監査役会を置いている会計監査人設置会社では、剰余金の配当を取締役会の決議によって決定することができる旨を定款に定めることができます。この場合、剰余金の配当について株主総会の決議によっては定めない旨を定款に定めることができます。

帳簿類や資本金・準備金・剰余金

法律上、さまざまな書類の作成が義務付けられている

●株式会社が作成する帳簿類

株式会社が作成する帳簿類には、以下のものがあります。

・会計帳簿

企業の営業上の財産・取引の状況を継続的・組織的に記載・記録した帳簿のことです。株式会社は、会社計算規則の定めに従い、適時に正確な会計帳簿を作成しなければなりません。また、会計帳簿とその重要な資料については、会計帳簿の閉鎖の時から10年間保存しなければなりません。

・貸借対照表

企業の営業上の財産を資産・負債・純資産に分け、一定の時期における財政状況を一覧表にした表です。左側に資産を記載し、右側に負債と純資産を記載し、資産＝負債＋純資産となるようにします。

・損益計算書

損益計算書は、企業の経営成績を明らかにしています。一会計期間に属するすべての収益とこれに対するすべての費用とを記載して経常利益を表示し、これに特別損益に属する項目を加減して当期純利益を表示します。

つまり、一定の事業年度に発生した収益と費用を記載し、その年度の利益と損失を明らかにする計算書です。

・株主資本等変動計算書と個別注記表

剰余金の配当や自己株式の消却による剰余金の減少など、貸借対照表の「純資産の部」の当期変動額を表す書類です。個別注記表は、注記事項を表にまとめたものです。

・事業報告

企業の事業状況などに関する事実を文書で報告するものです。

・附属明細書

貸借対照表などの計算書類や事業報告を補足する文書です。

●株主資本の項目について

貸借対照表は、資産、負債、純資産の3つに分けられます。資産とは会社の財産であり、流動資産や固定資産などに分けられています。負債とは会社の債務のことで、流動負債や固定負債などに分けられています。

純資産とは会社の総資産から総負債を差し引いた額です。

このうち純資産の株主資本にかかる項目には、資本金、資本剰余金（資本準備金など）、利益剰余金（利益準備金など）などを記載します。

会社は、いつでも、株主総会の決議によって、この株主資本にかかる項目の計数を動かすことができますが、剰

余金を資本あるいは準備金に組み入れたり、準備金を資本に組み入れたりする場合には、株主総会の普通決議が必要になります。

資本金と準備金の関係は

貸借対照表の「純資産の部」に計上される会社に最低限確保されるべき一定の額を**資本金**といい、会社の純資産額のうち資本の額を超え、会社に留保される額を**準備金**といいます。

準備金には、資本準備金（利益以外の財源から積み立てられる準備金）と利益準備金（毎決算期の利益の一部を貯めて将来に備えるために積み立てられる準備金）があります。原則として、会社に払い込まれた額が資本金となりますが、会社に払い込まれた額の2分の1以下の額は資本金にせず、資本準備金にすることもできます。

また、配当する剰余金の10％は準備金として積み立てなければなりません。

剰余金の額の計算方法

剰余金の額の計算方法は、次のように複雑です。

① （最終事業年度内の資産額＋自己株式の帳簿価額の合計額）－（最終事業年度内の負債額＋資本金・準備金の合計額＋法務省令で定めるもの）

② （最終事業年度後の自己株式処分の対価額から帳簿上の額を控除した額＋資本減少額＋準備金減少額）

③ （最終事業年度後の自己株式消却の帳簿上の額＋剰余金配当財産の帳簿総額＋株主に支払った金銭の合計額＋法務省令で定めるもの）

この場合において、（①＋②）－③が剰余金の額となります。

資本金と準備金の役割

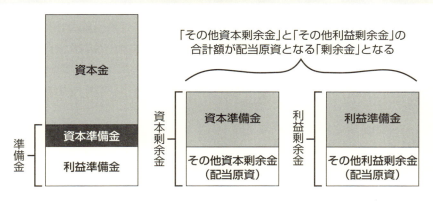

4 損益計算書の構成
損益計算書は、利益の最終結果よりプロセスを重視する

●損益計算書の内容

　損益計算書は、一定期間中の収益から費用を差し引くことによって、儲けまたは損、つまり正しい期間損益を計算する表です。

　損益計算書の内容を見てみましょう。

① **収益**

　損益計算書は一定期間の会社の儲けを把握するものです。その儲け（利益）の元となるのが収益といわれるものです。

　収益とは、商品を売り上げた代金や銀行にお金を預けていた場合にもらえる利息などがこれに該当します。具体的には、売上、受取利息、受取配当金、有価証券利息、雑収入などです。

② **費用**

　費用とは、コストのことです。簡単にいえば、収益を得るために必要なコストのことです。つまり商品を売って儲けようとすれば、手ぶらでは儲かりませんので、まず、何といっても商品を仕入れなければなりません。この仕入代金が売上高に対するコストである売上原価になるのです。

　その他、広告宣伝費、従業員への給料、家賃、電気代や水道代なども必要ですので、すべて収益を得るための費用（コスト）になります。

③ **当期純利益**

　このように、損益計算書では、収益と費用から純粋な儲けである純利益を計算します。会社では、毎回、一定期間ごとに集計をするので当期純利益といいます。この当期純利益が、その会社がその一定期間に稼いだ利益の金額になるわけです。

●損益計算書はプロセス重視

　損益計算書で大切なのは、当期純利益の金額そのものだけではなく、その当期純利益が導き出されたプロセスを表すことです。すべての費用および収益は、その支出および収入に基づいて計上し、その発生した期間に正しく割り当てられるように処理しなければなりません（発生主義の原則）。

　つまり、①本業である商品の販売そのものでどれだけの利益を生み出せたのか、②そこから広告宣伝費・給料・家賃・水道光熱費などの費用を負担しても利益が出ているのかどうか、また、③預金等の利子・配当金の収入、借入金に対する支払利息などを受け取ったり支払ったりすると利益はどうなるのか、さらに、④資産を売却した利益等を加味すると利益がどうなるのかを示すプロセスです。本業の儲けを示す利

益が大幅なマイナスで、本業以外の資産（土地や建物など）の売却益などで利益を出している会社が健全とはいえないからです。

そのため、損益計算書では、当期純利益が導き出されたプロセスがはっきりわかるように、収益と費用をひとまとめに差引計算して当期純利益を計算せず、段階ごとに利益（損失）を計算するようにしています。これによって、本業で利益が出ているのかどうか、どこの段階での経費がかかりすぎなのかの判断ができるわけです。

この結果を分析することによって、債権者は、債務者である会社の経営状況を把握します。

損益計算書のサンプル

損益計算書
（自平成26年4月1日　至平成27年3月31日）　　（単位:円）

```
Ⅰ  売上高
Ⅱ  売上原価
        売上総利益（または売上総損失）

Ⅲ  販売費及び一般管理費
        営業利益（または営業損失）

Ⅳ  営業外収益

Ⅴ  営業外費用
        経常利益（または経常損失）

Ⅵ  特別利益
    固定資産売却益
    前期損益修正益
    ×××
        特別利益合計

Ⅶ  特別損失
    固定資産売却損
    減損損失
    災害による損失
    前期損益修正損
    ×××
        特別損失合計
        税引前当期純利益（または税引前当期純損失）
        法人税、住民税及び事業税
        法人税等調整額
        当期純利益（または当期純損失）
```

貸借対照表の構成
資産の部・負債の部・純資産の部の3つから構成されている

● 3つの部から構成されている

貸借対照表は、「資産の部」「負債の部」「純資産の部」の3つの部から構成されます。

その3つの構成を式で表わすと次のようになります。

「資産の部」＝「負債の部」＋「純資産の部」

複式簿記会計においては、貸借対照表の資産を「借方」、負債・純資産を「貸方」といいます。

貸借対照表の左側には、「資産の部」があり、会社の調達した資金がどのように運用されているかを表わしています。「資産の部」は大きく分けて「流動資産」「固定資産」「繰延資産」の3つから構成されています。また、この「資産の部」の合計は、「総資産」とも呼びます。

貸借対照表の右側は、資金の調達源泉、つまりどこから調達したかを表しています。ここは「負債の部」と「純資産の部」から構成されています。会社を運営する資金を金融機関など他人から調達した資金（負債）と株式の発行により調達した資金（純資産）に分けて表示をしているのです。「負債の部」は、返済期限の長さを基準に「流動負債」と「固定負債」に分けて表示しています。「純資産の部」は、「株主資本」と「評価・換算差額等」と「新株予約権」に分けて表示しています。

● 貸借対照表の右側の読み方

ここは「負債の部」と「純資産の部」に分かれています。会社は、株主から集めた出資金だけでは足りない場合に、社債を発行して資金を集めたり、または銀行などの金融機関からお金を借りて事業を継続していきます。

また、商品の仕入れや備品などを現金ではなく「掛け」で仕入れ、購入したり、または手形を振り出して仕入れ、購入する場合もあります。

社債を発行して集めた資金、金融機関などから借り入れた資金は、当然のことながら、その返済期日までに返済しなければならない義務があります。掛仕入の金額についても同様で、決められた期日までに支払わなければなりません。

このような将来における返済義務や支払義務といった債務のことを負債と呼び、貸借対照表の「負債の部」に記載されます。

負債として記載された金額は、後日、決められた期日までに返済しなければなりませんので、負債が減少するとい

うことは現金などの財産が減少することを意味します。したがって、負債はマイナスの財産と呼ばれています。

次に、「純資産の部」は、株主が出資した金額である資本と、今までの営業活動によって得られた利益部分で構成されています。常に企業は、営業活動を通して利益をあげ、最初に投入した資本を増やすことを目標にしています。最初に投入した資本と営業活動結果としての利益の両方が純資産と呼ばれることになります。純資産＝資本ではなく、純資産＝資本＋利益という関係になります。

◯貸借対照表の左側の読み方

会社は、株主や銀行などから調達した資金で、会社運営に必要なもの（事務所など）を購入し、かつ、販売しようとする商品などを仕入れます。

こうした営業用の財産をはじめとする建物、土地、備品などの財産を資産と呼び、貸借対照表の「資産の部」に記載されます。

貸借対照表の左側は、会社が調達した資金を何に使っているかを目的別に表示しています。前述の負債がマイナスの財産と呼ばれるのに対して、資産はプラスの財産と呼ばれています。

このように貸借対照表とは、企業の一定時点（決算日）における資産・負債・純資産の総括表です。貸借対照表は、これら資産・負債・純資産をひとつの表にまとめますから、資産の状態は良好か、負債は多すぎないのか、純資産は十分かなどを知ることができます。このような資産・負債・純資産の状態を財政状態といいます。プラスの財産である資産が多ければ多いほどよく、マイナスの財産である負債は少ないほどよいということです。資産よりも負債の方が大きく結果的に純資産がマイナスとなっている状態を債務超過といいます。

このような会社は要注意です。つまり、貸借対照表を見れば、その企業が優良企業か倒産寸前の企業かを見分けるヒントを得ることができます。

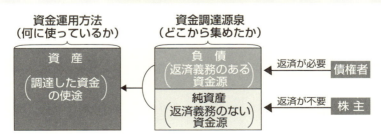

貸借対照表：左右の関係

その他の計算書類と附属明細書
株主資本等変動計算書や個別注記表の作成も必要になる

●株主資本等変動計算書とは

株主資本等変動計算書は、その事業年度中の会社の純資産の部の数値の変動を明らかにするものです。

会社は株主への剰余金の配当を行う時期を自由に決めることができます。しかし、その事業年度中の株主資本がどのように変化したのかを株主に明らかにしなければ、株主側では会社の剰余金の配当状況について妥当なものだったかどうかを把握することができません。

このため、株主資本等変動計算書によって事業年度中の株主資本の額の変動を明らかにすることは、株主にとって重要な事項となっています。

株主資本等変動計算書は、貸借対照表の純資産の部の一会計期間における変動額のうち、主に、株主に帰属する部分である株主資本の各項目の変動を示します。

株主資本等変動計算書に記載する数値は、株主資本、評価・換算差額等、新株予約権という項目に分けます。株主資本の項目は、さらに資本金、新株式申込証拠金、資本剰余金、利益剰余金、自己株式、自己株式申込証拠金の項目に分けて数値を記載します。基本的には横軸に貸借対照表の「純資産の部」の項目を並べ、縦軸に前期末残高、当期変動額、当期末残高を記載します。

こうした区分のうち、資本金、資本剰余金、利益剰余金、自己株式に関する項目については、前期末残高、当期変動額、当期末残高を明示しなければなりません。また、評価・換算差額等（その他有価証券評価差額金、繰越ヘッジ損益、土地再評価差額金など）、新株予約権に関する項目については、前期末残高と当期末残高の額と差額を明示しなければなりません。

●個別注記表とは

貸借対照表、損益計算書、株主資本等変動計画書によって明らかになった会社の経営成績や財政状態に関する数値データを株主が判断するために必要な事項について、文章で説明した書類を個別注記表といいます。

非公開会社は原則として、重要な会計方針に関する事項、株主資本等変動計算書、その他の事項についての説明（注記と言います）をつけなければなりません。

個別注記表に記載する主な項目は以下のとおりです。

① 継続企業の前提に関する注記
② 重要な会計方針に係る事項に関す

る注記
③ 貸借対照表に関する注記
④ 損益計算書に関する注記
⑤ 株主資本変動計算書に関する注記
⑥ 税効果会計に関する注記

他にリースに関する注記、一株当たりの情報に関する注記などがあります。

●附属明細書とは

附属明細書は、計算書類や事業報告に記載された事項について補足する必要がある重要な項目についての明細を記載した文書です。附属明細書が補足する事項の対象となる書類は、計算書類だけでなく、事業報告も含まれますから、作成するときには、それぞれに分けて記載する必要があります。

計算書類を補足する附属明細書には、貸借対照表・損益計算書・株主資本等変動計算書・個別注記表に記載された重要事項について補足する内容を記載するだけでなく、有形固定資産・無形固定資産、引当金、販売費、一般管理費の明細を記載しなければなりません。

また、個別注記表に記載する事項のうち、関連当事者との取引に関する注記について、注記せずに省略した会社は、その省略した内容の明細を附属明細書に記載しなければなりません。

一方、事業報告を補足する明細書には、事業報告の内容を補足する重要な内容を記載します。

株主資本等変動計算書

		株 主 資 本					評価・換算差額等	新株予約権	純資産合計
		資本金	資本剰余金	利益剰余金	自己株式	株主資本合計			
前期末残高									
当期変動額	新株の発行								
	剰余金の配当								
	当期純利益								
	⋮								
	自己株式の取得								
	自己株式の処分								
	株主資本以外の項目の当期変動額								
当期変動額合計									
当期末残高									

7 粉飾決算

売上操作などによって利益を高く見せようとする行為などのことである

●粉飾決算とは

粉飾とは文字通り「飾る」ことで、**粉飾決算**とは、本当は赤字決算であるにも関わらず、売上を水増ししたり、架空の売上を計上したり、さらには経費をごまかしたりして、利益が生じているように見せかけて黒字決算にすることをいいます。

資金調達、株価上昇、株価維持といった目的で決算の粉飾が行われることがあります。

ただ、多くの場合、粉飾決算は会社の経営状況をよく見せようとして行われるものであり、実態とは異なるのですから、粉飾された決算書類を信用した取引先や出資者に対して多大な不利益を生じさせる可能性があります。そのため、決算の粉飾行為は違法とされています。

具体的には、粉飾決算は、会社の信用維持をその場しのぎでやっているにすぎず、当然ですが、後日粉飾の事実が発覚した場合には、会社の信用は失墜します。

また、粉飾決算に関与した取締役は、重大な責任を負うことになります。

粉飾決算の結果、会社に財産上の損害を与えた場合には、特別背任罪として刑事上の責任を追及されることがあります。

また、粉飾決算によって、違法配当が行われた場合には、当然に配当自体が無効となり、配当を受けた株主は、配当分を返還しなければなりません。

違法配当を行った取締役も、刑事上の責任を負うことがあります。罪としては、「会社の財産を危うくする罪」（134ページ）にあたります。つまり、会社に利益がないのに配当を行った場合に成立する罪で、関与した取締役が刑罰を受けます。もちろん、取締役は、民事上の責任として、損害賠償責任を負うことになります。

●粉飾の手口

一番行われる粉飾の方法は、売上の架空計上です。実際には当期には存在しない売上を計上する手法です。一般には、当期の売上高が足りない場合に来期分の売上高を前倒しで当期分に計上したりします。

この方法も、相手会社が自社とは資本関係のない第三者であれば粉飾はすぐ見破られますが、相手会社が子会社などの場合は巧妙な手口を使った粉飾が行われますのでなかなか見破れない場合もあります。それは、子会社に商品を販売していないのに請求書を発行

して売上計上するなどの粉飾が行われる可能性があるからです。

このように子会社など資本関係のある会社を通じた粉飾は行われやすいので、重点的に管理すべきです。

また、商品の在庫を調整することで、売上原価を少なく計上し、結果として、売上総利益を多く見せかけるといった手口がとられることもあります。

●流動資産の増加で見抜く

売上の架空計上や在庫の過大計上などの粉飾も、結果として売掛金や商品の異常な増加額によって見抜くことができます。いくら粉飾を巧妙に行っても、必ず、どこかの数値につじつまが合わない所が出てきます。

たとえば当期と前期の損益計算書を比較すれば仕入れが計上されずに売上だけが計上されるのですから、売上原価率（売上原価／売上高）×100は下がります。さらに売上に対する売上債権の回転期間も当然長くなっているはずです。このように粉飾が発覚する手がかりはあるものです。

つまり、債権者は、債務者である会社の貸借対照表や損益計算書を純粋に信じることなく、これらの決算書を分析することで、粉飾がないかどうかを確かめる必要があります。

粉飾決算が行われる理由と粉飾決算の方法

粉飾決算 会社が利益を実際よりも多く見せかける決算を行うこと

逆粉飾決算 脱税の目的で、実態より悪いかのように偽装して決算を行うこと

なぜ、粉飾決算が行われるのか？
1. 上場企業が高い株価を維持したり上場を維持したりするため
2. 銀行から融資を受けやすくするため
3. 赤字は、対外的に信用不安を招きやすいため
4. 官庁関係との取引にあたって、表面的にも黒字にしたいため

粉飾決算の方法
1. 売上の架空計上 ⇒ 実際には存在しない売上を計上する方法、または来期に計上されるべき売上を前倒しで計上する方法
2. 原価の圧縮 ⇒ 期末棚卸の際に在庫を過大評価して、売上原価を少なく見せかける方法
3. 仮払金等の利用 ⇒ 本来経費として処理すべきものを、仮払金等を使用して費用の一部を隠ぺいする方法

8 資金調達法
資金調達にもさまざまな方法がある

●資金調達の方法

会社が事業を拡大していく上で、資金の調達は欠かせません。資金調達源は、企業内で調達する内部資金と企業外から調達する外部資金に分けることができます。

内部資金には、①会社の利益を株主の配当に回さないで事業のために使う場合、②減価償却費（機械設備などの固定資産の使用や時の経過による価値減少額を算定し、その金額を毎年度に費用として計上するもの）を使う場合があります。

外部資金の調達の方法としては、直接に市場から資金を集める新株や社債の発行があります。大企業ではよく利用されているこれらの資金調達手段には、主に2つのメリットがあります。

1つは銀行から借り入れるよりもコストを低く抑えられるということです。株式は払い込まれたお金について定期的に定額の利息を支払う必要がありません。また、社債は利息の支払義務を生じますが、通常は銀行に支払う利息よりも低額ですみます。

もう1つのメリットとしては、市場を通じて広く多数の者からお金を集めるので、銀行から借り入れるよりも、より多額のお金を集めやすいという点が挙げられます。

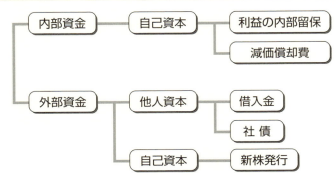

資金調達手段

9 社債

社債を発行するときは、社債権者の保護が必要になる

◉社債とは

社債とは、一般公衆を対象とする大量かつ長期的な債権であり、継続的に社債権者と利害関係をもつものですから、社債権者を集団的に取り扱い、保護する必要があります。社債は負債ですから、いずれ返済することを前提にしています。また、返済までは利息を支払うことが予定されています。また、社債と新株予約権をセットにした**新株予約権付社債**もあります。新株予約権付社債とは、新株予約権が付与された社債で、予約権を行使することにより株式を取得しうるものです。

◉社債管理者と社債権者集会

会社は、社債を発行する場合、社債管理者を定め、社債権者のために、弁済の受領や債権の保全など、社債の管理を委託しなければなりません。

社債管理者は、社債権者のために弁済の受領や債権の保全など社債管理に関する一切の権限をもつ一方、公平・誠実に社債を管理する義務や社債権者に対する善管注意義務を負います。また、社債管理者は、必要な場合には、裁判所の許可を得て発行会社の業務や財産の状況を調査することができます。

社債権者の利害に関する事項について、社債権者が集まり意思決定をする集会を**社債権者集会**といいます。

社債権者集会は、会社または社債管理者が招集します。社債権者は、その有する社債の金額に応じて議決権をもちます。社債権者集会の決議は、出席議決権者の議決権の総額の過半数でなされるのが原則です。

社債の発行手続きの流れ

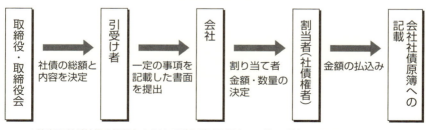

取締役・取締役会 → 引受け者 → 会社 → 割当者(社債権者) → 会社社債原簿への記載

社債の総額と内容を決定 / 一定の事項を記載した書面を提出 / 割り当て者金額・数量の決定 / 金額の払込み

※特定の者が社債の総額をまとめて引き受ける場合、一連の手続きは不要

10 新株発行①
資金を調達する必要があるときに、新たに株式を発行する

●公開会社の発行手続き

会社法では、株式を発行するのが公開会社か非公開会社かによって新株発行の手続きが異なっています。

まず、会社が募集株式を発行しようとする場合には、募集株式の数や、株式の払込金額や出資の履行方法など、募集事項を決定しなければなりません。公開会社では、その募集事項を決定する機関が、取締役会でよいと規定されています。つまり、公開会社では、原則として取締役会の決議で第三者割当の新株発行を行うことができます（支配権の異動を伴う募集株式の発行における株主総会決議については199ページ参照）。この場合に必要になる手続きは次の①②です。

① 取締役会決議

発行する株式の数、1株あたりの払込金額（代金）、払込期日、増加する資本金および資本準備金に関する事項などを取締役会で決議します。

② 株主に対する通知・公告

第三者割当の新株発行は、既存の株主の議決権割合を低下させる効果を持ちます。そのため、新株発行によって不利益を受ける株主には、新株発行の差止請求権が与えられています。しかし、新株発行に関する情報がなければ、株主は差止請求権を行使すべきか否かを判断できません、そこで、会社は新株発行の内容を株主に個別に通知または公告することになっています。

もっとも、公開会社が、第三者に対して、払込金額が株式の時価に比べて大幅に低下額で売却されるなど特に有利な金額で新株を発行する場合には、株主総会の特別決議が必要になります。この場合には、取締役は、株主総会で有利発行によって株式を発行しなければならない理由を説明しなければならないため、上記①②の手続きは不要になります。

特に有利な金額がどの程度の金額なのかについては、具体的にいくらと示すことは困難ですが、上場会社の株式については、市場価格の1割引程度では特に有利な金額にはあたらないとされています。

一方、市場価値のない株式については、会社の資産、収益、配当、類似する会社の株式価格などを考慮して判断されます。

●非公開会社の発行手続き

株式が譲渡制限されている非公開会社では、他の者が新たに株主として参入することに消極的であるといえ、募

集株式の発行について、特に既存の株主が持っている持分比率ができるだけ維持されるように、公開会社とは別の規律が置かれています。

非公開会社でも、公開会社と同様に募集事項が決定されますが、この募集事項の決定について、株主総会の特別決議が必要になります。したがって、有利発行の場合に限られず、常に株主総会の特別決議がなければ、募集株式を発行することはできません。少なくとも株主総会は、募集株式の上限と払込金額の下限を定めなければならず、これらの事項を定めれば、その他の募集事項については取締役（会）に委任することは認められています。

●引受けの申込み・履行・効力発生

公開会社と非公開会社とで若干の違いはありますが、募集事項が決定されると申込手続きに進みます。募集事項が株式を引き受けようとする者に対して通知され、株式を引き受けようとする者は、会社に対して氏名・名称、住所や申し込む株式数などを、会社に対して書面で交付しなければならないと定められています。このように申込手続きは、会社からの情報の開示と申込みをしようとする者の意思確認によって構成されています。会社は、原則として自由に株式を割り当てる者を決定することができ、株式を割り当てられた者が引受人となります。

株式の引受人は、金銭や現物出資を履行することによって、株主となる権利を取得します。この効力は、払込期日が決められている場合には、払込期日に金銭等を支払うことによって生じます。一方、払込期間を定めている場合には、引受人が履行した日に生じると規定されています。引受人が、出資の履行を行わない場合には、株主となる権利を失ってしまうことになります。

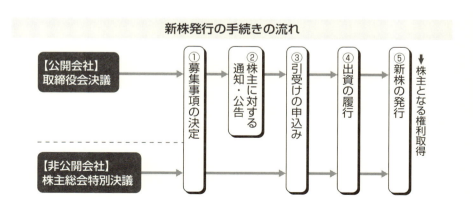

新株発行の手続きの流れ

新株発行②

差止めや無効、不存在確認といった方法で争うことができる

●新株発行の瑕疵と対抗手段

新株発行に瑕疵（問題）があった場合、会社法では新株発行の法的効力について争う方法として、効力が発生する前後に分けて規定があります。効力発生前は、①新株発行の差止め、効力発生後は、②新株発行無効の訴え、③新株発行不存在確認の訴えが定められています。

① 新株発行の差止め

募集株式の発行に瑕疵がある場合に、その効力が生じる前に、手続き自体を事前に止めてしまう方法です。新株発行の効力が生じるまでの間、株式の価値が薄められ、経済的損益がもたらされる場合のような、株主が不利益を受けるおそれがあるときは、法令・定款違反または著しく不公正な方法による新株発行の差止めを請求することができます。

たとえば、特に有利な金額による発行にあたるにも関わらず、株主総会特別決議を経ることなく、会社が募集株式の発行が行われる場合（重大な法令違反）などに認められると考えられています。

② 新株発行無効の訴え

新株発行が効力を生じた後は、瑕疵が重大である場合（たとえば、定款に定めのない種類の株式を発行した場合など）には、新株発行無効の訴えを提起できます。判例は新株発行の差止めを認める仮処分がなされたにも関わらず、これを無視して新株を発行した事案で、仮処分の無視は瑕疵が重大な場合にあたるとしました。新株発行の無効が認められた場合、会社は新株の引受け・払込みをした者に、払い込まれた金額または価格相当の金銭を支払わなければなりません。

新株発行無効の訴えは、提起するための提訴期間が定められています。公開会社の場合には、新株発行の日から6か月以内、非公開会社の場合には、新株発行の日から1年以内であれば訴えを提起できます。この期間を超えて新株発行無効の訴えを提起することは認められません。

また、新株発行無効の訴えが認められた場合、新株発行は遡って無効になるのではなく、訴えが認められて以後その効力を否定するしくみになっています。新株発行は多くの法律関係を形成するため、遡って無効になるとしてしまうと、法律関係が混乱してしまうからです。

③ 新株発行不存在確認の訴え

上記②の新株無効確認の訴えに関連

して、もはや株式が発行されたということが困難であるといえるような場合には、新株発行不存在確認の訴えを提起できると考えられています。何が不存在自由となるのかについて、さまざまな理解がありますが、一般には、手続上の瑕疵が著しく、法的に株式が発行されたと評価することができないと考えられるような場合とされています。

新株発行不存在確認の訴えは、②の新株発行無効の訴えと異なり、提訴期間は定められていません。そのため、いつでも訴えを提起することができます。

●関係者の責任

以上の他に、新株発行をめぐって関係者が民事上の責任を負う場合があります。

① 取締役等の責任

株主総会の特別決議が必要であるにも関わらず、それを経ずに特に有利な払込金額で募集株式の発行等を行った取締役等は、公正な払込金額と特に有利な（不公正な）払込金額との間の価額（差額）について、会社に対する損害として賠償する責任を負うと考えられています。

② 引受人の責任

募集株式の引受人が責任を負う場合もあります。まず、不公正な払込金額で募集株式を引き受けた者は、公正な価額との差額について支払義務を負うと規定されています。また、現物出資の価額が募集事項と比べて著しく不足する場合も、不足分を支払う義務があると定められています。そして、平成26年の改正により、引受人が仮装払込みを行った場合、仮装払込みを行った引受人は依然として払込義務を負うと定められました。

株主の対抗手段と関係者の責任

新株発行に問題（瑕疵）があった場合

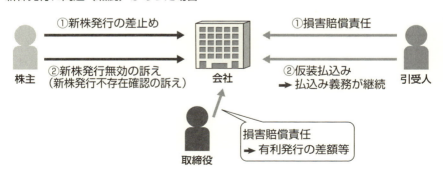

12 新株予約権①
事前に決められた価格で株式を買い取ることができる権利

●新株予約権の発行手続き

新株予約権とは、会社の株式を事前に決められた価格で会社から買い取ることができる権利のことです。買取りの対象は、新株でも、会社がすでに発行している自社株でもかまいません。

新株予約権を発行するための手続きとして、特に新株予約権を募集の形で発行しようとする場合には、新株発行の手続きと類似の手続きを経ることになります。つまり、まず募集事項として募集する新株予約権の内容や数、金銭の払込みが必要であるのか、そして払込金額やその算定方法などを決定します。

もっとも、金銭の払込みが必要であると決定しても、募集事項の1つとして決定する割当日（新株予約権者になるべき日）は、実際に金銭が支払われたかどうかに関係なく、その日をもって新株予約権者となると扱われることに注意が必要です。つまり、新株発行手続きと同様に、申込みを経て割当が行われますが、割当が終了した段階で、権利者は確定してしまい、払込みを行わない者については、新株予約権を行使できないにすぎません。

また、新株予約権割当の払込みに際して新株予約権者が会社に債権を有している場合には、会社の承諾を得て、相殺によって払込みに代えることができます。新株発行の払込みの際に相殺が認められないことと大きく違います。

そして、募集新株予約権についても、公開会社と非公開会社とでは扱いが異なります。公開会社では新株予約権を発行する際は原則として取締役会の決議が必要です。株式を公開していない会社は株主総会の決議（特別決議）が必要になりますが、株主総会で発行に関する主要な項目を決議すれば、具体的な項目の設定を取締役会に一任することも可能です。

新株予約権の発行に関するルールは株式と同じです。証券に関しては、不発行が原則です。新株予約権の行使は会社への請求と権利行使価格分のお金を払い込むことで完了します。

●新株予約権無償割当とは

新株予約権を株主に割り当てる方法として、**新株予約権無償割当**という方法があります。新株予約権無償割当は、前述した募集新株予約権の発行を無償で株主に割り当てる場合と類似していますが、こちらは、あくまでも株主の申込みを待って初めて割り当てられるもので、株主に対して当然に割当が行

われる新株予約権無償割当とは異なります。

新株予約権無償割当を活用した資金調達・増資のことをライツ・イシュー（あるいはライツ・オファリング）と呼びます。ライツ・イシューは会社の資金調達上、非常に便利な制度であり、制度をより活用しやすくするために、平成26年の改正で以下の点が変更になりました。

新株予約権無償割当によって権利を行使することができる機関は、割当についての基準日から2か月以内であると定められています。そして従来の法制度では、ライツ・イシューを行う場合、株主に対して権利行使のための準備期間を与えるために、権利行使期間の初日の2週間前までに株主等に割当の通知が到達していなければならないとされていました。

この通知日の基準が、平成26年改正により、新株予約権無償割当の効力発生後、遅滞なく通知を行わなければならないと改められました。ただし、株主の権利行使のための準備期間が奪われることを防ぐために、通知が到達した時点で2週間以内に権利行使期間の末日が到来してしまう場合には、通知の日から2週間が経過するまで権利行使期間が延長されます。このルールにより通知の日から2週間は権利行使が認められるわけですから、結局のところ、会社は「権利行使期間の末日の2週間前までに通知しなければならない」ということになります。

●支配株主の異動を伴う割当の特則

平成26年の改正によって、公開会社の新株発行について、支配株主の異動を伴うような、議決権の過半数となる新株が発行される場合には、株主に対する情報公開が義務付けられると共に、株主総会の承認を得なければならないと定められました。

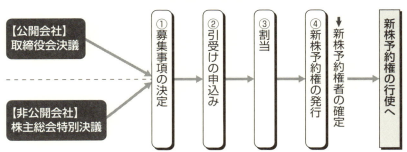

新株予約権の発行手続きの流れ

13 新株予約権②

予約権者保護のため、新株予約権の買取請求が認められている

●予約権発行の瑕疵と対抗手段

　新株予約権の募集手続きに問題（瑕疵）がある場合には、新株発行手続きと同様で、基本的にこれを事前に差し止める措置と、事後的に募集新株予約権発行無効の訴えを提起する方法を用意しています。つまり、新株予約権の発行が法令や定款に違反しており、株主が不利益を被るおそれがある場合には、募集新株予約権の発行差止請求権を行使することができます。

　また、新株予約権の発行について著しい法令違反などがある場合には、新株予約権発行無効確認の訴えの提起が認められます。さらに、瑕疵の程度が新株予約権の発行が存在したと認められないような場合には新株予約権発行不存在確認の訴えを提起できると考えられている点についても新株発行の場合と同様です。

●関係者の責任

　新株発行の瑕疵と株主の対抗手段の他にも、新株予約権発行をめぐって、払込金額などで不公正な手段を用いた者に対して、民事上の責任を追及する手段が用意されています。このうち、必要な株主総会の特別決議を経ずに、特に有利な払込金額で新株予約権発行等を行った取締役等が会社に対して損害賠償責任を負う点や、現物出資の価額の不足を補てんする責任、そして、不公正な払込金額で新株予約権を行使した者が、公正な価額との差額について支払義務を負うとされている点は新株発行の場合と同様です。

　また、平成26年の改正により、新株予約権の発行・行使の際に新株予約権者（引受人）が仮装払込みを行った場合、仮装払込みを行った引受人は依然として払込義務を負う旨が定められています。

●予約権の買取請求権

　会社の組織再編などにより、予約権を行使しても、かえって不利益になってしまうような場合があります。このような場合に、会社法は新株予約権の買取請求を認め、新株予約権者の保護を図っています。

　具体的には、①会社が組織変更した場合（会社法777条）、②合併により会社が消滅する場合（会社法787条、808条）、③会社分割により会社が分割する場合（会社法787条、808条）、④株式交換などにより会社がある会社の完全子会社になる場合（会社法787条、808条）などがあります。

第 8 章

事業再編

企業防衛の基本
あの手この手で敵対的買収を食い止める

●さまざまな企業防衛策がある

自社にとって好ましくない人や組織による、会社の買収のことを**敵対的買収**といいます。たとえば、買収者が買収によって集めた株式を、買収された会社の役員等に高値で買い取らせることを目的に、買収を行う場合など、敵対的買収は買収される会社に強い影響を与える可能性があります。

敵対的買収の対象となった場合、何の防衛策も施さないというわけにはいきません。わが国でも、敵対的買収が問題になる事例がいくつか見られるようになっています。もっとも、敵対的買収のすべてが、買収される会社にとって不利益になるとは限らない場合もありますので、許容される買収の形態に対し、過度な規制にならないよう、適切な防衛策が議論されています。会社によっては、敵対的買収を防ぐための買収防衛策を用意しておく必要があり、以下に記載するような新株の発行や新株予約権の発行によって買収防衛を図ることができます。

この企業防衛策として代表的なものが、ポイズン・ピルです。

ポイズン・ピルとは毒薬条項とも呼ばれるもので、定款（会社の根本規則）に一定の条項を記載しておく企業防衛方法です。買収者にとって株式の魅力を下げるような措置を会社がとれるように、予め特別な規定を定款に設けておくわけです。

ポイズン・ピルには、さまざまなバリエーションがあります。代表的なものとして、以下のような方法があります。

●新株予約権を使う方法

友好的な株主に新株予約権を与えておいて、買収が仕掛けられたときにその新株予約権を行使して、買収者の持株比率を下げるような条項を定めておく方法があります。

買収者の持株比率を減らして、会社の支配権を獲得するのに必要な株数を取得できないようにして買収をあきらめさせるという方法です。会社法上に規定されています。203ページに掲載した定款の条項は、新株予約権を利用したポイズン・ピルの規定例です。

●取得条項付株式を使う方法

取得条項付株式とは、会社に一定の事由が生じたときには、その株式を会社が取得することができるという株式のことです。この株式を発行するには、定款で定めることが必要です。

買収が仕掛けられたときに、買収者

が取得した株式を会社が取得できるようにしておくことができるので、敵対的買収に対する防衛策にすることができます。会社法上に規定されています。

● 全部取得条項付種類株式

全部取得条項付種類株式とは、株主総会の決議によって、会社がその種類の株式の全部を取得することができるという株式のことです。この種類の株式を発行するには、定款で定めることが必要です。

買収を仕掛けられたときに、臨時株主総会を招集し、株主総会の決議をすれば、買収者が取得した種類株式の全部を会社が取得できるので、敵対的買収に対する防衛策にすることができます。会社法上に規定されています。

● ピープル・ピル

ピープル・ピルとは、買収が成立したときに、優秀な人材がすべて退職するという方法です。会社を動かしていく人材がいなくなってしまうため、買収者が買収をあきらめるという効果を狙ったものです。会社法上には、定めがありません。取締役の卓越した能力により発展してきた会社では、その取締役が退職してしまうとその会社の価値は大きく下がってしまいます。そのため、このような会社の場合、敵対的買収者が出現したときにピープル・ピルを用いることが有効となります。

● 自殺薬条項

自殺薬条項（Suicide pill）とは、買収が仕掛けられたとき、自社の債務と自社の株式を交換するという定めのことです。買収にコストがかかるため、買収者が買収をあきらめるという効果を狙ったものです。ただ、自社が破産する可能性もある大変リスクの高い防衛手段であるといえます。会社法上には、定めのないものです。

ポイズン・ピル（新株予約権による場合）

第○条　当会社は、株主に対して、その有する株式の数に応じて新株予約権を無償にて割り当てるものとする。新株予約権の譲渡については、事前に取締役会の承認を得なければならない。
2　前項に定める新株予約権は、買収等により、当会社の発行済株式総数の20％以上の株式が取得された場合において、取締役会の決定に基づき発動されるものとする。
3　前項の取締役会の決定に基づき発行された新株は、買収等による当会社株式の取得者以外の株主に対して、時価の半額にて付与するものとする。

2 M&A

M&Aを活用すれば、短期間で事業を拡大できる

●M&Aとは

M&Aは、「Mergers And Acquisitions」の略で、「合併と企業買収」を意味する言葉です。日常用語では、複数の会社の結合を買収という言葉を用いて表すことも多いですが、買収は経済的用語であり法律用語ではないといわれています。そこで、M&Aの言葉が用いられることが一般的になっています。特に、商法から独立して会社法が制定された平成18年前後に、M&Aが行われる件数が増加しました。M&Aといえば、合併、事業譲渡、企業買収（株式譲渡）などが代表的です。加えて、M&Aを実行する際には、MBO、株式交換、会社分割などの細かい手法も活用されています。

現在、日本において、M&Aは、さまざまな経営課題を解決するための有効な手段として活用されています。具体的には、新技術やノウハウの獲得、市場シェアの拡大、事業の整理統合など幅広い目的でM&Aが用いられています。M&A（事業譲渡や企業買収）を活用することで、企業は、事業の拡大、中核事業の強化などをめざします。それらの目的を達成するには、買収などの対象になる会社が営む事業が、何らかの価値を持っている必要があります。ここでいう価値とは、商品開発力、ブランド力、販売網、知名度などです。

●なぜM&Aを行うのか

M&Aを行う理由としては、「事業の拡大・縮小のため」「事業の効率化のため、後継者問題の解決のため」といったものがありますが、これらの理由の中では、「事業の拡大・縮小のため」という理由が一般的です。また、M&A（合併、企業買収など）を活用すれば、事業を短時間のうちに一気に拡大できる場合があります。

企業としては、個々の経営課題に合わせて、多様なM&Aの手法の中から、最適なものを選択することになります。

●M&Aのメリットとは

M&Aのメリットの1つ目は、事業展開のスピードアップです。たとえば、商品の販路を持たないメーカーが販売会社とM&A（合併など）を行えば、短期間で販売網を獲得できます。2つ目は、事業を拡大できることです。特に、同業種もしくは近い業種とのM&A（合併など）では、事業規模の拡大が期待できます。3つ目は、事業と事業の相乗効果が見込めることです。たとえば、技術力に強みを持つが販売

力では劣るA社が、販売力に強みを持つものの技術開発が追いつかないB社と合併する場合がそうです。この場合、それぞれの弱点を補い合う相乗効果が期待できます。

●M&Aのデメリットとは

M&Aのデメリットは2つあります。
① **企業体質や社風の違いによる現場の混乱**

たとえば、合併した企業の文化・風土があまりにも違うと、事業方針などの違いにより現場が混乱し、期待した効果が得られない場合があります。それではメリットよりもデメリットの方が大きいという結果に終わってしまいます。
② **従業員のやる気を削ぐおそれがあること**

たとえば、会社分割などによって、ある事業部門を別会社にして、他の会社に売却する場合がそうです。その事業部門に所属している従業員が元の会社に対して高い忠誠心を持っていると、会社分割によってやる気を失う可能性があります。

●中小企業がM&Aをするメリット

M&Aは、大企業向けだけの経営手法ではありません。確かに、M&Aの手法の中には、中小企業が利用するのが難しい株式交換のような手法もあります。しかし、中小企業でも利用できるM&Aの手法もあります。中小企業の場合は、下図のように、後継者・人材の不足や事業規模の点で問題を抱えており、それらの問題を解消するためにM&Aを活用することが多いようです。

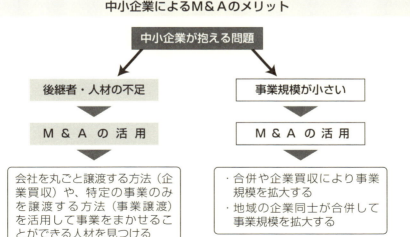

中小企業によるM&Aのメリット

3 組織再編行為

企業の結合や分割などによる会社組織の変更行為である

● 組織再編行為とは

組織再編行為とは、会社の基礎の変更を伴う企業の結合・分割などによって会社組織を変更する行為です。

会社事業の拡大・縮小に伴い、組織再編が必要となる場合があります。不採算部門の事業から撤退しなければならない場合、好調な事業部門に新たに進出し、業績を伸ばそうと考える場合、さらに、生き残りをかけて、あるいは、世界の市場で競争するために他の企業と提携、合併をすることがあります。

会社法は、このような必要性から、多様な組織再編制度を用意しています。組織再編行為の種類には、①事業譲渡、②合併、③会社分割、④株式交換・株式移転があります。

● 事業譲渡

会社の事業の全部または重要な一部を譲渡することです。事業譲渡の対象となる財産には、動産や不動産のような形のあるものだけでなく、得意先やノウハウといった無形の財産も含まれます。事業譲渡のメリットとしては、新規事業に進出しようとする企業が、ある事業部門のみの譲渡を受けることで、早期に新規事業に着手できることがあげられます。

● 合併

複数の会社が契約により1つの会社になることです。新しい会社（新設会社）にまとめる場合（新設合併）と存続する会社（存続会社）に他の会社が吸収される場合（吸収合併）があります。

新設合併は、吸収合併に比べ、手間も費用もかかるため、実際には、吸収合併の形をとることが多いようです。

● 会社分割

1つの会社を複数の会社に分けることです。分割する会社（分割会社）の事業に関する権利義務の全部または一部を新しい会社（新設会社）に引き継がせる場合（新設分割）と他の既存会社（承継会社）に引き継がせる場合（吸収分割）があります。

● 株式交換・株式移転

株式交換・株式移転は、完全親子会社を作るための制度です。親会社となる会社が既存の会社である場合を株式交換といい、新設会社である場合を株式移転といいます。

① 株式交換

たとえば、Jを親会社とし、Kを子会社とする場合、Kの株主全員の所有するKの株式をJに移転し、Kの株主

であった者にJの株式（自己株式または新株）を割り当てます。これにより、KはJの完全子会社となります。

② 株式移転

Mを子会社とし、新設のLを親会社とする場合、Lを設立後、Mの株主全員の所有するMの株式をLに移転し、Mの株主であった者にL発行の株式を割り当てます。これにより、MはLの完全子会社となります。

●事業再編と事前の差止め請求

事業再編については、略式組織再編のうち、略式吸収合併、略式吸収分割、略式株式交換の場合には株主による事前の差止請求が認められています。差止請求が認められる要件は以下の①と②の双方を満たすことです。

① その組織再編が法令または定款に違反する場合またはその組織再編の対価が著しく不当である場合
② 株主が不利益を受けるおそれがあるとき

また、一般の組織再編についても、株主による事前の差止請求が認められています。ただし、その組織再編の対価が著しく不当である場合には、差止請求はできません。この場合、反対株主として株式買取請求権を行使します。

組織再編行為の比較

	事業譲渡	合併		会社分割		株式交換	株式移転
		吸収合併	新設合併	吸収分割	新設分割		
株主総会の特別決議	事業の全部または重要な一部の譲渡、事業全部の譲受けの場合、必要	必要	必要	必要	必要	必要	必要
株式買取請求権	あり	あり	あり	あり	あり	あり	あり
債権者保護手続き	なし	あり	あり	あり	あり	一定の場合にあり	一定の場合にあり
効力発生日	契約で定められた日	契約で定められた日	設立登記日	契約で定められた日	設立登記日	契約で定められた日	設立登記日
株主の変動	なし	消滅会社の株主は原則として存続会社の株主となる	消滅会社の株主は原則として新設会社の株主となる	原則としてなし	原則としてなし	完全子会社の株主は完全親会社の株主になる	完全子会社の株主は完全親会社の株主になる

簡易組織再編と略式組織再編

簡易・略式組織再編の利点は、株主総会の特別決議を省略できること

● 簡易組織再編とは

通常、会社が、合併や会社分割などの組織再編を行う場合、その手続きはとても面倒です。たとえば、合併では合併存続会社と合併消滅会社における特別決議が必要になりますが、特別決議を可決する条件は厳しくなっています。具体的には、総議決権の過半数を有する株主が出席して、出席した株主の議決権の3分の2以上の多数で決議する必要があります。

このように厳しい条件が課されるのは、組織再編が会社に与える影響が大きいからです。しかし、組織再編の中には、会社に与える影響が軽微なものもあります。たとえば、大企業が小さな企業を吸収合併するケースです。

また、大企業が分割会社となる場合でも、巨大な資産のうちのごく一部だけを承継会社に引き継ぐのであれば、会社に与える影響は軽微です。会社の事業に与える影響が少ないにも関わらず、原則どおり株主総会の特別決議を求めると、負担が大きすぎます。

そこで、規模の大きな会社が組織再編を行う場合などに、一定の条件をクリアすれば株主総会の特別決議を省略できる制度が設けられています。これが**簡易組織再編**です。簡易組織再編のメリットは、株主総会決議の可決に必要な手間や時間、費用がかからなくなり、スピーディな再編が可能になることです。

● どのような条件が必要になるのか

簡易組織再編を利用できるケースは大きく分けて2つあり、それぞれのケースで簡易組織再編の利用条件が異なります。

① 規模の大きな会社が、規模の小さな会社を吸収合併によって取り込むのと類似したケース

大きな会社について株主総会決議の省略が可能です。このケースでは組織再編の対価である株式等の金額と、対価を交付する会社の純資産額を比較して、簡易組織再編が可能かどうかを判断します。具体的には、吸収合併では、消滅会社の株主に交付する株式等の金額が存続会社の総資産の20％以下の場合に簡易組織再編が認められます。

② 分割会社が、資産のうちのごく一部を承継会社に引き継ぐのと類似したケース

具体的には、吸収分割、新設分割、事業譲渡に関して、分割会社と譲渡会社について一定の条件をクリアすれば株主総会決議を省略できます。その条

件は、承継または譲渡される資産の帳簿価格の合計が、分割会社または譲渡会社の総資産の20％以下の場合であることです。ただし、簡易組織再編を利用できないケースが2つあります。存続会社・承継会社等が全株式譲渡制限会社であって株式を交付する場合と、合併の存続会社が承継する負債の簿価が資産の簿価を超える場合です。

◯略式組織再編とは

略式組織再編は、簡易組織再編と同様に、株主総会決議の省略を可能にする制度です。この制度は、株式による支配関係のある会社間での組織再編について株主総会決議の省略を認める点がポイントです。

100％子会社を吸収合併する場合、子会社で株主総会を開いて決議を得る意味がありません。子会社の株主は親会社しかおらず、株主総会を開催すれば当然、決議が可決されるからです。そこで、一方の当事会社およびその直接または間接の100％子会社が相手方の総株主の議決権の90％以上を所有している会社の組織再編については、株主総会決議を不要としています。

ただし、略式組織再編の場合と同様に、株式の譲渡制限がある会社は、略式組織再編を利用できません。

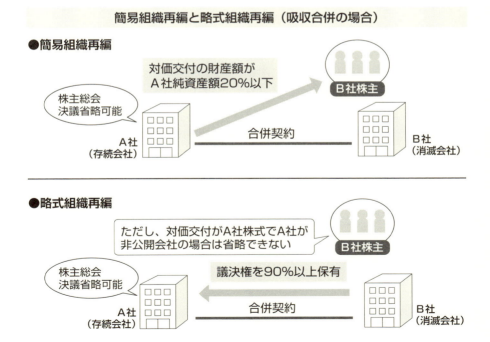

簡易組織再編と略式組織再編（吸収合併の場合）

5 合併

合併のメリット・デメリットをしっかり押さえておく

●合併とは

合併とは、複数の会社が1つの会社になることです。合併は大きく2種類に分類できます。

会社法では吸収合併と新設合併があります。**吸収合併**は、合併する複数の会社のうちの1社が存続して、他の会社を吸収する方式です。**新設合併**とは、新しい会社を作って、合併する複数の会社が新会社に吸収される方式です。いずれの場合も吸収された会社は消滅します。

合併では、吸収合併を利用するのが普通です。その理由は、新設合併の場合、新会社は改めて登記をしなければならなかったり、許認可が必要な業種では新しく許認可を取り直さなければならなかったりするといった事務手続上の煩わしさがあるからです。

なお、合併は合併契約により行われるのが通常です。この際には、契約締結の相手方をいかに選定するのかが重要になり、相手方に関する情報を適切に収集すること（デューデリジェンス）が、特に重要であるといわれています。

●合併のメリットとデメリット

合併のメリットとしてまず挙げられるのが事業規模の拡大です。

事業の規模が大きくなれば、資金余力が生まれます。そのため、ある事業が赤字でも、他の事業から上がる収益により建て直すことができます。異なった地域で事業を展開している会社同士が合併すれば、広域展開により、会社の知名度アップを図ることもできます。

また、2つの会社が合併すれば、管理部門にかかる経費や店舗数の削減により、管理部門や事業部門にかかる経費のカットが可能になります。さらに、合併によって、得意分野を相互活用すれば、顧客に提供できる商品やサービスの幅や質を高めることができます。

一方、企業風土があまりにも異なる会社同士が合併すると経営陣や従業員の間に派閥争いが起こり、現場が混乱して、事業遂行に支障が出るおそれがあります。また、事業規模の拡大によるメリットは、一部の事業が黒字で、一部の事業が赤字という場合に発揮されるので、逆にすべての事業・店舗が赤字になった場合には、事業の建て直しに必要な資金や労力も多大なものになります。そのため、合併をする場合には、このようなメリットとデメリットを比較することが重要です。

◯吸収合併を行う場合

合併の方式は吸収合併が使われるのがほとんどです。

吸収合併が行われるのは、企業が金を払って自社に取り込んででも価値があると思える会社を見つけ、見つけられた側の会社も吸収されることを容認した場合です。具体的にはさまざまなケースがあります。吸収される会社が吸収する会社に対して下請けのような関係にあり、会社を一緒にした方が事業を行いやすくなる場合、吸収される会社に特殊な技術があり、吸収する会社にとってその技術が事業継続のために不可欠な場合などが考えられるでしょう。

また、吸収合併するためには、相手がいなければなりません。吸収されたいと思っている会社に比べて、吸収したいと思う会社が少ないのです。そこで、よい地元の商工会議所や取引銀行、専門のコンサルティング会社などに相談することも必要になります。

第8章 事業再編

新設合併と吸収合併

●新設合併

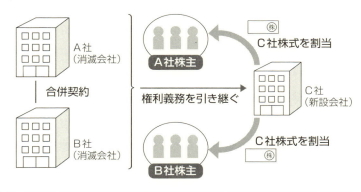

●吸収合併

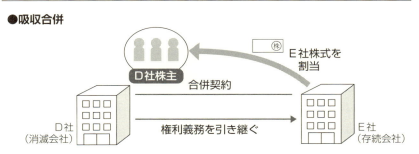

合併の種類
一部の手続きを省略できる形態の合併もある

● どんな種類があるのか

合併には通常の合併の他に、以下の3種類の合併があります。特に簡易合併と略式合併は、要件を満たせば、合併契約承認の株主総会決議が不要である点が特徴的です。なお、簡易合併等が可能でも、通常の合併手続によることもできます。

① **簡易合併**

簡易合併は、吸収合併に関して、存続会社における株主総会特別決議を省略できる制度です。

簡易合併の要件は、吸収合併について、存続会社が合併対価として交付する株式等の額が純資産額の5分の1以下であることです。存続会社について株主総会の特別決議が必要なのは、合併対価が過大だと会社の財産が流出して、会社に重大な影響を及ぼすためです。しかし、簡易合併では、合併対価が、会社の資産の5分の1以下に抑えられているため、会社の財産に重大な影響を及ぼすことはありません。そのため、簡易合併では存続会社の株主総会決議の省略が認められています。

② **略式合併**

略式合併は、吸収合併の存続会社が消滅会社の株式の9割以上を保有している場合に、消滅会社の株主総会決議を省略できる制度です。

簡易合併と異なり、消滅会社の株主総会の特別決議を省略できる点に特徴があります。決議を省略できる理由は、消滅会社の株主の9割は存続会社であるため、株主総会を開けば特別決議を可決できるのが明らかであり、わざわざ株主総会を開く必要性がないからです。

③ **三角合併**

吸収合併を行う際、存続会社は自社の株式だけでなく、その親会社の株式を合併対価として交付できます。存続会社がその親会社の株式を交付するタイプの合併を三角合併と呼びます。

三角合併のメリットは、100％親子関係を維持したまま、子会社が吸収合併を行えることです。具体的には、外国会社を親会社とする100％子会社が、日本国内で他の会社を吸収合併する場合などにこのメリットが発揮されます。この場合、子会社が自社の株式を合併対価にすると、消滅会社の株主がその子会社の株主になるため、100％親子関係が損なわれます。その点、子会社がその親会社の株式を合併対価として交付すれば、消滅会社の株主は親会社の株主となり、100％親子関係を維持できます。

MBO
子会社の経営陣や事業部門の責任者などが買収を行う点が特徴

●関係者による買収である点が特徴

　MBOとは、会社の事業部門の責任者などが、その事業部門の経営権などを買収することをいいます。MBOの特徴は、事業部門の関係者などが買収を行うことです。

　MBOが役立つ場面として、まず、事業部門を切り離して、会社本体を縮小、合理化する場合があります。MBOを活用すれば、低コストで迅速に事業部門を売却できます。MBOを行う場合、デューデリジェンス（216ページ）が不要だからです。また、MBOであれば、従業員や労働組合の理解も得やすいという利点があります。

　さらに、後継者不在に悩む中小企業が、従業員に事業を承継する場合があります。中小企業の経営者は高齢者であるため、見ず知らずの第三者に事業を譲渡することには抵抗があります。その点、MBOはのれん分けに似たしくみであるため受け入れやすいといえます。

　事業部門を買収するタイプのMBOの流れは、まず、①事業部門の部門長と従業員が、手持ちの資金などによって新会社を立ち上げ、事業部門の責任者などが、新会社の株主及び取締役になります。次に、②事業部門の買収資金を得るため、新会社は新株を発行し、金融機関からも買収資金を借り入れます。MBOの場合は、金融機関はその事業部門のキャッシュフロー等を担保に融資を行います。その上で、③新会社は、②で得た資金によって事業部門の事業譲渡を受けることになります。

MBOの手続きの流れ

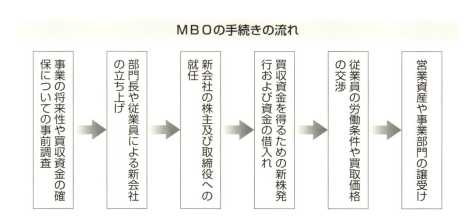

事業の将来性や買収資金の確保についての事前調査　→　部門長や従業員による新会社の立ち上げ　→　新会社の株主及び取締役への就任　→　買収資金を得るための新株発行および資金の借入れ　→　従業員の労働条件や買取価格の交渉　→　営業資産や事業部門の譲受け

8 合併手続き
合併手続きには大きく分けて7つの段階がある

◯ どんな手続きが必要か

合併の手続きには、①合併契約の締結、②事前開示、③株主総会、④反対株主の株式買取請求、⑤債権者保護手続き、⑥登記、⑦事後開示の7つの段階があります。

① **合併契約を結ぶ**

存続会社と消滅会社が合併契約を結びます。会社法には、合併契約書に必ず記載しなければいけない事項が定められています。合併契約書にその事項が記載されていないと合併が無効になるので注意してください。

② **合併契約に関する資料を開示する**

吸収合併の場合、存続会社と消滅会社のそれぞれの本店に、合併契約に関する資料を備え置く必要があります。合併によって影響を受ける株主や会社債権者が合併に関する情報を入手できるようにするためです。

③ **株主総会で決議する**

吸収合併を行うには、存続会社、消滅会社の両方について、原則として株主総会の特別決議を得る必要があります。ただし簡易合併や略式合併に関しては、例外的に株主総会の決議を省略することができます。

④ **反対株主の株式買取請求**

合併に反対する株主は、会社に対して、「公正な価格」で株式を買い取るように請求できます。合併は、株主の地位に大きな影響を与える可能性があるため、認められた請求です。ここでいう「公正な価格」とは、合併による企業価値の上昇を見込んだ株式の価格です。

⑤ **債権者保護手続き**

吸収合併の各当会社は、債権者に一定の事項を官報で公告し、かつ、知れている債権者には個別に催告をしなければなりません。債権者が期間内に異議を述べない場合、合併を承認したとみなされます。

⑥ **登記**

吸収合併を行った場合、存続会社については変更登記、新設合併においては設立の登記を消滅会社については解散の登記を申請します。

⑦ **事後開示**

存続会社は、吸収合併の効力発生後、遅滞なく事後開示書面を作成し、本店に備え置き、株主と債権者が閲覧できるようにします。事後開示書面には、存続会社が吸収合併により承継した消滅会社の権利義務その他吸収合併に関する事項を記載します。

これらの手続き終了後に、契約書の記載どおり、存続する会社から消滅し

た会社の株主に対して合併の対価が支払われます。

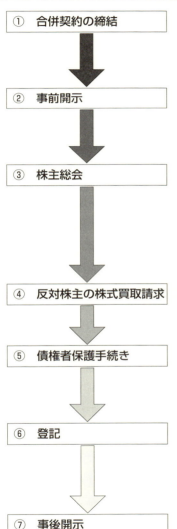

合併手続きの流れ

① 合併契約の締結
・存続会社と消滅会社が合併契約を結ぶ
・合併契約書の記載事項に不備がないようにする

② 事前開示
・株主や会社債権者のために合併に関する資料を備え置く
・存続会社と消滅会社の各本店に備え置く

③ 株主総会
・原則として存続会社、消滅会社双方で株主総会の特別決議が必要
・簡易合併の場合には存続会社の総会決議を省略できる
・略式合併の場合には消滅会社の総会決議を省略できる

④ 反対株主の株式買取請求
・合併に反対する株主は会社に対して公正な価格での株式の買取りを請求できる

⑤ 債権者保護手続き
・債権者に対する公告を行う
・存在を知っている債権者には個別の催告が必要

⑥ 登記
・効力発生日から2週間以内に登記をする
・吸収合併の場合、存続会社については変更登記を、消滅会社については解散の登記を行う
・新設合併の場合は設立の登記と解散の登記を行う

⑦ 事後開示
・吸収合併の効力発生後、遅滞なく、事後開示書面を作成し、本店に備え置き、株主と債権者が閲覧できるようにする
・備え置く期間は、効力発生日から6か月間

9 合併契約

正式な合併交渉に入るか否かは、デューデリジェンスの結果しだいである

●当事者間でまず行うこと

合併交渉を行うにあたり、最初にすることは**秘密保持契約**の締結です。交渉にあたって、重要な営業上、技術上の情報を相互に開示するため、秘密の保持が不可欠だからです。

秘密保持契約は、交渉を通じて知り得た相手企業の情報等を第三者に一切開示しない旨を約束する契約です。秘密保持契約では、秘密保持の期間、秘密保持義務に違反した場合の違約金などが定められます。

●基本合意書を締結する

合併交渉の初期の段階では、交渉の基本方針等を定めた基本合意書が締結されるのが一般的です。この基本合意書には、合併の目的・要旨、不動産や金融商品などの調査（デューデリジェンスといいます）、合併後の状況などが定められます。

基本合意は、お互いに情報が不十分な段階で締結されるため、契約書の中に法的拘束力がない旨が明記されることが多いようです。ただし、法的拘束力がないからと言って、基本合意に自社に不利な条項を盛り込むべきではありません。

●実態を把握する調査をする

合併後に相手企業について簿外の債務が発覚するなどのリスクを防止するために、合併相手の実態を把握するための調査が不可欠です。この調査を**デューデリジェンス**と呼びます。デューデリジェンスでは、会計や財務に関する調査、法務、ビジネス全般の観点から調査が行われます。

法務関係の主な調査対象は、契約関係、知的財産関係、紛争関係、不動産関係、資本関係、人事・労務関係などです。

契約関係では、金銭消費貸借契約、販売契約などの各種契約書をチェックします。知的財産関係は、相手企業が保有する特許、商標、著作権などが調査の対象になります。紛争関係は、相手企業がかかえている訴訟、調停などの紛争が調査対象です。不動産関係については、不動産の権利関係（所有、賃貸、担保設定）などを調査します。資本関係では、子会社やグループ会社やストックオプションなどを確認します。人事・労務関係では、労働契約、就業規則などを調査します。

●正式な交渉をする

正式な合併交渉を進めるか否かは、

調査の結果により決まります。

調査の結果、大きな問題が見つからなかった場合や、問題があるものの解決可能な場合は、正式な合併交渉を進めます。ただし、何らの問題の存在を知りながら、合併交渉を進める場合には、調査の範囲、方法、程度を書面に残しておくことが必要です。この作業を怠ると、後で合併について何か問題が起こった時に、取締役の善管注意義務違反を問われる可能性があります。

逆に、調査の結果、解決不能な大きな問題が発覚した場合には、合併交渉はそこで打ち切るべきです。たとえば、相手企業のライセンスに注目して合併交渉を開始したが、そのライセンスの継続が見込めないような場合です。

●合併契約書作成時の注意点

会社法には、合併契約書に必ず記載しなければならない事項が定められています。たとえば、株式会社間で吸収合併を行う場合は、以下の事項を合併契約書に必ず記載しなければなりません。略式合併を行う場合や簡易合併を行う場合も必要な事項を契約書に記載しなければなりません。合併契約書には通常、その他にも、合併の細かい条件などが記載されます。しかし、前述したように、法定化された記載事項を欠くと、合併自体が無効になってしまうため、注意が必要です。

① **存続会社と消滅会社の商号と住所**

これは合併当事者を特定するために必須の事項です。

② **存続会社が消滅会社の株主に交付する株式等に関する事項**

吸収合併に際して、株式を交付する場合は、交付する株式数、存続会社の資本金・準備金の額、割当に関する事項を記載します。

③ **存続会社が消滅会社の新株予約権者に対して、その新株予約権に代わって交付する存続会社の新株予約権等に関する事項**

消滅会社が従業員にストックオプション（新株予約権）を発行している場合に記載する事項です。存続会社は、消滅会社の新株予約権者に対して、自社の新株予約権等を代わりに付与できます。

④ **合併の効力発生日**

吸収合併については、当事会社が合意によって定めた効力発生日に合併の効力が発生します。

なお、実務上は、会社法で定められた記載事項以外のさまざまな事項が合併契約書には記載されています。たとえば、合併の効力発生までの善管注意義務に関する事項、従業員の雇用継続に関する事項、契約解除に関する事項などが定められています。合併契約書は、取締役会および株主総会に提出して承認を得ることが必要です。承認を得られた場合、議事録を作成することになります。

10 事業譲渡①
譲渡対象を自由に決められるというメリットがある

●事業譲渡とは

事業譲渡とは、会社の事業の一部または全部を他の会社に売却することです。これに対し、会社そのものを売る場合は、企業譲渡または企業売却といいます。事業譲渡の場合は、事業の譲渡後も既存の経営陣に会社が残るため、既存の経営陣に会社が残らない企業譲渡または企業売却とは異なります。

会社は、従業員、工場、設備、仕入先、納入先、金銭などの個々の財産は、その財産以上の価値を持ちませんが、さまざまな財産を上手に組み合わせて、1つのしくみとして機能させることで利益を生み出しています。この「利益を生み出すしくみ」を「事業」といいます。会社法は、事業を譲渡する場合と、事業を譲り受ける場合の両方について株主総会の特別決議が必要な場合を規定しています。

事業譲渡については、①手がけている事業を全部譲渡する場合と、②複数ある事業のうち重要な事業を譲渡する場合に、株主総会の決議が必要です。これらの場合には、取締役の判断のみで簡単に譲渡を可能としてしまうと、会社に不測の損害が生じるおそれがあるからです。

なお、事業全部の賃貸、経営委任に関する契約の締結、変更、解約についても、事業の譲渡と同様に株主総会の特別決議が必要になります。

一方、他社から事業を譲り受ける場合は、事業を全部譲り受ける場合に株主総会の決議が必要になります。事業の一部を譲り受ける場合には、株主総会の決議が不要である点に注意してください。

●会社売却とはどう違うのか

事業譲渡と会社の譲渡（株式売却）は似て非なるものです。

事業譲渡は、会社が手がけている事業のみを譲渡するもので、会社の経営体制（株主、取締役等）に変化をもたらしません。

一方、会社の譲渡（株式売却）は、会社の経営権・支配権の譲渡です。株式の譲渡により、株主が入れ替わり、それに合わせて取締役も交代するのが原則です。

●事業譲渡のメリット

事業譲渡は、①会社を倒産から救う、②会社を清算する、③事業再編をするなどの場合に使われます。

①会社を倒産から救うとは、優良な事業の一部を売却して売却益で会社を

建て直すといったイメージです。

②会社を清算するとは、事業を売却して売却益を会社清算のための資金にするケースです。法的な義務はありませんが、売却する事業の従業員も一緒に売却先へ移るのが一般的ですので、会社清算後に従業員を路頭に迷わせないための方策にもなります。

③事業再編とは、自社にとっては必要のない事業や採算のとれない事業の譲渡により、経営体質を強化することを意味します。売却益で主力の事業をさらに強化するといったことができます。

事業譲渡では、株式売却と違って買い手と売り手が自由に譲渡対象である資産や負債の内容を決めることができます。したがって、買う方にとって不要な資産を買う必要がない他、不良資産を買わされるおそれもないため、話がまとまりやすいといったメリットがあります。

◯簡易事業譲渡と略式事業譲渡

事業譲渡については株主総会の特別決議を省略できる場合があります。それは、簡易事業譲渡と略式事業譲渡の場合です。簡易事業譲渡は、譲渡の対象になる資産の帳簿価額が会社の総資産額の5分の1を超えない場合です。

一方、略式事業譲渡は、事業譲渡の相手会社が特別支配会社である場合です。具体的には、A社がB社の議決権の9割以上を保有している場合、B社から見てA社が特別支配会社にあたります。

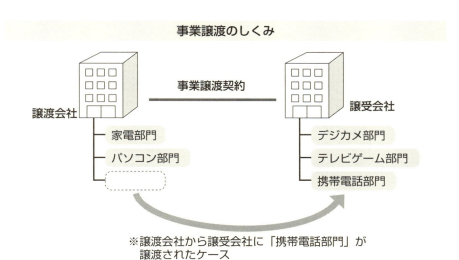

事業譲渡のしくみ

※譲渡会社から譲受会社に「携帯電話部門」が譲渡されたケース

事業譲渡②
譲渡に伴う責任・義務についても注意が必要である

●商号の続用

事業譲渡に合わせて、商号をそのまま引き継ぐことも可能です。同じ商号を使えば、顧客や取引先の信用をつなぎとめることができるという利点があります。ただし、譲受会社が商号を引き継ぐ場合に注意すべきことがあります。それは、譲渡会社の債権者に対する弁済責任を免れる措置を講じることです。

会社法には、商号を続用した譲受会社は、その代償として、譲渡会社の債権者に対して、弁済責任を負う旨が規定されています。しかし、譲受会社が次のような措置を講じれば、この責任は免除されます。

① 譲受会社がその本店所在地で「譲渡会社の債務の弁済責任を負わない」旨の登記をした場合
② 当該債権者に対して「譲渡会社の債務の弁済責任を負わない」旨の通知・公告をした場合

なお、譲受会社が何らの措置を講じなくても、事業譲渡から2年経過すれば、譲渡会社の債務の弁済責任は免除されることになっています。

●競業避止

事業を譲渡した会社は、事業譲渡の日から20年間、一定地域内で譲渡した事業と同一の事業を行うことが禁止されます。この義務を**競業避止義務**といいます。競業避止義務の目的は、譲渡会社がかつてのノウハウや人脈を利用し、譲受会社の事業に支障を与えないためといわれています。

●子会社株式の譲渡と手続き

平成26年改正前は、親会社が子会社の株式を譲渡する場合には、親会社の株主総会の承認は不要でした。しかし、親会社が持株会社である場合が多い現状では、主力業務を行っている子会社の株を譲渡することは、事業を譲渡することと実質的に同じで、会社にとって重要な決断だといえます。そこで、平成26年改正によって、子会社の株式を譲渡する場合であっても、親会社の株主総会の承認を受けなければならないことになりました。

具体的には、親会社の総資産との比較で、帳簿価額が5分の1を超える場合で、なおかつ株式を譲渡することによって、子会社の議決権の過半数を下回り、支配権を失う場合には、株主総会の特別決議が必要となります。

事業譲渡の場合、事業譲渡に反対する株主は、自分の持っている株を公正

な価格で買い取ってもらうことができます。子会社の株式を譲渡する場合にも、反対株主には同じような権利があり、手続きも事業譲渡の場合と同様です。

親会社は、子会社の株式譲渡の効力発生日の20日前までに、株主に、「子会社の株式を譲渡する」ということを通知しなければなりません。その上で譲渡に反対する株主は効力発生日の前日までに株式を買い取ってくれるよう請求します。

買取り価格については、反対株主と会社との間で協議を行い、価格を決めます。価格決定後、効力発生日から60日以内に支払わなければなりません。効力発生日から30日以内に価格が決まらない場合には裁判所に価格を決めてもらうよう、申立てをすることができます。

●詐害的な事業譲渡の規制強化

事業譲渡は、会社の財産が他の会社に移ることですので、会社分割と同じく、利害関係を持っている人、特に債権者に影響を与えます。このような債権者を害することを知りながら、採算のとれている事業を故意に譲渡し、債権の回収を困難にしてしまうような場合を詐害的な事業譲渡といいます。

詐害的な事業譲渡が行われた場合には、詐害分割と同様に、残存債権者を保護するための制度があります。譲渡会社が、債権者に不利益になるという点を把握しているにも関わらず事業譲渡をしたような場合には、残存債権者は事業を譲り受けた会社に対して、債務を履行するように請求することができます。

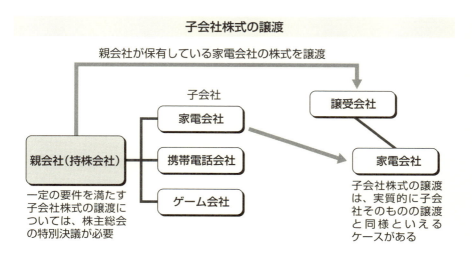

子会社株式の譲渡

親会社が保有している家電会社の株式を譲渡

親会社(持株会社) — 子会社：家電会社／携帯電話会社／ゲーム会社

譲受会社 → 家電会社

一定の要件を満たす子会社株式の譲渡については、株主総会の特別決議が必要

子会社株式の譲渡は、実質的に子会社そのものの譲渡と同様といえるケースがある

12 会社分割①
吸収分割と新設分割があり、使い勝手もよくなった

● 会社分割とは

　会社分割とは、1つの会社を2つ以上の会社に分けることです。会社分割には吸収分割と新設分割の2つの方法があります。**吸収分割**とは、会社が切り分けた事業を既存の他の会社に継承させる方法です。**新設分割**は、新設した会社に事業を継承させる方法です。事業を分割する側の会社を分割会社、事業を継承する会社を承継会社と呼びます。

　なお、株式を対価とするのが一般的ですが、会社分割を利用した会社清算などがやりやすいように株式の代わりに金銭を支払うこともできます。

　会社分割の対象は事業に関して有する権利義務の全部または一部です。事業とは、事業譲渡における「事業」（218ページ）と同義とされています。

● どんな場合に利用するのか

　会社分割を使う場合には、①会社を倒産から救う、②会社を清算する、③事業再編する、④事業再生するといった目的が想定されます。

　承継会社から受け取る金銭などを資金として分割会社を建て直したり、清算したりします。事業再編では持株会社を設立する場合などに活用されます。

　持株会社とは、具体的な事業活動の展開や投資というよりは、他の株式会社を支配することを目的として他の会社の株式を保有する会社のことです。

　最近、活用が増えているのが、企業分割により不採算部門を切り分け、事業の再生を図る活用法です。新設分割の方法を活用します。既存の会社を借入金や不良資産だけを持つ会社と優良資産を持つ会社に分割するのです。借入金や不良資産だけを持つ会社が承継会社に、優良資産を持つ会社が分割会社となり、承継会社の親会社となります。親会社は優良資産しか持っていませんので、投資や融資による資金を集めやすくなります。

　一方、子会社は借入金と不良資産しかありませんので、借入金の免除や借入れ条件の変更を債権者に頼むことになります。親会社は投資や新規融資で集めた資金の一部を子会社の借入の返済に充て、残りを事業資金に回して事業を継続します。子会社に移った債務が一部でも返済されることにより、既存の債権者も債務の免除や借入条件の変更に応じやすくなるわけです。

● 会社分割のメリット

　会社の1つの事業を別の会社に移転

させる方法として会社分割を利用するメリットとしては、譲渡対価としての金銭の交付が不要であるという点があります。事業譲渡の場合、譲渡を受ける会社は対価として通常金銭を交付することになりますが、会社分割の場合、事業を承継する会社は株式などの財産を分割会社に交付します。金銭に限られない点で都合がよい場合があります。

また、事業譲渡との大きな違いは、会社組織を一括して売却するというかたちをとることができますので、許認可事業を継承する場合では承継会社が一部の例外を除いて許認可を取り直す必要がなくなる点などが挙げられます。

会社分割は継承する対象や資産・負債を自由に決められる事業譲渡に比べて規制は強いかもしれませんが、手続きが法律に明記されたことにより使い勝手がよくなり、現在では、会社分割を活用するケースも増えています。さらに、会社分割は、現物出資の場合に要求されている検査役の調査は不要です。そして、債務の承継にあたって、事業承継や現物出資と異なり、個々の債権者の承諾を得る必要がありません。もっとも、債権者の異議手続きは必要です。会社分割は、他の手法と比べて手続上のメリットがあるということができるでしょう。

新設分割と吸収分割

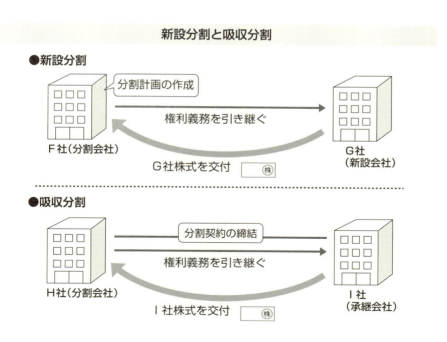

13 会社分割②
会社分割契約書や会社分割計画書を作成する

●分割契約書を作成する必要がある

　会社分割を行うためには、吸収分割の場合は会社分割契約書、新設分割の場合は会社分割計画書を作成する必要があります。合併契約書と同じく、これらには必ず記載しなければならない事項が会社法で決められています。吸収分割を行う場合の吸収分割契約書の法定記載事項には、分割会社と承継会社の商号や住所などがあります。法定記載事項に漏れがあれば会社分割は法的に無効となります。

●取締役会や株主総会の承認を得る

　会社分割を行う場合、吸収分割であっても、新設分割であっても、会社分割を承認する取締役会決議や株主総会決議を経ることが必要です。特に、株主総会決議に関しては、会社分割が株主の地位に与える影響の大きさを考慮して、特別決議が必要になります。取締役会や株主総会の終了後には議事録を作成します。作成上の注意点は以下のとおりです。

・**吸収分割契約を締結するための承継会社の取締役会議事録**

　吸収分割契約書を提出し、承認が得られたことを記載します。一部の取締役が反対した場合にはその旨を記載することになります。

・**吸収分割契約を承認する分割会社の株主総会議事録**

　吸収分割の内容について説明した事実と、承認の要件である特別決議が得られたことを記載します。

・**新設分割を承認する株主総会議事録**

　新設分割の内容について説明した事実と、承認の要件である特別決議が得られたことを記載します。

●総会決議などの手続き

　会社分割契約書、会社分割計画書の策定後に、利害関係者の承認を得る必要があります。分割会社、承継会社とも会社分割の効力が発生する前日までに株主総会の特別決議による承認を受けます。株主総会の開催にあたって、それらに関する資料を一定期間は会社の本店（本社）に置き、株主や債権者が閲覧できるようにしておかなければなりません。株主総会決議に反対する株主は保有する株式を会社に対して買い取るように請求できます。会社が、株主から、株式の買取りを請求された場合には、会社はこれを拒否することはできません。

　会社分割では、債権者の保護も必要です。会社分割によって不利益を被る

おそれのある債権者は異議を申し立てることができます。会社は最低1か月の異議申立期間を設定した上で、吸収分割の内容を公告します。異議を申し立てた債権者には、不利益が生じるおそれがある場合には弁済や担保の差入れといった救済措置をとる必要があります。会社分割では、従業員も承継の対象になりますので、従業員にも保護措置をとる必要があります。会社には、転籍などの書面の通知・交付などが義務付けられている他、従業員には会社に対して分割への異議を申し立てる権利が与えられています。

なお、会社分割をした場合には、その旨を登記する必要があります。

●詐害的な会社分割の規制強化

詐害的な会社分割とは、持っている債権が新設会社に移らないことになったにも関わらず、新設分割を行った会社が資産を新設会社に移してしまい、債権の回収が困難になってしまうような場合です。平成26年改正前の会社法では、債権者には債権者異議手続きなどを行わないまま会社分割をしてしまうことが可能で、知らないうちに会社分割が行われていた、ということがありました。

このように分割会社に残る債権者（残存債権者）を恣意的に区別するような新設分割が相次ぎ、問題となっていました。そのため、平成26年改正により残存債権者の保護が図られることになり、残存債権者に不利益になるということを知って会社分割を行った場合、残存債権者は新設会社に対して一定の限度額の範囲で債務を履行するように請求できることになりました。

詐害的な会社分割と規制

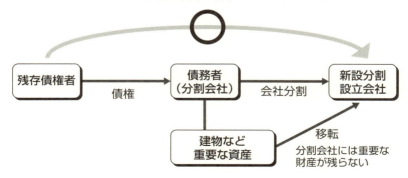

債権を請求できず、残存債権者の保護が十分でなかったため、一定の限度額の範囲で新設分割設立会社に債務の履行を請求できるようにした

14 株主・従業員・債権者に対する対策

株主向けに作成する書類では、分割計画書（分割契約書）が重要である

●どんな書類が必要になるのか

　会社分割をするためには、株主が意見表明をする上で参考になる書類を会社分割の承認を行う株主総会の前に作成する必要があります。

　会社分割に反対の株主は、会社に株式を買い取るように請求できる権利を持っています。しかし、株主が会社分割に関して正しい情報を持っていないと、会社分割への賛否を決定することができません。そのため、会社は、会社分割を承認する株主総会の前に、株主の意思決定の参考になる書面を作成・開示する必要があります。

　さらに、株主は、会社分割が法律に違反するものである場合に、会社分割の無効確認の裁判を提起する資格もあります。その意味でも、会社は株主に対して、会社分割についての情報を開示する必要があります。

　会社が株主向けに作成する書類でもっとも重要なのは、新設分割では分割計画書、吸収分割では分割契約書です。

●会社分割によって株主構成を変える

　会社法で認められている会社分割と、全部取得条項付種類株式を組み合わせることにより、分割会社の株主構成を変えることもできます。

　全部取得条項付種類株式とは、株主総会の特別決議を条件に、その種類の株式を全部取得できる株式です。

　具体的には、既存株式を全部取得条項付種類株式に変更した上で、全部取得条項付種類株式を取得する旨の特別決議を行い、その際の取得対価を、会社分割を行う旨の特別決議で定めた承継会社の株式にするという方法です。会社分割の際に、少数派株主の排除を目的して、多数派の株主が全部取得条項付種類株式を活用することもあります。

●従業員の扱いはどうなるのか

　会社分割に伴い、分割会社の従業員の雇用関係がどうなるかについては労働契約承継法に規定があります。

　労働契約についての会社の権利は、労働者の承諾を得ないで、第三者に譲渡できないのが原則です。しかし、会社分割については、労働契約承継法によって、この原則が修正されています。

　具体的には、分割の対象になる事業に主に従事していた労働者については、その承諾を得ずに、労働契約を承継会社に引き継ぐことができます。このように会社と従業員の労働契約が、承継会社にそのまま引き継がれることを俗に移籍と呼びます。移籍する従業員に

ついては、解雇扱いにはならないため、退職金を支払う必要がありません。

なお、分割される事業に従事していなかった労働者については、本人の意思に反して承継会社に移籍させることはできません。

●債権者向けの書類作成

会社分割では、会社の資産が外部に流出して、債権者が自己の債権を回収できなくなるおそれがあります。そのため会社法は、債権者を保護するための規定を設けています。具体的には、会社分割に異議のある債権者に対しては、会社は、債務の弁済、担保提供、相当の財産の信託などを行う必要があります。会社分割をする際に、債権者向けに作成する書類は、株主向けの書類とほぼ同じです。具体的には、株主総会を基準に、事前開示と事後開示の書面を作成します。事前開示書面の中心は、新設分割計画書と会社分割契約書です。一方、事後開示書面には、分割会社が引き継いだ権利義務、反対株主の株式買取請求にどのような対応したかなどを記載します。

●催告・公告を省略できる場合がある

承継会社の債権者は、常に会社分割に異議を述べることができます。そこで、承継会社は、債権者に異議を述べる機会を与えるために、催告・公告を行う決まりになっています。債権者への公告は、官報によって行い、名前を知っている債権者に対しては個別に催告を行います。

一方、分割会社の債権者の中には、会社分割が行われても権利の行使に影響がない債権者もいます。このような債権者に対しては、異議を述べる機会を与える必要はありません。したがって、分割会社の債権者の全員が異議を述べることができない場合には、催告と公告を省略できます。

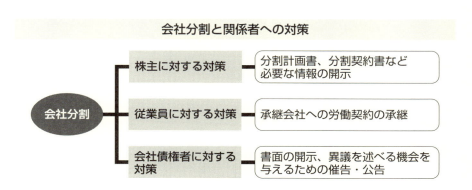

会社分割と関係者への対策

会社分割	株主に対する対策	分割計画書、分割契約書など必要な情報の開示
	従業員に対する対策	承継会社への労働契約の承継
	会社債権者に対する対策	書面の開示、異議を述べる機会を与えるための催告・公告

株式売却

他の企業再編手法と比較して手続きが簡単

◉株式売却とは

株式売却とは、株式を第三者に売却（譲渡）することをいいます。

株主が保有しているある企業の株式を他人に譲渡することを株式譲渡といいますが、事業再編における株式売却とは、会社の支配権の移転、資本注入を目的として、株式を売却（譲渡）することを指します。なお、会社が行う株式売却には、自社が保有している他社の株式を売却するケースと、自社が保有している自社の株式を売却するケースがあります。

会社の1つの事業や部門を他者に売却する事業譲渡と異なり、会社の経営体制そのものを売却するのが株式売却の特徴です。具体的には、ある会社の発行済み株式の全部を売却することは会社の売却（譲渡）を意味します。一方、株式の一部を売却するのは、資本提携にあたります。なお、中小企業の廃業の原因である後継者不足について、株式売却を考えてみる余地があります。また、資金不足により廃業しても経営者が自己破産のおそれがある場合にも、株式売却が効果的です。

◉株式売却の特徴

株式売却の特徴は、合併などと比較して手続きが簡単なことです。そのため、事業再編の実務では、株式売却の手法が多用されています。

もし、ある会社を完全に支配するために、合併の手法を使う場合、株主総会を開いて特別決議を得る必要があり、手続きが面倒です。さらに、合併に反対する株主からの株式買取請求への対応や債権者保護手続きも必要です。しかし、株式売却であれば売買契約書を作成し、代金を支払い、株主名簿の名義書換えを行えば手続きが完了するのが原則です。

◉どんなデメリットがあるのか

株式売却には以下の2つのデメリットがあります。

① **一部の株主が株式売却に反対すると会社支配が不完全になること**

吸収合併の場合は、一部の株主が反対しても株主総会で特別決議を可決すれば目的を達成できます。一方、株式売却は、売買契約であるため、当事者の合意がないと契約が成立しません。ただし、全株式を取得しなくても、株式の過半数を手に入れれば、会社の支配権をほぼ手中に収めることができます。株主の過半数を持っていれば、普通決議を可決させて、取締役を選任・

解任することが可能だからです。

② **大規模な企業を買収する場合などに多額の資金が必要になること**

株式売却は、株式を取得する対価として金銭を交付する手法であるため、このようなデメリットが生じます。

●株式売却と株式交換の併用

株式売却の難点は、一部の株主が売却に反対している場合に会社の完全支配を達成できなくなることです。さらに、株式売却には、多額の資金が必要になるというデメリットもあります。

株式売却が持つそうしたデメリットを解消するには、株式売却と株式交換を併用するとよいでしょう。

株式交換は、株主総会の特別決議を得ることで、相手企業の株式を100％取得できる制度です。つまり、株式交換を活用すれば、一部の株主が譲渡に反対していても、相手会社の完全支配が可能になります。しかも、株式交換は、相手企業の株式を取得するにあたって、自社の株式を交付するので買収資金は不要です。

したがって、ある会社を株式取得により完全買収する場合には、株式売却で株式を3分の2まで取得した後、株式交換を行うとよいでしょう。

ただし、3分の2の株式を取得するだけの資金を用意できないケースもあると思います。その場合には、買収先企業の株主を説得することで、株主総会において3分の2の賛成票を獲得することをめざします。具体的には、買収先企業の株主に対して、株式交換によって付与される株式が魅力的であることをアピールして、特別決議の成立を促します。

ただ、この方法を利用する場合は、買収企業と買収される企業の経営陣の間で株式交換に関する合意が整っていることが前提になります。

株式売却のメリット・デメリット

株式売却

メリット
- 株主が株式売却による利益を得る
- 株式を売却するだけなので、手続が容易
- 合併などと異なり、株主総会による決議が不要

デメリット
- 反対する株主がいると株式売却が難しくなる
- 多額の資金が必要になる

16 株式売却の手順
株式売却にまつわるさまざまな法律上のリスクを確認する

●株式売却の手続きとは

株式売却の手続きは、①株式の価格決定、②売却先との合意、③会社の承認、④売買契約の締結、⑤株主名簿の書換と売買代金の受領の流れで進んでいきます。最も重要なのは、株式価格の決定と、売却先との合意です。

株式売却の場合は、算出法の規定はないため、結局、税理士などの専門家や場合によっては裁判所に評価を依頼し、決めてもらい、算定した株式の価格を交渉の基礎として売却先と合意することになります。

会社の承認とは、譲渡するのが譲渡制限付株式である場合の手続きです。譲渡制限付株式を譲渡するには、会社が譲渡を承認する必要があります。取締役会設置会社であれば取締役会、取締役会非設置会社では、株主総会の承認を得なければなりません。

売却契約の締結後、株主名簿の書換と代金の受領を行います。株券を発行している場合は売却先にすべての株券を交付することが必要となります。

●売却の際の注意点

株式売却にあたって注意すべき点は7つあります。

① **買収される企業の株券発行の有無**

株券発行会社であれば、株式の権利を移転するために株券を譲受人に交付することが必要です。一方、株券不発行会社であれば、当事者間の意思表示のみで株式を譲渡できます。

② **売却の対象株式の譲渡制限の有無**

譲渡制限株式を譲渡する場合には、会社の承認が必要になります。株式の譲渡人が大株主や100％株主であれば、取締役がその株主の意向に反して譲渡の承認を拒むことはないでしょう。しかし、少数株主の場合には、会社が株式の譲渡を承認しない場合があるので要注意です。

③ **株式の売買代金をいつ支払うか**

実務上は、売買契約と同時に代金の一部を支払い、残りの代金を後日支払うという方法が主流のようです。

④ **隠れた問題点が存在しないことを表明・保証する条項を契約書に書く**

株式の売買契約においては、売買の対象となる会社に隠れた問題点があれば株式の価値が下がり、株式譲受人は不測の損害を被ります。そこで買収される会社について、隠れた問題点が存在しないことを表明・保証する旨の条項を契約書に盛り込むようにします。

⑤ **株式譲渡人の連帯保証を外す**

株式の譲渡人が会社のオーナーであ

る場合、会社の債務について連帯保証人になっているケースが多いようです。

そのため、連帯保証人としての責任は残ってしまうという事態を防ぐために、オーナーが株式を売却する前に、その連帯保証を事前に外す必要があります。

具体的には、債権者である金融機関に事情を説明して、譲受人が新たな担保や保証人を立てるなどの措置を講ずることになるでしょう。

⑥ **買収される企業が結んでいる各種契約の解除事由を確認すること**

ライセンス契約などでは、「会社の支配権移転」を解除事由としているケースもあるので注意が必要です。株式の譲受人は、解除を避けたいのであれば、契約相手と交渉する必要があります。そして、必要があれば新たに契約を締結するなどの対応をとります。

⑦ **株式譲渡後の競業禁止の記載**

株式の譲渡後も譲渡会社が譲り渡したのと同じ事業（競業）を行うのでは、買収の目的を達成できなくなります。そこで、株式売却の契約書には、譲渡会社の競業避止（競業を行わない）義務を定めた条項を盛り込んでおきます。

●株式売却をした際の登記

株式売却に伴い役員の変更があった場合には、役員の変更登記が必要になります。また、会社の商号、本店、目的の変更があった場合は、それに対応した登記の申請も必要です。さらに、買収された会社の商号、本店所在地が変更になった場合には、不動産登記の登記事項を変更する必要があります。

株式売却の流れ

株式の価格の決定 ▶ 売却先の募集売却先の決定 ▶ 売却条件など、売却先との合意 ▶ 会社の承認 ▶ 売買契約の締結 ▶ 株主名簿の書換と売買代金の受領

17 株式交換

株式交換・株式移転は、どちらも100％子会社を作るための制度である

●株式交換とは

　ある会社が別の会社の株式をすべて買い取って完全子会社にしようとすれば、完全子会社にする予定の会社の株主から株式を買い取らなければなりません。その際に、株式買取りの対価として自社の新株か自己株式を交付する手法を**株式交換**といいます。株式交換では、金銭を流出させることなく、他の会社を強制的に完全子会社にできます。株式交換は、株式取得によって相手企業に対する支配権を獲得する点では、株式売却と共通しています。しかし、株式交換は、株式取得の対価が自社の株式である点で株式の取得対価が金銭である株式売却とは異なります。

　相手企業を完全に手中に収めたい場合、相手企業を消滅させて自社に取り込む手法である吸収合併でも目的を達成できます。吸収合併の方が株式交換よりも直接的に相手企業を支配できますが、にも関わらず、株式交換が活用されている理由としては以下のものが考えられます。

① **相手の会社の独立性に配慮した形での支配が可能である**

　企業風土の異なる会社同士が合併すると、経営方針などの面でさまざまな摩擦が生じるおそれがあります。一方、株式交換は、100％子会社を作るための制度であるため、相手企業はそのまま存続します。そのため現場の混乱は合併より少なくてすみます。

② **相手企業の一部の株主が反対しても、会社を完全に支配できる**

　株式売却の場合、一部の株主が売却に反対すれば、相手企業のすべての株式を取得することができないため相手企業を完全に支配できません。しかし、株式交換であれば、一部の株主が反対しても、株主総会の特別決議によって、相手企業のすべての株式を取得できるため、相手企業を完全に支配できます。

③ **買収資金が不要である**

　株式売却では、株式取得の対価として金銭を交付するため、会社の株式を取得する場合などに多額の資金が必要になります。しかし、株式交換では、株式取得の対価として自社の株式を交付するため買収資金が必要ありません。

●どんな手続きをするのか

　株式交換の手続きの流れは合併の場合とほとんど同じです。具体的には、①株式交換契約の締結、②事前開示、③株主総会による承認、④反対株主の株式買取請求、⑤債権者保護手続き、⑥登記、⑦事後開示の手続きを行

います。以下、この①から⑦の手続きを説明します。

① **株式交換契約の締結**

契約書には、完全親会社となる会社と完全子会社となる会社の商号、株式交換の効力発生日などを記載します。

② **事前開示**

事前に情報を開示することを事前開示といいます。完全親会社となる会社、完全子会社となる会社に、株式交換契約に関する資料を備え置く必要があります。

③ **株主総会による承認**

完全親会社となる会社、完全子会社となる会社の両方について、株主総会の特別決議が必要です。

ただし、完全子会社になる会社の純資産が完全親会社になる予定の会社の純資産に比べて非常に小さいときは、完全親会社は株主総会決議をする必要がありません。

④ **反対株主の株式買取請求**

完全子会社となる会社の株主は、完全親会社の株主になります。

しかし、株主総会で株式交換が決議された場合でも決議に反対した株主は、保有している株式について公正な価格での買取を請求できます。

⑤ **債権者保護手続き**

株式交換の場合は、完全子会社となった会社がそのまま存続するため、原則として債権者保護手続きは不要です。株主が変わるだけなので、債権者が不利益を被る心配がないからです。

⑥ **登記**

株式交換に伴って、新株の発行などを行った場合には登記の申請が必要になります。

⑦ **事後開示**

完全親会社になった会社と完全子会社になった会社は、一定期間本店に事後開示書面を備え置きます。

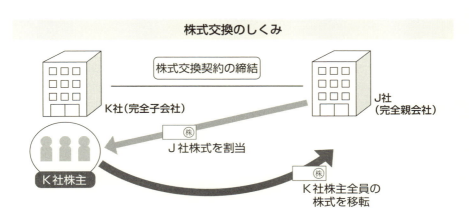

株式交換のしくみ

18 株式移転
グループ企業を統括する純粋持株会社を作りやすい点がメリット

● 株式移転とは

株式移転は、株式交換と同様に100％子会社を作るための制度です。株式移転は、新設した会社が完全親会社になる点で、既存の会社が完全親会社となる株式交換とは異なります。完全子会社の株式を保有するだけで実業は行わない純粋持ち株会社の制度を導入する際に使われます。持株会社とは、自分自身は事業に携わらないで、株式を保有している他の会社が行った事業によって挙げた収益の分配を受けることを目的にする会社のことをいいます。持株会社制度をとることで、実際に事業を行う会社に対して、指揮・監督権を及ぼすことが可能になり、指揮系統が確立したグループ企業を形成することができるといわれています。新設される純粋持ち株会社の完全子会社になる会社の株主は、自分の持つ株式を持ち株会社に渡し、代わりに持ち株会社の株式を受け取ります。

株式移転のメリットは3つ考えられます。

・グループ企業を統括する純粋持株会社を作りやすい

株式移転を活用すれば、純粋持株会社の傘下にグループ企業を完全子会社として置くことができ、グループ全体の経営戦略を策定しやすくなります。

・企業風土の違う会社同士でも緊密に連携できる

企業文化の違う会社同士が合併して1つの会社になると、経営方針などに食い違いが生じ、現場が混乱するおそれがあります。しかし、株式移転では、それぞれの会社がそのまま存続するため、企業文化が違う会社同士でも活用しやすいといえます。

・統合・再編の準備段階に活用できる

たとえば、企業風土の違いなどからすぐに統合することが難しい会社同士が、統合の準備段階として株式移転を行うケースがあります。

● どんな手続きをするのか

株式移転の手続きのおおまかな流れは、次のとおりです。株式移転に反対の株主には株式買取請求が認められている点や、債権者保護手続きが必要になる場合がある点は、株式交換と同じです。ただし、株式移転では、株式交換とは異なり、簡易組織再編、略式組織再編が認められていません。

① 株式移転計画書の作成

完全子会社となる複数の会社が、株式移転計画書を作成する必要があります。

② 事前開示

完全子会社となる会社の本店に株式移転に関する資料を備え置く必要があります。

③ **株主総会**

完全子会社となる会社について、株主総会の特別決議が必要になるのが原則です。なお、株式移転では、略式・簡易の手続きがないため、株主総会の特別決議を省略できる場合はありません。

④ **持ち株会社の設立**

各社の株主総会で承認を受けた後に、純粋持ち株会社を設立します。持ち株会社の傘下に入る会社が株式移転計画を策定し、持ち株会社を登記します。既存の株主は、持ち株会社の株主になります。

⑤ **株主の株式買取請求権**

株式移転についての株主総会決議で、株式移転に反対した株主は、株式交換の場合と同じく、株式の買取りを会社に対して請求できます。

⑥ **債権者保護手続き**

債権者の権利保護については、株式交換の場合と同じです。基本的に考慮する必要はありませんが、持ち株会社の傘下に入る各会社の新株予約権付社債の保有者がいる場合には保護のための手続が必要になります。

⑦ **登記**

完全親会社となる会社は、設立登記の日に完全子会社の発行済み株式の全部を取得します。株式移転による設立登記を申請する際には、株式移転計画書や定款などの書面を添付する必要があります。

⑧ **事後開示**

完全親会社と完全子会社は、それぞれの本店に事後開示書面を備え置く必要があります。備え置き期間は、完全親会社成立の日から6か月間になります。

株式移転のしくみ

M社（完全子会社）　株式移転計画の作成

L社（完全親会社）　会社の設立

M社株主にL社株式を割当

M社株主全員の株式を移転

19 定款の変更
定款変更の効力は株主総会決議のときに生じる

●定款の変更とは

定款は会社の根本規則ですから、その内容を変更すれば会社の根本的な性質を変えることになる可能性もあり、出資者である株主にとっては重大事といえます。たとえば、株式の譲渡について会社の承認が必要であると定める場合には、**定款の変更**が必要になります。そこで、定款を変更するには、原則として、①議決権の過半数にあたる株式をもつ株主の出席と、②出席した株主の議決権の3分の2以上の賛成という2つの要件（特別決議）を満たすことが必要とされています。

ただし、定款の変更内容によっては特殊決議が必要になります。また、一定の事項の変更については例外的に株主総会決議が不要とされています（237ページ図の※参照）。

●定款を変更する主なケース

以下で示すようなケースで、定款の変更がなされます。

・**商号変更を行った場合**

商号は定款の絶対的記載事項ですから、それを変更するには、株主総会の特別決議が必要になります。

・**目的の変更を行った場合**

目的も定款の絶対的記載事項ですから、それを変更するには、株主総会の特別決議が必要になります。

・**公告方法の変更を行った場合**

定款で定められている公告方法を変更する場合も株主総会の特別決議が必要になります。

・**本店移転を行った場合**

定款に詳細な本店所在地を記載していた場合や、市町村のみ定款に記載していたが本店を別の市町村に移転したような場合には定款変更の手続き（特別決議）が必要です。

●定款変更の流れ

実際に定款変更を行う場合、原則として株主総会を招集して株主総会決議を得ることになります。取締役会設置会社では、取締役会決議（開催せず省略する手続きも認められている）で招集事項を決定し、代表取締役が招集するのが一般的です。一方、取締役会非設置会社では、取締役の過半数の決議を経て、招集を決定します。株主総会の招集手続きについては、株主の全員の同意があるときは、招集の手続きを経ることなく開催することができます。

定款変更の効力の発生時期については、株主総会の決議によって定款変更の効力が当然に生じます。変更事項が

登記事項にも該当する場合、変更登記申請を行うことになります。

●定款の規定に基づく特別決議要件の修正

特別決議が成立するためには、原則として、①議決権の過半数にあたる株式をもつ株主の出席と、②出席した株主の議決権の3分の2以上の賛成という2つの要件が必要とされています。①の要件については、定款に定めることで、緩めることも厳しくすることもできます。一方、②の要件については、定款で定めることで要件をより厳しくすることができます。

●通知や公告が必要な場合

取締役の決定(取締役会設置会社については、取締役会の決議)によって、定款を変更して単元株式数を減少する場合、または単元株式数についての定款の定めを廃止する場合には、株式会社は、当該定款の変更の効力が生じた日以後、なるべく遅れないように、その株主に対して、定款を変更したことの通知または公告をしなければなりません。

●定款変更と4倍ルール

定款変更によって非公開会社が公開会社に変更した場合に、発行可能株式は定款変更時の発行済み株式総数の4倍を超えてはならない(4倍ルール)と定められています。4倍ルールは、株式の発行が、原則として取締役会の決議で決定される公開会社について、取締役の権限が無限定ではないことを示す目的があります。

第8章 事業再編

定款の変更手続き

| 株主総会の招集 | 取締役会決議または取締役の決定により株主総会を招集する。 |

↓

| 定款の変更
(原則として特別決議) | 定款の変更内容によっては特殊決議が必要になる。※
定款の変更がある種類の種類株主に損害をもたらす場合、種類株主総会の決議が必要になる。 |

↓

| 変更登記申請 | 定款の変更事項が登記事項にもあたる場合、変更登記申請も必要になる。 |

※ 以下の決議は取締役会決議(または取締役の決定)で行うことが可能
・単一株式発行会社が株式分割に伴い分割の割合で発行株式総数を増加させる場合
・定款所定の単元株式数を減少する場合、または単元株式数についての定款の定めを廃止する場合

20 組織変更
会社の種別を変更する手続き

●組織変更とは

組織変更とは、会社が、その同一性を維持しながら、その組織を変更してその会社の種別を変えることです。

会社には、大きく分けて株式会社と持分会社があります。組織変更とは、このうち、株式会社から持分会社になることです。または、その反対に持分会社（合名会社、合資会社または合同会社）から、株式会社になる場合も、これに含まれます。

なお、持分会社間の変更、たとえば、合同会社から合資会社となる変更、合資会社から合名会社となる変更は、この組織変更に含まれません。これらを持分会社の種類の変更といいます。

組織変更と同様の変更は、合併、株式分割、事業譲渡等の組織再編行為等によっても可能です。ただ、会社法上の組織変更手続きを行った方が、はるかに容易に目的を達成することができます。

●株式会社が持分会社になるための手続き

株式会社が持分会社へ組織変更する場合、まず、組織変更計画を立てます。組織変更が有効となるためには、この組織再編計画が総株主の同意を得ることが必要になります。

また、組織変更計画が承認されると、株券発行会社の場合には、株券提供公告が必要になります。登録株式質権者・登録新株予約質権者に対する、組織変更をする旨の格別の通知も必要です。また、新株予約権者にも同様の通知・公告が必要です。債権者異議手続きも行う必要があります。

これらの手続きがすべて問題なく終了した場合、効力発生日に株式会社から持分会社に組織が変更します。この効力が生じると、効力発生日から2週間以内に株式会社は解散の登記を、持分会社は設立の登記をそれぞれ行わなければなりません。

●持分会社が株式会社になるための手続き

持分会社から株式会社へと組織変更する場合、まず、組織変更計画を立てます。この計画では、変更後の持分会社の組織・体制等、組織変更に際して株主などに支払われる金銭等、手続きの進行時期等を定めます。この計画においては、変更後の株式会社の定款の記載事項、役員などの組織・体制、社員が取得する株式等に関する事項、組織変更手続きの進行時期について定めます。その後、この組織変更計画について、総社員の同意を得ます。同意を

得た場合には、その組織再編計画は、組織変更の効力発生日までの一定期間、その内容を記載した書面が本店に備え置かれなければなりません。なお、定款に別段の定めがある場合には、総社員の同意を得なくてもよい場合もあります。

計画について総社員の同意が得られたら、次に債権者異議手続きを行います。この債権者異議手続きは、合同会社から株式会社への変更の場合には、公告により債権者への各別の通知を省略できる場合もあります。しかし、合名会社・合資会社からの変更の場合には、公告による省略はできず、債権者への各別の通知が必要になります。

これらの手続きが終了すると、変更計画で定めた効力発生日に、持分会社から株式会社への組織変更の効力が生じます。この効力が生じると、その日から2週間以内に、持分会社では解散の登記を、株式会社では設立の登記を、それぞれ行います。

●組織変更の手続き

会社の組織変更の手続きは以下のとおりになっています。

まず、会社は組織変更計画を作成し、これを公示（備置・閲覧）しなければなりません。次に、組織変更計画について総株主（株式会社の場合）または総社員（持分会社の場合）の同意を得る必要があります。同意を得られた場合、組織変更計画で定めた日にその効力が発生し、組織変更がなされます。株式会社が組織変更する場合には、新株予約権者は、その株式会社に新株予約権の買取りを請求することができます。また、会社債権者は、組織変更について異議を述べることができ、株主、社員、会社債権者らは、組織変更後の会社を被告として組織変更無効の訴えを提起することができます。

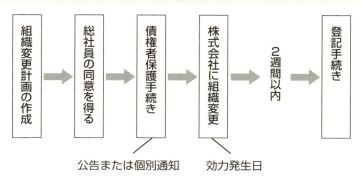

組織変更の手続き（持分会社から株式会社）

組織変更計画の作成 → 総社員の同意を得る → 債権者保護手続き → 株式会社に組織変更 → 2週間以内 → 登記手続き

公告または個別通知　　　　効力発生日

21 解散
さまざまな理由で会社は消滅する

●解散とはどのようなものなのか

　解散は、会社の法人格を消滅させるきっかけです。あくまで「きっかけ」なので、解散すれば直ちに会社が消滅するわけではありません。もっとも、解散した株式会社は、下記の清算手続を経るまで、解散前と全く同様に存在するわけではありません。すでに解散が決定しているわけですから、継続的に存続することが前提になっている行為を行うことはできないと会社法に規定されています。たとえば、解散した会社を存続会社とする吸収合併や、他の会社を承継する形で、吸収分割を行うことは認められません。会社を消滅させるには、解散後に清算という手続きを経る必要があります。清算は、債権債務の後始末や、残余財産の株主への分配などを行う手続きです。

　なお、解散しても清算手続きが行われない場合もあります。会社が破産した場合と合併した場合です。破産の場合は、破産手続きによって処理されます。一方、合併の場合は、被合併会社は、解散と同時に消滅し、清算手続きは行われません。

●会社の解散事由

　会社法には、会社が解散する原因が7つ規定されています。

① **定款で定めた存続期間が満了すること**

　会社は、定款で会社の存続期間を定めることができます。存続期間が満了すると、満了日の翌日の午前0時に会社が解散します。会社の寿命を定款で決めるとイメージすれば理解しやすいでしょう。ただ実務上は、定款で存続期間が定められているケースはほとんどありません。

② **定款で定めた解散事由（解散の原因）の発生**

　ある一定の事柄が生じた場合には、会社は解散すると定款に規定されている場合、その事柄が生じると会社は解散します。ただ、実務上は、定款に解散事由を定めている場合は少ないといえます。

③ **株主総会で解散を決議した場合**

　株主総会で解散を決議する場合は、特別決議が必要です。株式会社では議決権を行使することができる株主の議決権の過半数を有する株主が出席し、出席した株主の議決権の3分の2以上の株主が同意した場合に解散が認められます。株主総会で決議をすれば、理由を問わず解散はできます。

④ **合併**

合併は、消滅した会社の権利義務を承継会社がそっくりそのまま（包括的に）引き継ぐ点が特徴です。その点で、相続による権利義務の承継と同じと考えるとよいでしょう。

⑤ **破産手続き開始の決定**

会社について破産手続開始の決定がなされた場合には、裁判所が破産登記の手続きをするので、解散登記を申請する必要がありません。

また、破産の場合は、裁判所が選任した破産管財人が破産手続きの処理を行うため、会社法の規定による清算手続きは原則として行われません。

⑥ **解散を命じる裁判があった場合**

解散を命じる裁判は、公益上の理由から会社の存続を認めがたい場合に、裁判所の判断で会社を解散させる制度です。たとえば、会社が正当な理由なく成立後1年以内に開業しない場合などに適用される制度です。

⑦ **休眠会社のみなし解散の制度**

休眠会社（12年間会社に関する登記がなされていない株式会社）の整理によって解散したとみなされた場合は、登記官が職権で解散登記を行います。

なお、みなし解散から3年以内であれば、株主総会の特別決議によって会社の営業を再開（継続）できます。

●会社継続とは

株式会社が前述した①から③までの事由によって解散した場合には、清算が完結するまで、株主総会の決議によって、株式会社を継続（会社継続といいます）することができます。その中では、株主総会決議による解散の場合が実務上最もよく行われています。

解散事由の発生後の手続き

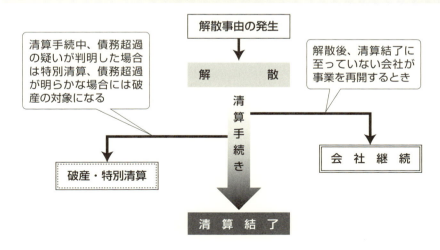

22 清算・特別清算
会社を消滅させるための手続き

●清算手続きとは

清算手続きとは、解散会社について、その法律関係を整理し、会社財産を換価処分することです。つまり、解散した会社の後始末をすることです。清算手続きには、通常の清算手続き（通常清算）と特別清算があります。清算会社は、清算の目的の範囲内で権利義務をもちます。

清算会社の職務を行うため、清算人が置かれます。定款や株主総会の決議による場合以外は、原則として取締役が清算人になります。また、定款の定めにより、清算人会、監査役、監査役会を置くこともできます。

会社法では、清算人は1名以上いればよいものとされています。ただし、監査役会を設置している株式会社は、清算人会の設置が義務付けられており、清算人が3名以上必要です。会社法では、代表清算人を置くかどうかは任意とされています。代表清算人を選んだ場合は、その人が清算株式会社を代表します。代表清算人を定めない場合には、清算人全員が清算株式会社を代表します。清算人は、①現務の結了（完結）、②債権の取立て・債務の弁済、③残余財産の分配を行う他、清算会社を代表します。清算人は、任務を怠って会社に損害を与えたときは、その損害を賠償する責任を負います。会社を代表すべき清算人が、解散および清算人就任登記、清算結了の登記の申請を行うことになります。

●清算手続きの流れ

株主総会決議によって解散した場合を例にとって、清算手続きの流れを説明します。

まず、株主総会で解散決議を行いますが、この決議の際に、清算人の選任も併せて行う場合が多いようです。清算人が解散決議後すぐに行うべきことが2つあります。解散および清算人の登記の申請と、債権者に対する官報公告等です。

債権者に対する公告期間が経過したら、債権者に債務を弁済します。そして、債務の弁済後に、残った財産があれば、株主に分配します。これを残余財産の分配といいます。残余財産の分配が終わり、清算事務が終了したときは、清算人は決算報告を作成して、株主総会の承認を得ます。決算報告が株主総会で承認されると清算手続きは終了となり、会社（法人格）は消滅します。

清算人は、株主総会で決算報告が承認された時から2週間以内に、清算結

了の登記を申請しなければなりません。

◉特別清算に移行することもある

清算人により、現務の結了、債権の取立て・債務の弁済、残余財産の分配が行われた後に、決算報告をし、株主総会の承認を受け、清算結了の登記を行います。もっとも、①清算の遂行に著しい障害をきたす場合、②債務超過の疑いがある場合には、申立てにより、特別清算の手続きに移行します。特別清算では、裁判所の監視の下、会社債権者間の実質的な平等を図りながら、厳格に手続きが進められます。

債権者集会が招集され、清算会社と協定をし、裁判所の認可を受けて協定内容が実行に移されていくことになります。なお、特別清算開始後、協定の見込みや協定の実行の見込みがないとき、特別清算によることが債権者の一般の利益に反するときには、裁判所は、破産手続開始の決定をしなければなりません。

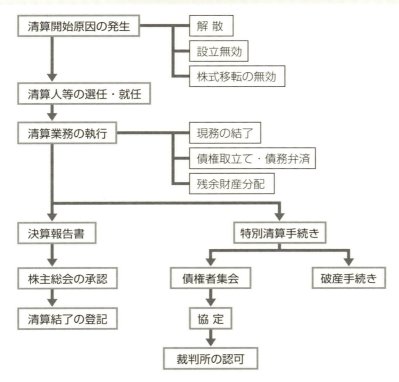

清算の開始と清算手続きの流れ

23 会社の売却先
M&Aの仲介機関に頼むこともできる

●売却先が見つかりやすい場合とは

会社の売却では、売却先を探すのが一苦労です。地元の商工会議所や取引銀行、経営コンサルタントなどに相談してみるのがよいでしょう。

売却先が見つかりやすい場合は、①会社に収益力があり、②バランスシート（貸借対照表）がしっかりしているケースです。「会社に収益力がある」とは、一部の業務を変えれば、収益を挙げられると判断される場合を指します。「バランスシートがしっかりしている」とは、会社を清算してもかなりの優良な資産が残るといった場合です。

●どのようにして探せばよいのか

会社の売却先を探す方法としては、①自分で探す、②法律や税務の専門家（顧問税理士や弁護士）に頼む、③商工会議所に相談する、④専門のM&A仲介会社に頼むといったものがあります。②～④については、コンサルティング料金や仲介手数料、売却が成功した際の成功報酬など費用がかかります。しかし、自分で直接売却先を探すことにより、自社の経営状態等の情報が他社に漏洩するリスクを防ぐことができます。

上記の②～④のどれを依頼先にするかについては、規模の小さな会社の場合は、②で十分な場合が少なくありません。しかし、ある程度の規模の会社になると、株主や取引先など、利害関係者が多くなりますので、仲介の専門家に頼まざるを得なくなるのが実情です。

商工会議所の場合、相談・申込→審査→仲介機関の決定→売却先の選定→M&Aの交渉→M&Aの決定という手順を踏みます。この際、仲介機関が決定した時点で着手金を支払います。さらに、M&Aが成立した場合、仲介機関に成功報酬を支払う必要があります。M&Aの仲介会社に依頼した場合も、着手金と成功報酬が必要です。

●仲介を相談する場合の注意点

仲介を相談する場合、注意すべきことは3点です。

① **自分の考えを明確にすること**

会社を売却する理由、売却の方法、売却の条件を明確にします。

② **着手金と成功報酬の確認**

売却金額によっては億単位の成功報酬も必要になりますので、しっかり確認することが必要です。

③ **希望に合う仲介機関の選定**

仲介を頼む機関は重要なパートナーですので、十分な吟味が必要です。

第 9 章

商業登記と手続き

商業登記

平成26年の会社法改正で登記事項が一部変更された

●商業登記法に定められている

会社の登記は、当事者の申請または裁判所書記官の嘱託（依頼）によって、商業登記簿になされます。具体的な登記手続きについては、**商業登記法**に定められています。

会社の設立の際に、会社の目的（事業内容）、商号（社名）、本店（本社）・支店（支社）の所在場所などを登記します。株式会社の設立の場合は、資本金の額、株式・新株予約権に関する事項、取締役の氏名、代表取締役の氏名・住所、取締役会設置会社である場合はその旨、監査役設置会社である場合はその旨と監査役の氏名、指名委員会等設置会社である場合は各委員と（代表）執行役の氏名などを記載しなければなりません。

会社の設立に際して支店を設けた場合には、支店の所在地でも登記をします。登記事項に変更があった場合には、2週間以内に本店所在地で変更登記をしなければなりません。

また、組織変更や合併、分割、解散などがあった場合も、その旨を登記します。

●登記簿を調べる方法

登記簿を調べるための方法としては、登記事項要約書と登記事項証明書を交付してもらう方法があります。登記事項要約書とは、登記記録に記録されている事項の摘要（要点）を記載した書面です。ただ、この要約書には登記官による認証文がありませんので、一般的な証明書としては使用できません。

登記事項証明書とは、登記記録に記録されている事項の全部または一部を証する書面です。登記事項証明書には、現在事項証明書、履歴事項証明書、閉鎖事項証明書、代表者事項証明書の種類があります。

●平成26年会社法改正の影響

平成27年5月から施行される会社法の改正により、商業登記事項にも変化が生じます。

・監査役の監査の範囲の登記

従来の商業登記では、監査役の監査の範囲を会計に限定する定款の定めの有無に関わらず、監査役会設置会社と登記されていました。したがって、登記簿からは、その会社の監査役の監査の範囲が、会計に限定されるのか否かが、わかりませんでした。

しかし、監査の範囲が会計に限定されている会社では、監査役に取締役会への出席義務はありません。また、会

社が取締役を提訴する場合、代表取締役が会社を代表します。一方、監査の範囲が会計に限定されていない会社では、監査役に取締役会への出席義務があります。また、会社が取締役を提訴する場合、監査役が会社を代表します。このような違いがあるため、それを登記簿から判断できるようにすることが望まれていました。改正により、監査役の監査の範囲を会計に限定する旨の定款の定めのある会社は、その旨を登記しなければなりません。

なお、最初の監査役の就任または退任があるまでは、この登記の申請は猶予される経過措置（一定期間の猶予など、法律の変更に対応するために設けられる措置のこと）も設けられています。

・その他の変更事項

平成26年の会社法改正により、指名委員会等設置会社の他に、監査等委員会設置会社が設置されました。監査等委員会設置会社は、監査等委員会設置会社であることを登記しなければなりません。

また、法改正により、取締役のうち、社内取締役でも、業務執行を行わない取締役は責任限定契約を結ぶことができることになりました。責任限定契約締結の対象が拡大し、責任限定契約に関して、社外取締役および社外監査役である旨を登記する意味がなくなったため、その旨の登記は廃止されました。

●登記申請の流れ

まず、登記申請書を作成しなければなりません。また、登記申請書には、原則として、その登記内容を証明するために必要な添付書類を添えて提出する必要があります。たとえば、取締役の変更の登記の場合は、取締役が選任されたことを証明する株主総会議事録などが添付書類になります。登記申請書、添付書類の準備完了後に、管轄の登記所へ行くか、郵送により登記申請します。管轄は会社の本店所在地によって決定します。

第9章 商業登記と手続き

登記事項証明書の種類

現在事項証明書	現在の登記事項を記載した証明書
履歴事項証明書	現在有効な登記内容の他に、過去3年間にすでに抹消された事項についても記載されている証明書
閉鎖事項証明書	閉鎖した登記記録に記録されている事項に関する証明書
代表者事項証明書	その会社の代表権がある者を証明した証明書

2 登記記録の見方
登記簿で会社の履歴を知ることができる

●商号区とは

株式会社の登記簿は、「商号区」「株式・資本区」など「区」に分かれています。

商号区には、「商号」（会社名）や「本店」などが記載されています。ここをみれば、どこの何という会社の登記簿かがわかるわけです。

登記事項証明書の商号区には、①商号、②商号譲渡人の債務に関する免責、③本店、④会社の公告方法、⑤貸借対照表に係る情報の提供を受けるために必要な事項、⑥中間貸借対照表等に係る情報の提供を受けるために必要な事項、⑦会社成立の年月日が記載されます。

●株式・資本区とは

「株式・資本区」に記録される主な事項は、①発行可能株式総数、②発行済株式の総数並びに種類及び数、③株券発行会社である旨、資本金の額、④株式の譲渡制限に関する規定です。

●商号区や株式・資本区のポイント

商号変更や本店移転があった場合や、資本金が増加・減少したなどの変更があった場合には、商号区や株式・資本区にその旨が記載されます。このような場合、旧商号や旧本店などに下線が引かれてその下に新商号や新本店が記載され、変更の年月日も記載されますので、登記簿を確認することにより、いつ、どのような変更がされたかがわかります。

商号変更や本店移転があった場合や、資本金が増加・減少したなどの変更があった場合は、登記簿にその旨が記載されます。旧商号や旧本店などに下線が引かれて変更されたものがその下に記入されていきますので、登記簿を確認することにより、変更前、変更後の事項がわかります。また変更年月日もわかるようになっています。

資本金に増減があれば、それに応じ

商号区（登記事項証明書）

商　号	株式会社永松商事
本　店	東京都練馬区南大泉○丁目○番○号
公告をする方法	官報に掲載してする
会社成立の年月日	平成23年1月9日

て登記がなされることになりますが、資本金の額が減少している会社は、もともと集めた資金を食いつぶしているおそれがあります。資本を減らしつつ株主への配当を無理に行っている可能性もあります。このような会社との取引は注意が必要です。一方、資本が増加している場合でも、その物の実際の値段よりも高く見積もって資本として評価している危険性があるため、不審な点については会社の取引状況などを確認する必要があるでしょう。

●目的区とは

「目的区」には会社の目的、つまり会社の事業目的、事業内容が記載されています。どのような事業を行っている会社なのか、目的区を確認することでわかるのです。通常、目的は複数記載されています。目的は、その会社の定款にも規定されています。定款に記載されていない事業をその会社の目的にすることはできません。そのため、当面は予定していない事業でも、目的として定款に記載している場合があるので注意が必要です。

●役員区とは

取締役、代表取締役、監査役についての記載は「役員区」にされています。誰が取締役で代表権は誰が持つのかなど、取引を行う際に重要となる事項が、この役員区には記載されていますので、よく確認しましょう。

役員区には住所・氏名の他に、それぞれの役員が役員となった原因(就任もしくは重任)と就任年月日、または退任原因と退任年月日が役員区に記載されています。

他に、役員区に登記される事項として、会社の解散における清算人の住所・氏名や会社更生法による手続きが開始された場合の管財人の住所・氏名などがあります。

株式・資本区

単元株式数	50株
発行可能株式総数	10万株
発行済株式の総数並びに種類及び数	発行済株式の総数 1万株
株券を発行する旨の定め	当会社は、株式に係る株券を発行する 平成23年1月10日変更　平成23年1月15日登記
資本金の額	金5億円
株式の譲渡制限に関する規定	当会社の株式を譲渡するには、取締役会の承認を得なければならない。

●目的区・役員区のポイント

業績が好調な会社は、わざわざ目的を変更する必要はないため、逆に頻繁に目的を変更しているような会社は危険性があるといえます。特に、目的の変更と同じ時期に役員の総入替えをしている会社は要注意といえるでしょう。また、役員区については、まったく役員の変更登記がなされていない会社、それとは逆に役員が頻繁に変更されている会社は、会社に何らかのトラブルが生じている可能性があるため、注意が必要です。

●支店区とは

支店を設けている会社は支店についても登記を行います。支店区には支店の所在地が記載されています。

この場合、登記簿は本店所在地の管轄法務局だけでなく、支店所在地の管轄法務局にも設置されています。ただし、支店所在地の法務局には、商号、本店所在地、支店所在地しか登記されていないので、詳しい登記内容を調べるには、本店所在地の法務局での登記の内容を調べる必要があります。

●企業担保権区とは

会社の資金調達方法の1つに社債の発行があります。

社債を発行する場合は、担保を提供する場合と担保を提供しない場合とがあり、担保がついている社債を「担保付社債」、ついていない社債を「無担保社債」といいます。

担保付社債の場合、会社の総財産が一体として担保の目的となります。この担保権のことを「企業担保権」とい

役員区（登記事項証明書の記載）

役員に関する事項	取締役　　　甲野太郎	平成27年1月29日重任
		平成27年2月5日登記
	取締役　　　乙野次郎	平成27年1月29日重任
		平成27年2月5日登記
	取締役　　　丙野三津子	平成27年1月29日重任
		平成27年2月5日登記
	東京都世田谷区瀬田○丁目○番○号 代表取締役　　　甲野太郎	平成27年1月29日重任
		平成27年2月5日登記
	監査役　　　丁田史郎	平成25年1月25日重任
		平成25年1月28日登記
	会計監査人　　　猪野監査法人	平成27年1月29日重任
		平成27年2月5日登記

います。担保付社債の債権者は、一般の債権者に優先して会社の財産全体から返済してもらうことができます。ただ、会社財産に対して競売が行われたときは、例外的に優先的な返済を受けることができなくなります。

企業担保権は影響力が強いので、公正証書によって契約を結んだ上で、登記をしなければ効力が生じません。公正証書とは公証役場で公証人によって作成されて承認された証明力の強い書類です。この企業担保権が記載されているところが「企業担保区」です。

●会社状態区とは

「会社状態区」とは、会社の状態を記録している区ですが、ここには実にさまざまなものが記録されています。たとえば、会社に取締役会、会計参与、監査役、監査役会、会計監査人、などの機関を設置するとします。

この場合、取締役会設置会社である旨、会計参与設置会社である旨、監査役設置会社である旨、監査役会設置会社である旨、会計監査人設置会社である旨などがこの区に記録されており、取締役会設置会社であるか否かなどはこの区を見ればわかることになります。

また、会社状態区には、「存続期間の定め」「解散の事由の定め」といったことも記録されています。

株主や会社債権者にとって重要な事項だといえるでしょう。通常、会社状態区は、登記事項証明書の最後の方に記載されています。登記簿を調べる際には、会社状態区の記載を注意して見るようにしましょう。

●登記記録区とは

登記事項証明書には、登記記録を起こした事由などが記載されている箇所があります。この部分を「登記記録区」といいます。具体的には、①登記記録を起こした事由、②登記記録を閉鎖した事由、③登記記録を復活した事由、などが記録されることになります。

会社状態区

取締役会設置会社に関する事項	取締役会設置会社 平成23年8月25日設定　平成23年8月25日登記
監査役設置会社に関する事項	監査役設置会社 平成23年8月25日設定　平成23年8月25日登記
監査役会設置会社に関する事項	監査役会設置会社 平成23年8月25日設定　平成23年8月25日登記
会計監査人設置会社に関する事項	会計監査人設置会社 平成23年8月25日設定　平成23年8月25日登記

3 登記の申請方法
記載や添付情報に不備がないように気をつける

●登記申請書の作成と登記申請

登記を申請するには、まず、登記申請書を作成しなければなりません。

登記申請書には、記入漏れのないよう正確に記入しましょう。

また、登記申請書には、原則として、その登記内容を証明するために必要な書類（添付書類）を添えて提出する必要があります。たとえば、取締役の変更の登記の場合は、取締役が選任されたことを証明する株主総会議事録などが添付書類になります。

なお、登記をするためには**登録免許税**を納付する必要があります。登録免許税は現金で納付することもできますが、登記申請する際に収入印紙を貼付して納付するのが一般的です。

登記申請書、添付書類の準備ができたら、管轄の登記所へ行くか、郵送により登記申請します。管轄は会社の本店所在地によって決定します。登記所へ行った場合は、商業登記の申請窓口に登記申請書、添付書類を提出します。登記は受け付けられた順番に処理されますので、他の登記所の管轄内に本店を移転する場合など複数の登記申請を一度に行う場合は申請する順番にも気をつけてください。

登記申請をした後に、登記完了予定日（補正日）の確認をしましょう。提出した登記申請書や添付書類などに何らかの不備があった場合は、登記所から電話がありますが、電話がなかった場合は原則としてこの登記完了予定日に登記が完了します。登記完了予定日が到来したら、登記事項証明書などを取得し、申請した登記が間違いなくされているかどうかの確認をしましょう。

なお、補正できない誤りがある場合などは、登記申請を取り下げる必要があったり、登記官に登記申請が却下されることもありますので、登記申請をする前に必ず登記申請書、添付書類の内容をしっかり確認してください。

●登記の申請期間について

登記の申請期間は会社法で定められています。現在登記されている事項に変更が生じた場合の登記（変更登記）の申請期間は、原則として変更が生じた日から2週間以内です（会社法915条）。発起設立による設立の登記は発起人が定めた日または設立時取締役による調査（会社法46条）が終了した日の遅い方の日から2週間以内に登記申請をする必要がありますが、登記を申請した日が会社の成立の日となりますので、希望の設立日がある場合はその

日に登記申請をするようにしましょう。

　申請期間内に登記申請をしなかった場合であっても、登記申請は受理されますが、登記を懈怠してしまった（申請期間内に登記をしなかった）場合には会社法上100万円以下の過料を科せられてしまうことがありますので（会社法976条）注意が必要です。

●添付書類の原本還付手続き

　添付書類は原本を提出するのが原則ですが、議事録や役員の就任承諾書などの会社で保管すべき重要な書類は、その原本の還付を受けることが可能です。原本還付手続きをする場合は、登記申請書には議事録などのコピーをホチキスどめにし、このコピーに「この謄本は原本と相違がない。株式会社○○代表取締役○○」と記載し、会社代表印を押印し、登記所に提出します。登記申請時に原本の還付を受けるためには、登記申請をする際に、登記申請窓口の担当官にコピーと原本が間違いなく同一であることを確認してもらってから登記申請をする必要がありますので注意してください。

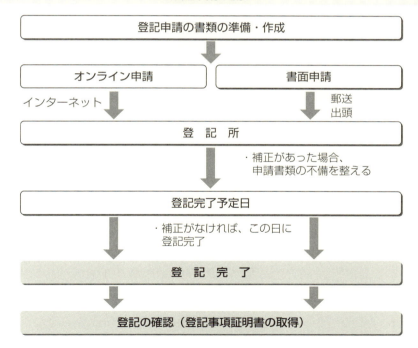

登記申請の流れ

索　引

あ

預合	32
一時役員	108
一人会社	23
委任契約	53、110
違法行為差止請求	128
売渡株式等の取得無効の訴え	155
Ｍ＆Ａ	204
ＭＢＯ	213
親会社	24

か

会計監査人	97
会計参与	96
解散	240
会社の計算	181
会社分割	206、222、224、226
会社法	10
解任の訴え	71
価格決定前の支払制度	161
合併	206、210、212、214、216
株式	42、138
株式移転	206、234
株式会社	13
株式公開買付制度	152
株式交換	206、232
株式事務	139
株式譲渡	148
株式譲渡自由の原則	146
株式の消却	159
株式の譲渡制限	148
株式の分割	158
株式の併合	158
株式の無償割当	159
株式売却	228、230
株主	138
株主総会	163
株主代表訴訟	130
株主平等原則	142
株主名簿	144
監査機関	95
監査等委員会設置会社	102、104
監査報告書	93
監査役	44、90
監査役会	94
監視義務	80
間接有限責任	13
議案	167
機関設計	14
議決権	170
疑似外国会社	28
議事録	82、176
議題	167
旧株主による責任追及等の訴え	153
共益権	140
競業避止義務	111、117、118
業務執行	53、60、78
業務執行取締役	50、60
計算書類	174、181
決議取消しの訴え	172
決算公告	175
現物出資	46
公開会社	19
合同会社	26
子会社	22
コンプライアンス	52

さ

財源規制	122
自益権	140
事業譲渡	206、216、220
自己株式	150
事後設立	41
執行役	98、100
執行役員	51、54
辞任	68
資本	180
指名委員会等設置会社	98
社員	12
社外監査役	106
社外取締役	66、106、168
社債権者集会	193

授権資本制度	18
商業登記	246
少数株主権	140、156
使用人兼取締役	59
商法	10
剰余金	122、183
職務代行者	108
書面決議	82
所有と経営の分離	13
新株発行	194、196
新株予約権	198、200、202
新株予約権付社債	193
ストックオプション	57
清算	242
責任限定契約	125、247
説明義務	168
善管注意義務	110
選任	63、64、66
全部取得条項付種類株式	156
組織再編	206、208
組織変更	238

た

大会社	78、111
第三者に対する責任	126
退職慰労金	58
退任	74
代表執行役	45
代表取締役	84
多重代表訴訟	132
単元株制度	157
単独株主権	140
担保提供命令	130
中間配当	122
忠実義務	110
定員割れ	68
定款	36、236
電子定款	39
特殊決議	171
特別決議	171
特別支配株主	154
特別取締役	75
取締役	44、50

取締役会	74
取締役会設置会社	16
取締役会を設置しない会社	17

な

内部告発	136
内部統制システム	111、112
任期	64
任務懈怠	48、114

は

罰則	134
反対株主	160
非公開会社	19
表見代表取締役	85、88
普通決議	171
粉飾決算	190
変態設立事項	40
報酬	56
法人格否認の法理	20
補欠役員	54
募集設立	33
発起設立	33
発起人	30

ま

見せ金	32
みなし株主総会	172
民法	10
名義書換	144
名目取締役	115
持分会社	24

や

役員の責任免除	124

ら

ライツ・イシュー	198
利益供与	123
利益相反取引	111、117、120

【監修者紹介】
千葉　博（ちば　ひろし）
1990年、東京大学法学部卒業。1991年司法試験に合格。1994年、弁護士として登録後、高江・阿部法律事務所に入所。2008年4月、千葉総合法律事務所を開設。現在、民事・商事・保険・労働・企業法務を専門に同事務所で活躍中。
主な著書に、『入門の法律　図解でわかる刑事訴訟法』（日本実業出版社）、『労働法に抵触しないための人員整理・労働条件の変更と労働承継』、『使用者責任・運行供用者責任を回避するためのポイント解説　従業員の自動車事故と企業対応』（いずれも清文社）、『未公開企業のための株主総会のしくみと手続き』『会社と仕事の法律がわかる事典』『労使トラブルの実践的解決法ケース別83』『裁判・訴訟のしくみがわかる事典』『労働審判のしくみと申立書の書き方ケース別23』『株式会社の役員規程・議事録サンプル集基本フォーマット50』『改正法対応　法律のしくみと手続きがわかる事典』『図解で早わかり民法のしくみ』、『図解で早わかり　法律のしくみ』『はじめて学ぶ行政法』『条文完全制覇！行政法条文問題セレクト337』『すぐに役立つ　株主総会と株式事務　しくみと手続き』『会社役員をめぐる法律とトラブル解決法158』（いずれも小社刊）などがある。

図解
改正法対応　会社法の基本がわかる事典

2015年5月10日　第1刷発行

監修者　　千葉博
発行者　　前田俊秀
発行所　　株式会社三修社
　　　　　〒150-0001　東京都渋谷区神宮前2-2-22
　　　　　TEL　03-3405-4511　FAX　03-3405-4522
　　　　　振替　00190-9-72758
　　　　　http://www.sanshusha.co.jp
　　　　　編集担当　北村英治
印刷・製本　萩原印刷株式会社
©2015 H. Chiba Printed in Japan
ISBN978-4-384-04644-1 C2032

®〈日本複製権センター委託出版物〉
本書を無断で複写複製（コピー）することは、著作権法上の例外を除き、禁じられています。本書をコピーされる場合は事前に日本複製権センター（JRRC）の許諾を受けてください。
JRRC（http://www.jrrc.or.jp　e-mail : info@jrrc.or.jp　電話：03-3401-2382）